POIS NÃO,
CHEF

Marcus Samuelsson

POIS NÃO, CHEF

Memórias

Tradução de Antônio E. Moura

Título original
YES, CHEF
A Memoirs

Copyright © 2012 *by* Marcus Samuelsson Group LLC
Todos os direitos reservados.

Agradecimentos são feitos a seguir a Alfred Publishing Co., Inc., pela permissão de reproduzir um excerto de "Take the 'A' Train", letra e música de Billy Strayhorn, *copyright* © 1941 (renovado) *by* BMG Rights Management (Irlanda) Ltd. (IMRO) e Billy Strayhorn Songs, Inc. (ASCAP). Todos os direitos administrados por Chrysalis One Music (ASCAP). Todos os direitos reservados. Reproduzido com autorização.

Direitos para a língua portuguesa reservados
com exclusividade para o Brasil à
EDITORA ROCCO LTDA.
Av. Presidente Wilson, 231 – 8º andar
20030-021 – Rio de Janeiro – RJ
Tel.: (21) 3525-2000 – Fax: (21) 3525-2001
rocco@rocco.com.br
www.rocco.com.br

Printed in Brazil/Impresso no Brasil

revisão técnica
DANIEL GANTOIS

preparação de originais
VILMA HOMERO

CIP-Brasil. Catalogação na fonte.
Sindicato Nacional dos Editores de Livros, RJ.

S188p   Samuelsson, Marcus
         Pois não, chef: memórias/Marcus Samuelsson;
         tradução de Antônio E. Moura. – Rio de Janeiro:
         Rocco, 2013.

         Tradução de: Yes, chef
         ISBN 978-85-325-2852-0

         1. Gastronomia. 2. Memórias. I. Título.

13-00952   CDD–641.5
                                            CDU–641.5

Para minhas duas mães, **Ahnu e Anne Marie**

Cante outra canção sobre o Harlem.
Não sobre o que há de errado no Harlem.
Mas sobre o povo estimável do Harlem.
Que tem orgulho de ser do Harlem.
Esse povo sempre condenado por todos.
Não precisa ter vergonha do Harlem.
Pois nem tudo está perdido no Harlem.
Até o diabo se doma no Harlem.

– Anônimo – cerca de 1925

PARTE UM – **MENINO**

Um – Minha mãe africana

Nunca vi uma foto de minha mãe. Estive em seu país de origem, em meu país de origem, dezenas de vezes. Conheci os irmãos dela. Encontrei meu pai biológico e os oito meio-irmãos que eu desconhecia ter. Conheci os parentes de minha mãe na Etiópia, mas, quando peço a eles que a descrevam para mim, tudo o que me dizem são generalidades. "Era boa", contam. "Era bonita." "Era esperta." *Boa, bonita, esperta.* As palavras soam vazias, a não ser a última, que me parece mais uma pista. Isso porque ainda hoje, na zona rural da Etiópia, as meninas não recebem nenhum incentivo para ir à escola. O fato de minha mãe ter sido inteligente me soa verdadeiro, pois sei que ela precisou de muita perspicácia para realizar uma enorme façanha, da maneira mais misteriosa e milagrosa possível: salvar minha vida e a vida da minha irmã.

Não se encontra na família da minha mãe qualquer registro fotográfico dela, o que serve como indício da natureza do local onde nasci e de como era o mundo que cercava as pessoas que me deram a vida. Em 1972, nos Estados Unidos, a Polaroid introduziu no mercado sua mais famosa câmera instantânea. Em 1972, dois anos depois do meu nascimento, e também o ano em que minha mãe morreu, uma etíope podia passar a vida inteira sem que se tirasse uma única foto dela – principalmente se, como foi o caso de minha mãe, essa mulher tivesse tido uma vida tão breve.

Nunca vi uma foto de minha mãe, mas sei como cozinhava. Para mim, minha mãe é *berbere*, uma mistura de temperos etíope utilizada em tudo: carne de carneiro, frango e até em amendoim torrado. É o nosso sal e pimenta. Sei que ela usava *berbere* na cozinha, porque está no DNA de toda mãe etíope. Neste exato momento, se eu pudesse, levaria você até a latinha vermelha, uma das muitas que tenho ao lado do meu fogão, na cozinha do meu apartamento no Harlem. Ela contém minha própria mistura, está rotulada com fita isolante azul e identificada com meu garrancho. Enfiaria a mão na latinha, tiraria um punhado e levaria até seu nariz para que você sentisse o aroma do alho, do gengibre e da pimenta seca ao sol.

Minha mãe era pobre e, por isso, nos alimentava com *shiro*. É uma farinha de grão-de-bico que, quando cozida, vira uma espécie de polenta. Joga-se em água fervente e adiciona-se manteiga, cebola e *berbere*. Cozinha-se em fogo baixo por 45 minutos, até adquirir consistência de homus. Depois, serve-se com *injera*, um tipo de pão de massa azeda e enriquecida, feita de um grão chamado *teff*. Sei que era isso que ela nos dava para comer porque é disso que gente pobre na Etiópia se alimenta. Minha mãe levava a farinha de grão-de-bico no bolso ou numa sacola. Assim, ela só precisava de água e fogo para preparar o jantar. De fácil transporte, a *injera* oferece uma vantagem: desperdício zero. Quando sobra algum pedaço, coloca-se do lado de fora para secar ao sol. Aí, come-se feito batata frita.

Em Meki, o pequeno vilarejo de atividade agrária onde nasci, não há estradas. Na verdade, somos de uma aldeiazinha ainda menor do que Meki chamada Abrugandana, que a maioria dos mapas não registra. Vai-se até Meki, depois vira-se à direita no meio do fim do mundo, anda-se durante uns oito quilômetros e é daí que nós viemos.

Sei que minha mãe não tinha mais que 1,58m de altura, mas sei também que não era delicada. As mulheres na Etiópia são fortes porque vão a todo lugar a pé. Sei que seu corpo era assim, pois conheço a mulher etíope. Quando vou lá, chego a passar por mal-educado de tanto que fico olhando aquelas jovens mães. Fico ali observando aquelas mulheres com filhos, como se estivesse assistindo a um filme doméstico inexistente, que registrasse a minha infância. Cada mulher traz às costas uma criança que bem poderia ser eu. Os dedos da mão direita estão entrelaçados aos de uma criança um pouco mais velha, que se parece com minha irmã. A mulher traz a comida e as traquitanas na bolsa que repousa na altura de seus quadris e cuja alça lhe atravessa o peito. A criança mais velha traz sobre os ombros um balde d'água que deve ter quase o seu peso. Imagine só a força dessa criança!

Mulheres como minha mãe não usam sapato. Não têm sapato. Eu, minha mãe e minha irmã costumávamos passar quatro horas do nosso dia caminhando pela savana da região de Sidama. Era o trajeto que fazíamos entre nossa casa e o trabalho de minha mãe, um mercado onde ela vendia artesanato. Antes das três da tarde, fazia tanto calor que precisávamos parar para descansar sob uma árvore. Era quando recuperávamos as forças e esperávamos o sol se pôr. Depois das oito da noite, escurecia e os perigos eram outros: animais que viam em crianças como eu um belo jantar ou homens perigosos que viam em minha mãe mais uma vítima em potencial.

Nunca vi uma foto de minha mãe, mas conheço seus traços fisionômicos, pois todas as vezes que me olho no espelho lá estão eles. Sei que tinha uma cruz perto do rosto. Era uma cruz tatuada em hena, que fazia as vezes da joia que ela não podia comprar nem sequer sonhar em ter. Havia também uma cruz ortodoxa em algum lugar da parte superior do corpo, talvez no pescoço, ou então no peito, perto do coração. Servia para mostrar que era uma mulher de fé. Era cristã, da Igreja Ortodoxa Etíope, muito semelhante à católica. Não me lembro da voz de minha mãe, mas sei que falava duas línguas. No livro *As almas da gente negra*, W.E.B. Du-Bois fala da consciência dupla com a qual os afro-americanos nascem, da necessidade de viver tanto no mundo dos negros quanto no dos brancos. Essa consciência dupla, no entanto, não se restringe aos afro-americanos. Minha mãe nasceu com ela também. Sua tribo fazia parte de uma minoria naquela região da Etiópia. Para ela, era questão de sobrevivência falar a língua da aldeia em que nasceu, Amhara, e a da comunidade majoritária, Oromo. Era cautelosa e, sempre que saía da aldeia, fazia a conversão. Não apenas falava Oromo, mas utilizava o dialeto como nativa, sem sotaque nenhum.

Não conheço o rosto de minha mãe, mas às vezes acho que ainda me lembro de sua respiração. Eu tinha dois anos quando um surto de tuberculose se espalhou pela Etiópia. Minha mãe ficou doente, eu fiquei doente e o estado de saúde de minha irmã, Fantaye, era só um pouco melhor do que o nosso. Expelíamos sangue ao tossir, e minha mãe já tinha vivido o bastante para avaliar a gravidade da doença. Sabia que precisava tomar uma providência. Colocou-me às costas, apesar de apresentar todos os sintomas: cansaço, febre alta, minúsculos pedaços do pulmão se misturando ao vômito, calcificação dos ossos por onde a doença já se espalhara. Ela e Fantaye caminharam mais de 120 quilômetros. Sob aquele sol escaldante, passei o dia inteiro em suas costas, de nossa aldeia até Adis-Abeba, em busca de ajuda. Não sei quantos dias elas passaram caminhando, nem o estado de saúde de minha mãe ao chegar à capital. O que sei é que, quando chegamos lá, havia milhares de pessoas pelas ruas, umas doentes, outras morrendo, todas à espera de ajuda. Não sei como minha mãe conseguiu furar a fila e entrar conosco no hospital. Só sei que ela jamais saiu de lá e que, talvez por um milagre daquela cruz de hena, Fantaye e eu tenhamos conseguido sobreviver.

Hoje, em plena madrugada, quando devia estar dormindo, às vezes imagino a respiração da mulher que não só me deu a vida, mas também me salvou da morte. Às vezes, ponho a mão na lata perto do fogão, tiro um punhado de *berbere*, peneiro com os dedos e jogo na panela. Observo minha esposa cozinhando e imagino serem as mãos de minha mãe. Aprendi sozinho as receitas típicas da sua tribo, pois para mim, como chef, é a maneira mais fácil de estabelecer uma conexão com a névoa de mistério que recobre quem ela foi. Sua identidade teima em ficar envolta no passado. Por isso, eu me alimento e sirvo a quem amo a comida que ela fazia, sem, no entanto, conseguir ver seu rosto.

Dois – Minha mãe sueca

Meu pai queria um filho homem. Foi assim que, de tanto lugar no mundo, vim eu morar na Suécia. Minha irmã e eu ficamos órfãos naquela Etiópia de 1972, em razão da epidemia de tuberculose que custou a vida de minha mãe. E os Samuelsson de Gotemburgo – Lennart e Anne Marie – queriam um filho homem.

Já tinham uma filha, de sete anos, também adotiva, chamada Anna, filha de mãe sueca e pai jamaicano. Enquanto os Estados Unidos ainda levariam décadas para testemunhar uma onda de adoções internacionais e inter-raciais, na Suécia, desde as décadas de 1950 e 1960, isso já acontecia. Naquela época, era praticamente impossível achar uma criança sueca para adotar. As solteiras que engravidavam tinham duas opções: ou abortavam, o que era cada vez mais aceitável, ou então assumiam e criavam os filhos sozinhas, o que em geral era socialmente aceitável. Foi então que, no final da década de 1960, meus pais encontraram Anna, então com um ano e três meses, que não foi oficialmente adotada. Lennart e Anne Marie, no entanto, caíram de amores por ela, loucos em ver seu sonho de paternidade realizado.

Antes de adotar uma criança, a família precisa percorrer um longo caminho. Para meus pais, foram longos e dolorosos 10 anos de "queremos um bebê, mas não conseguimos". Hoje, se um casal tenta engravidar e não consegue, o médico pode submetê-lo a exames que, na maioria dos casos, fornecem diagnóstico relativamente rápido e, às vezes, um prognóstico de esperança. Naquela época, só restava à minha mãe sentar-se na cozinha com a mãe *dela*, imaginando como se tornaria a mulher que sonhava ser sem ter um filho. Queria uma família. Era muito tradicional nesse sentido. Quando meus pais adotaram Anna, minha mãe não deu a menor importância a que raça ela pertencia. Anne Marie Samuelsson, aos 45 anos de idade, finalmente se tornou mãe. Anna não era negra nem branca: era só alegria.

Na família Samuelsson, o histórico de adoção vem lá de trás. Logo após a Segunda Guerra Mundial, os pais de minha mãe levaram para o apartamento de um quarto uma menina judia. Na época, minha mãe tinha 15 anos e falava fluentemente alemão. A Suécia havia permanecido neutra e, como muitos jovens, minha mãe trabalhara como intérprete voluntária no porto, ajudando milhares de judeus que caminhavam da Dinamarca para a Suécia em busca de refúgio. No cais, ela conheceu uma menina de 16 anos chamada Frieda. Frieda era tcheca e tinha sido prisioneira num campo de concentração. Estava só. Minha mãe e Frieda ficaram amigas, e um belo dia ela disse ao meu avô:

– Não podemos ficar com ela? Será que não podemos salvar uma pessoa?

Meus avós não tinham dinheiro, mas concordaram: acolheram a menina. A felicidade que Frieda trouxe à vida de minha mãe levou à felicidade que Anna trouxe à vida de meus pais que, por sua vez, abriu caminho para nós.

Meu pai queria um filho homem. Não importava a raça: só queria um menino a quem pudesse ensinar a fazer trilhas e a pescar. Preencheu pilhas de formulários de adoção em três vias e analisou propostas de toda parte do mundo, em que meninos órfãos procuravam um lar: Grécia, Vietnã Coreia, Rússia, continente africano, de qualquer lugar afetado pela fome ou pela guerra, qualquer lugar pobre a ponto de se desfazer de um menino órfão.

No final dos seis meses que passei internado no hospital em Adis-Abeba, deram-me alta e ligaram para Anne Marie e Lennart, avisando que logo eu estaria apto para adoção, mas não era só eu: havia minha irmã de 4 anos, que também fora hospitalizada. A assistente social etíope não queria nos separar. Já tínhamos perdido nossa mãe, informou ela aos Samuelsson; não seria aconselhável perdermos um ao outro.

"Claro", disseram quase que imediatamente Anne Marie e Lennart. "Claro, por que não dois?"

Ainda levou quase um ano para sairmos de Adis-Abeba rumo a Gotemburgo, uma cidade de classe média, na costa sudoeste da Suécia.

Numa terça-feira, dia 1º de maio, a mãe de meu pai, Lissie, morreu em Smögen, uma pequena ilha próxima à costa oeste da Suécia, onde meu pai e os irmãos cresceram. Na manhã seguinte, o velho padre subiu ao púlpito da antiga igreja luterana, revestida de tijolinhos, com paredes brancas e bancos de madeira escura, e procedeu à liturgia da Igreja da Suécia. Os presentes depositaram uma flor sobre o caixão de Lissie, que foi levado de barca até o continente, onde foi enterrado ao lado do marido e de quatro gerações de Samuelsson. Na quinta-feira, a família se reuniu para o *gravol*, "cerveja de túmulo". Os brindes e as recordações se seguiram por horas a fio.

Na sexta, meus pais receberam um telefonema na casa de Smögen. Eram os pais de minha mãe. A agência de adoção da Suécia, não conseguindo entrar em contato direto com meus pais, ligara para pedir que eles transmitissem a notícia: minha irmã e eu estávamos chegando da Etiópia. Meus pais voltaram às pressas para Gotemburgo, parando no caminho para comprar um beliche e lençóis. Depois, reservaram passagens de ida e volta para Estocolmo – três de ida e cinco de volta – para o dia seguinte. Como nossos pais costumavam dizer, com dor e gratidão, nunca antes tinham testemunhado com tanta clareza o fato de que, quando uma vida termina, outra começa.

Minha mãe nunca deu à luz, mas, como qualquer outra mãe adotiva sabe, a viagem ao encontro da criança que ela espera chamar de filho é, na verdade, uma forma de parto. Quando mamãe, papai e Anna chegaram à Alfândega, souberam que nosso avião estava horas atrasado. Meu pai, cientista, e Anna, sua sombra, sentaram-se calmamente, lendo, enquanto minha mãe, nervosa, começou a desembrulhar um piquenique na sala de espera. Uma enorme garrafa térmica de café para ela e papai, uma pequena com *saft*, um refresco doce de groselha, para Anna. Em seguida, vieram dois tipos de sanduíches, ambos feitos com pão de vários grãos, cheios de margarina. Um deles era de *västerbottensost*, uma espécie de queijo de leite de vaca, parecido com parmesão, típico do Norte da Suécia, e finas fatias de pimentão. O outro era recheado com nacos de patê de fígado, de textura rústica. A mãe de minha mãe, Helga, além de preparar o patê, ainda jogara picles picadinho com mostarda em grão. De sobremesa, torta de maçã, que minha mãe explicava para quem quisesse ouvir que teria ficado muito melhor com calda de baunilha tradicional, mas, como estavam com pressa e viajaram de avião, foi preciso fazer concessões.

Várias vezes por semana, sou abordado na rua, em Nova York, geralmente por alguém do sexo feminino que diz ter um filho adotivo. Nos últimos anos, vem aumentando o número de mulheres que adotam crianças da Etiópia. Dizem ter lido sobre mim ou ter me visto na TV, e que conhecem minha história. Querem me contar como foi o primeiro encontro que tiveram com seus filhos adotivos. Tento ser educado, mas o duro é que, depois de ouvir tantas histórias, uma pouco diferente da outra, fica difícil distingui-las da minha. O que é real e o que é imaginário? Foi minha mãe adotiva que chorou quando me pegou no colo pela primeira vez ou foi aquela mulher que encontrei algumas semanas atrás na porta do meu restaurante? Foi a mim que deram uma maçã, que acabei cuspindo porque nunca tinha comido uma fruta, ou foi a minha irmã? Fui eu que sorri tímido ou fui eu que me escondi? As histórias contadas por pais adotivos que conheço ficam na minha memória mesmo depois de transcorrido um longo tempo de nossos caminhos terem se cruzado. Por isso, quando se trata da precisão dos fatos, conto sempre com minha irmã Linda. Ela estava com 5 anos, e eu com 3. Lembra-se muito melhor, e mais precisamente do que eu, do momento em que conhecemos nossos pais adotivos. É assim que ela descreve:

Quando nosso avião finalmente aterrissou, nossa acompanhante, Seney, desembarcou primeiro. Era magra, alta, morena clara. Habesha muito bonita, que quer dizer alguém como a gente, de ascendência Amhara. Levou você num dos quadris e segurou-me firme pela mão. Eu não queria estar lá. Um carregador empurrou um carrinho com a nossa "bagagem", a mala de Seney e uma pequena bolsa de pano que era nossa. Seney entregou você a Anne Marie, retirou da mala presentes que trouxe para nossos novos pais: peças artesanais etíopes que mamãe ainda exibe orgulhosamente na sala de estar. Seney não tinha dinheiro. Deve ter planejado muito bem os gastos com nossa ida ao aeroporto e com as passagens aéreas, de forma a contar com uma reserva para um lanche no aeroporto, caso os Samuelsson se atrasassem. Não seria digno de nosso povo simplesmente entregar dois órfãos, com as mãos abanando, a dois estrangeiros.

No voo de Gotemburgo para Estocolmo, meus pais escolheram nossos nomes suecos. Nasci Kassahun, mas passaria a me chamar Marcus. Minha irmã Fantaye virou Linda. Começaram a nos chamar pelos novos nomes imediatamente. Meu pai se inclinou para cumprimentar Linda, que se escondeu atrás das dobras da saia de Seney.

Linda estava com 5 anos, crescidinha o bastante para se lembrar de tudo: do nosso vilarejo nos arredores de Adis, da nossa mãe, do hospital onde ela morreu, das enfermarias onde disputáramos comida, atenção e sobrevivência. Linda permaneceu calada durante todo o trajeto do aeroporto à nossa nova casa. A única coisa que conseguiu confortá-la foi um retalho quadrado de pano, muito gasto, trazido da Etiópia, do qual ela não se desgrudou. Lembra-se que não chorou, pois a vulnerabilidade simbolizada pelas lágrimas era presente caro demais para Anne Marie e Lennart, que ela agora via como potenciais inimigos. Sentou-se ao lado de Anna no banco traseiro do carro, enquanto eu fui no da frente, dormindo no colo de nossa nova mãe.

No formulário que preencheu, meu pai prometeu criar os filhos adotivos em um bom ambiente familiar, que contava com um cachorro e um gato, "ambos carinhosos com criança". Segundo informou, o bairro em que moravam, Puketorp, tinha por volta de 300 famílias e era cercado por uma floresta, "onde fazemos caminhadas no verão e esquiamos no inverno". Prometeu pequenos lagos com água cristalina, perfeitos para praticar esqui aquático e para nadar, uma casa modesta com grama aparada, uma casa de brinquedo do lado de fora, feita sob medida para "pular e jogar bola".

A casa, o bairro e a região eram exatamente como descreveu, porém ainda seria necessário mais do que a relativa opulência de Gotemburgo para dobrar Linda. Ela só confiava em Anna, nossa nova irmã. Linda era minha protetora. Se nossa nova mãe se abaixasse para me pegar no colo, sem primeiro lhe pedir permissão, Linda me arrancava de seus braços e a repreendia em amárico. Sempre que minha mãe tentava me colocar na banheira – uma geringonça assustadora que jorrava água, coisa que nunca tínhamos visto antes –, Linda me agarrava com tanta força que meu pai precisava nos suspender, grudados como siameses, e imergir os dois juntos.

Minha mãe aprendeu a pedir permissão a Linda sempre que queria fazer contato comigo. Falava em sueco com ela, articulando cuidadosamente cada palavra e elevando o volume, como se aquilo fosse ajudar. Com talento para gesticular e fazer expressões fisionômicas, minha mãe conseguiu se comunicar cada vez melhor e, depois de longos meses, Linda relaxou.

Existe um conto de fadas etíope chamado *O bigode do leão*. É a história de uma mulher que vive um casamento infeliz. Todas as noites, o marido chega tarde do trabalho, e, às vezes, nem volta para casa. Atordoada, ela vai falar com o ancião do vilarejo. Ele garante que é capaz de resolver o problema.

– Vou preparar uma poção que fará seu marido amá-la perdidamente.

A mulher mal consegue conter a euforia.

– *Abba!* – implora, usando o termo empregado para se referir ao homem visto como "pai" de todo o vilarejo. – Prepare logo a poção!

O ancião faz que não com a cabeça.

– Preciso de um ingrediente essencial, que não é fácil de encontrar – explica. – Você tem que trazer o bigode arrancado de um leão vivo.

Apaixonada, a mulher nada teme.

– Pode deixar – responde.

Não era desejo do ancião causar-lhe qualquer mal. Justamente o contrário! Depois de tantos anos de vida, o "pai" do vilarejo supôs que, ao pedir um ingrediente tão fantasioso quanto pó de fada, ele fosse capaz de acalmar o coração da moça. Havia coisas que não mudavam. Todo marido se entediava e acabava voltando tarde para casa. Isso quando voltava. O tempo ensinara ao ancião que sua principal missão não era preparar poções e sim ouvir as pessoas. Para uma mulher angustiada e solitária, o sábio conselho de um ancião já era em si um bálsamo.

Entretanto, não era o caso daquela mulher que, quando se apaixonava, entregava-se impetuosamente. No dia seguinte, ela pegou um pedaço de carne crua e levou até o rio, onde, em várias manhãs, tinha visto um leão beber água. Mesmo temerosa, não lhe faltou coragem para se aproximar e atirar ao leão o pedaço de carne. Todas as manhãs, voltava ao rio e alimentava a fera. Aos poucos, foi se aproximando cada vez mais do animal, até que um dia conseguiu sentar-se a seu lado. Foi então que, sem correr o menor perigo, arrancou o bigode do focinho do bicho. Retornou ao ancião, deixando-o pasmo ao perceber que a mulher conseguira realizar o que ele julgara impossível.

– Como conseguiu? – perguntou.

A mulher, então, contou sua estratégia, e, quando concluiu a história, o ancião falou-lhe com respeito:

– Você tem coragem, paciência e artimanha para fazer amizade com um leão. Não precisa de poção alguma para salvar seu casamento.

Toda criança etíope ouve essa fábula, mas, para mim, é também a história dos meus primeiros dias na Suécia e de como minha irmã e eu nos tornamos Samuelsson. A mulher corajosa era minha mãe Anne Marie, e minha irmã Linda, o leão.

Três – **Peixe sueco**

Minha paixão pela comida não veio de minha mãe. Para ela, pôr o jantar na mesa era só mais uma das tarefas que precisava executar ao final de um dia longo e cheio. Cozinhar competia com as viagens de barca, para cima e para baixo, levando os filhos ao futebol, às aulas de patinação no gelo, à equitação e às consultas no médico e no dentista. Já crescidinho o bastante para testar minhas intrépidas habilidades (papai queria um filho homem!) no skate e na bicicleta, minhas visitas à emergência do hospital eram constantes.

Não que minha mãe cozinhasse *mal*, é que ela não tinha tempo. No final da década de 1970, ela assinou uma revista que dava receitas práticas para a dona de casa atarefada, misturas um tanto exóticas que envolviam enlatados, congelados e produtos de caixinha. Era sua única fonte de inspiração na cozinha. A massa que ela fazia nem presidiário encarava: molho de tomate ralo com ervilhas congeladas e empapadas. Servia carne de porco assada oriunda de imaginárias terras polinésias, com rodelas de abacaxi enlatado e creme chantili caseiro batido com curry. Fazia experiências com um troço chamado molho shoyo. Queria que comêssemos bem, que experimentássemos outras culturas, mas também não desejava imitar sua mãe – Helga – e ficar com a barriga no fogão. Helga trabalhara como empregada doméstica desde os 11 anos. Mesmo aposentada, não conseguia largar o hábito de cozinhar e servir, cozinhar e servir. Consciente disso, minha mãe resolveu tomar a direção oposta.

O que ela prezava numa refeição era a praticidade. Ironicamente, dos pratos preparados por ela, o meu preferido era um que não podia ser feito às pressas: enroladinhos de repolho. Eu adorava ficar sentado ao balcão, vendo-a separar as folhas do repolho e temperar a carne de porco moída com sal e pimenta. Depois, acomodava a carne dentro das folhas, enrolando-as em formato de charuto e arrumando-as cuidadosamente em uma travessa. Os enroladinhos de repolho de minha mãe eram especiais, pois seu preparo a forçava a desacelerar. Assim, eu curtia não só a sua comida, mas também a sua presença. A tradução literal de *dim sum* é "pedacinhos de coração". Os enroladinhos de repolho de minha mãe eram os meus *dim sum*.

Minha mãe planejava o jantar da mesma maneira como organizava a casa: as palavras de ordem eram sempre eficiência e rotina. De seu cardápio regular, jamais constavam mais do que dez pratos. Às segundas, eram almôndegas ao molho com purê de batatas e mirtilos vermelhos. Às terças, arenque. Às quartas, um assado. Às quintas, sopa de ervilhas e, às sextas, peixe ensopado. De vez em quando, saíamos da rotina, mas era de vez em quando mesmo.

Entre todos os dias, eu simplesmente adorava a terça-feira. Era quando o peixeiro vinha ao modesto centro comercial de nosso bairro, a bordo de um velho caminhão Volvo. O comércio de nossa região era composto por um alfaiate, cujos serviços nunca usávamos, uma mercearia, que pertencia aos Blomkvist, e uma banca de jornais, onde às vezes eu implorava por uma bala de hortelã e meu pai comprava latinhas de tabaco e papel para cigarro.

Meu pai, filho de pescador, não ia com a cara do peixeiro. "O peixe dele não é fresco", dizia em tom de desaprovação.

Minha mãe, prática como sempre, respondia: "Melhor passado do que congelado" e "o preço dele é pra lá de bom".

Sempre que ia ao peixeiro às terças, minha mãe me levava, mas não sem antes enfiar o pente no meu cabelo. Os puxões que ela dava eram tão fortes que deixavam meu couro cabeludo dolorido por uma hora. Os cadarços precisavam estar amarrados e minha camisa recém-passada, posta cuidadosamente para dentro da calça. Minha mãe também se arrumava toda: batom, bolsa de couro e um chapéu de feltro vermelho que, segundo ela, dava um ar mais sofisticado.

Ficávamos os dois observando o peixeiro, Sr. Ljungqvist, estacionar o caminhão rente ao meio-fio, em frente à mercearia dos Blomkvist, e armar o toldo listrado azul e branco. O Sr. Ljungqvist parecia uma bola de boliche, com cabelo branco e cheio, cacheado, saindo por baixo do chapéu preto de pescador. Vestia um suéter por baixo do jaleco e um avental vermelho por cima. Não importava o frio que fizesse, nunca usava luvas e mostrava as mãos cor-de-rosa, esfoladas de tanto roçar no gelo, nas escamas cortantes e nas barbatanas pontudas.

Eu gostava de me pendurar na borda inferior da janela do caminhão e ver o que havia no leito de morte congelado do Sr. Ljungqvist. Nunca achava nada de interessante lá – bacalhau, badejo, *sill*, que é o que chamamos de arenque –, mas ficava sempre na expectativa de que ele trouxesse algo diferente e exótico lá do fundo do mar, algo como uma enguia, um rodovalho ou uma lula. Só não havia surpresa quanto ao que minha mãe ia comprar, tampouco sobre a maneira utilizada por ela no preparo. O bacalhau, graúdo e com cara de imbecil, era sempre reduzido a bolinhos. O badejo, grelhado e servido com limão e manteiga. E o arenque? O arenque era o nosso hambúrguer.

O arenque é o tradicional peixe sueco. Estava em quase toda mesa, em toda refeição. Fazia parte de todo prato, à exceção da sobremesa, e, em todo feriado, era presença garantida. Foi até incorporado à língua. Podia-se ser surdo feito um arenque ou burro feito um arenque. Condutor de bonde, por transportar um monte de gente espremida para todo lado, era chamado de empacotador de arenque. Quando alguém estava exausto, era um arenque morto. Sapato com chulé era barril de arenque.

Os fregueses do Sr. Ljungqvist compravam quilos e quilos de arenque – para cozinhar, fazer conserva, assar e preparar caçarolas cremosas, com muito queijo, alho-poró e tomates.

Quando arenque frito era o prato do jantar, minha mãe ignorava o peixe do Atlântico, de mais de 25 centímetros de comprimento, em favor do *strömming*, de coloração prateada, oriundo do Báltico, e que, por ser menor, acomodava-se perfeitamente à sua panela de ferro fundido. Sueca que atingiu a maioridade na década de 1950, ela poderia até servir com prazer ervilhas molengas de lata, mas com o arenque a coisa era diferente: fazia questão de escamar, limpar e cortar o pescado em filés. Para ela, limpar um peixe não era técnica que se aprendesse, mas uma habilidade tão inata quanto abrir uma porta.

Eu a ajudava a escolher o peixe. O que se tinha de evitar a qualquer custo era olho embaçado e manchas de sangue nas guelras, sinais que denunciavam que o peixe não estava fresco. Meu pai, que tinha crescido numa família de pescadores, não confiava em minha mãe para comprar o peixe. Era *minha* função, disse-me ele em segredo, garantir que ela fizesse a escolha certa. Quando achávamos o peixe adequado para o jantar, mamãe virava para mim e fazia que sim com a cabeça; eu fazia que sim com a cabeça para o Sr. Ljungqvist, que, por sua vez, retirava o peixe do gelo e o juntava aos outros que ele tinha posto na dobra do braço e os embrulhava em jornal.

Em seguida, minha mãe escolhia as anchovas para o jantar de sexta, *Tentação de Jansson* – uma caçarola tradicional sueca com batatas, anchovas, cebola e creme. O Sr. Ljungqvist enfiava sua pá vermelha dentro de um engradado raso cheio de anchovas e, sacudindo o punhado, livrava-se do excedente e chegava à quantidade exata. Em contraste com o gelo, o tom metálico das escamas reluzia. "Ponha essa de volta. Não, não, quero *aquela* ali", dizia ela.

Havia uma disputa entre minha mãe e o Sr. Ljungqvist para ver "quem ia bobear primeiro". Cada um queria levar vantagem, mas tudo com respeito. Até hoje não consigo declarar um vencedor daquela silenciosa batalha. A única coisa que posso dizer é que aprender a escolher o peixe mais fresco foi valiosíssimo para mim e preparou caminho para minha carreira como chef. Minhas irmãs, que nunca nos acompanharam nas expedições em busca de pescado, jamais viriam a saber que, apesar de sua ferrenha política de oposição a doces, mamãe às vezes cedia. De vez em quando, depois que saíamos da barraca do Sr. Ljungqvist, eu conseguia convencê-la a ir até a banca de jornais e comprar um docinho. Alcaçuz salgado para ela. Bala azedinha e colorida para mim.

Quatro – **Helga**

Depois que meus pais adotaram Anna, os pais de minha mãe, querendo estar por perto e ajudar, saíram de Skåne, uma província situada ao sul do país, e foram morar em Gotemburgo. Compraram uma casa pequena, de apenas um quarto, perto o suficiente para se chegar em poucos minutos de bicicleta. Em razão da proximidade, encontrávamo-nos várias vezes por dia. Chamávamos Helga e Edvin Jonsson de *mormor* e *morfar* – palavras respeitosas que, traduzindo, significam "mãe da mãe" e "pai da mãe" – e nós os amávamos como nossos segundos adoráveis pais.

Na casa de *Mormor*, o cheiro de comida era onipresente: o aroma de fermento que exalava do pão que acabara de sair do forno ou o odor penetrante das rosas secando nos inebriavam assim que entrávamos. Ela estava sempre fazendo alguma coisa na cozinha e, normalmente, eram várias ao mesmo tempo. Enquanto picava as verduras para o jantar e esterilizava os potes para as conservas, mexia numa panela com caldo de galinha ou moía carne de porco para um estoque de linguiça que duraria um mês. Se eu tivesse que identificar minha primeira memória gastronômica, não seria por meio de sabor nenhum, mas sim de um cheiro: o da casa da minha avó.

Antes de se mudar para Gotemburgo, minha avó morou a vida inteira na província de Skåne. Ser de Skåne tem enorme importância para os suecos. Localizada no extremo sul do país, Skåne está para a Suécia assim como a Provença está para a França. Dona do clima mais ameno e do solo mais fértil da Suécia, é a região agrícola mais importante do país. Não é de admirar que Skåne sempre tenha sido famosa por sua paisagem culinária, paisagem que serviu de berço a uma geração de chefs criativos. Minha avó não era exceção. Ela passava tanto tempo ao fogão que, quando fecho os olhos e tento me lembrar dela, o que logo me vem à cabeça é sua imagem de costas. Por cima do ombro, distribuía sorrisos e acolhedoras boas-vindas, sem jamais tirar completamente os olhos da panela sob seus cuidados. *Mormor* teve a experiência ímpar de ser cercada de luxo, apesar de ter passado a vida inteira na pobreza. O trabalho como doméstica na casa de famílias de classe média alta na Suécia garantiu-lhe comida na mesa durante os difíceis anos de racionamento que marcaram as duas grandes guerras. Com as famílias com quem trabalhou, *Mormor* aprendeu a preparar pratos dignos de restaurante. Graças a tal aprendizagem, aliada à sua personalidade econômica, ela preparava, do zero, quase tudo o que comíamos, evitando, assim, qualquer desperdício; sua despensa era tão farta que praticamente não me lembro de vê-la fazer compras. Às vezes, ela me mandava ir comprar açúcar ou comprava, pessoalmente, os peixes; tirando isso, tudo de que precisava surgia como que por encanto do armário da cozinha ou da horta de que cuidava com a mesma dedicação com que preparava nossos jantares de domingo.

A única extravagância de *Mormor* era o papel de parede. As paredes da casa eram cobertas com flores exuberantes, que explodiam em cores e berrantes listras verticais. Fora isso, porém, sua casa era simples e tranquila, muito mais tranquila do que a nossa. Ao abrir a porta, era evidente que não morava criança lá: o único som era o ruído baixinho de meu avô ouvindo as notícias pelo rádio e de minha avó mexendo na cozinha. Toda a comida era preparada manualmente, e ela preferia o socador de alho ao liquidificador e ao mixer elétrico que mamãe comprou para ela na esperança de lhe facilitar a vida. Ela desconfiava dessas coisas "modernosas". Tendo passado parte da vida cozinhando em fogão a lenha, nunca se empolgou com o fogão elétrico de sua cozinha moderna.

Mormor cuidava da casa como se fosse sua própria pequena fábrica de alimentos. Fazia tudo sozinha: geleia, conserva e pão. No açougue, comprava enormes cortes de carne ou frangos inteiros e caças exóticas, que partia em pedaços para assar em casa. Acho engraçado que, hoje, cozinhar em fogo lento seja visto como elegante e refinado; era assim que Mormor cozinhava. Seu cardápio seguia uma lógica muito simples: Comemos pão hoje porque é fresco. A torrada de amanhã é o pão de hoje que ficou dormido. Da torrada, fazem-se croutons e, se sobrarem migalhas, elas servirão para empanar o peixe.

Acho que só vi um bife de contrafilé pela primeira vez no final da adolescência, quando comecei a trabalhar em restaurante. Em casa, sempre comíamos almôndegas, feitas a partir de carne moída, e cujo tamanho era aumentado pelo acréscimo de farinha de rosca. Consumíamos nossa própria versão sueca do hambúrguer: bife de panela, um pedaço de carne redondo com cebola caramelizada por cima. Às vezes, comíamos carne à Lindstrom: um hambúrguer, com cebola, alcaparras e beterraba em conserva, untado com manteiga. Trata-se de uma comidinha caseira sueca, e é uma delícia!

Nos Estados Unidos, o prato sueco mais conhecido é a almôndega, mas os picles e as geleias completam a cozinha sueca e marcam presença a cada refeição e em cada prato. No café da manhã, derramávamos leitelho sobre a granola e adoçávamos com geleia de cassis. Uma sobremesa muito apreciada no verão era sorvete com groselha em conserva por cima. Já tarde da noite, em frente à TV, fazíamos um lanchinho de torradas, queijo e geleias. Servia-se arenque bem douradinho com geleia de lingonberry e sanduíche de patê de fígado com pepinos em conserva.

A maioria dos suecos prefere picles salgados, azedinhos e bem adocicados. Para conseguir essa mistura de sabores, usa-se uma combinação que chamamos 1-2-3: uma parte de vinagre, duas de açúcar e três de água. Mas, para que os picles sejam genuinamente suecos, o vinagre precisa ser *ättika*, um produto à base de faia, cuja acidez desentope o nariz e faz lacrimejar. É duas vezes mais ácido do que os vinagres norte-americanos. *Mormor* passava um bom tempo preparando picles e usando a solução 1-2-3 para fazer conservas de couve-flor, pepinos e arenque com beterraba, que ela acondicionava em potes e guardava na despensa.

Despensa é uma palavra sofisticada demais para designar o local onde *Mormor* estocava comida. Na verdade, era um armário debaixo da escada. Ao puxar-se a correntinha para acender a única lâmpada que pendia do teto, revelava-se um lugar tão pequeno que eu, aos 10 anos, quando brincava de esconde-esconde, já não conseguia me enfiar lá dentro. O local se desdobrava em um espaço utilizado como estoque de cereais, onde havia uma fileira de sacos de aniagem com batatas ao longo de uma parede. Acima dos sacos, prateleiras com saborosas conservas: cebola, pepino, beterraba e vários tipos de arenque, como *strömming*, *sill* e o industrializado *matjes*, apreciado por seu sabor mais suave. Na parede ao fundo, guardavam-se as compotas, dispostas em fileiras de três potes, ocupando toda a largura da prateleira. Cada um deles exibia uma etiqueta onde se lia em letra cursiva:

Röda vinbar, augusti 1980 (groselha, agosto de 1980)
Saltgurka, oktober 1981 (pepino em conserva, outubro de 1981)

Mormor fazia geleias tanto das frutas que cultivava no jardim quanto das que achava no bosque perto de casa, como o lingoberry, fruta tipicamente sueca, de textura e acidez similares às do mirtilo. Fazia compotas de cloudberries, de cassis, de framboesa e de groselha. Isso sem falar nas geleias de maçã, pera e ameixa, todas colhidas de suas próprias plantações. Aquele quartinho escuro era a versão de minha avó para uma caixa de joias, em que as pedras preciosas eram as compotas e as geleias, brilhantes.

Quando eu era criança, adorava os sábados. Era quando jogava futebol e minhas irmãs tinham aula de patinação e de equitação. E, com raríssimas exceções, era o dia em que comíamos a refeição mais deliciosa da semana, pois o jantar era quase sempre na casa dos meus avós. Assim que eu chegava do futebol, pegava a bicicleta e corria para a casa de *Mormor*. Levava exatamente sete minutos para atravessar a reserva natural que ficava ao lado de nossa casa, passar pela estrada do outro lado e chegar à casa de meus avós. Largava a bicicleta na escada da frente, subia de dois em dois degraus e, o mais depressa possível, dirigia-me à cozinha de *Mormor*. Era proibido correr dentro de casa. Ela olhava para mim, parado ofegante, e dizia: "Olhe quem chegou. Entre. Tenho um servicinho pra você." Então, puxava um banquinho e me colocava para partir ruibarbos, debulhar ervilhas ou depenar um frango. Não sei exatamente por que minhas irmãs nunca participaram de nossas sessões vespertinas de culinária, aos sábados. Para falar a verdade, naquela época eu nem ligava. Ficava feliz por ter *Mormor* só para mim. Sua especialidade era o frango assado, cujas sobras sempre rendiam uma canja no dia seguinte. Em linguagem infantil, era "bonzão", a comida perfeita, acolhedora como um abraço que só avó sabe dar. Analisando hoje, a comida da minha avó me introduziu à culinária do dia a dia. Havia uma riqueza de nuances em sabor que um garoto de 12 anos não conseguia compreender. Ela não sabia desenvolver texturas como os chefs, mas o fato é que conseguia. Em seu *corpo*, ela sabia como desenvolver aquelas nuances.

Tendo crescido em Skåne, minha avó aprendeu a matar uma galinha do jeito tradicional; agarre a bicha e meta-lhe a faca no pescoço. Tipo "agarrou e pimba!". Ela dizia que, quando se mata um animal para se comer a carne, passa-se a respeitar a comida de um jeito diferente. Nunca me esqueci disso, embora na minha infância não matássemos as galinhas que comíamos no jantar. No entanto, as aves frescas que minha avó comprava ainda guardavam a aparência de ave: vinham com pés e penas, dos quais tínhamos que dar conta sozinhos. Foi algo que aprendi a fazer bem, um tipo de trabalho chato que requer cuidado e presteza, mas que viria a me preparar para os primeiros passos da cozinha profissional.

Depois de depenar a galinha, minha avó a salgava generosamente. Era bem aí nesse ponto que ela criava uma nuance de sabor. Agora, por que ela salgava? Porque, mesmo tendo geladeira, foi *criada* sem esse conforto. Em sua cabeça, era impossível ter certeza de quanto tempo a galinha ia durar. E o que acontece quando se salga? A pele ganha firmeza. Além de conservar, a carne fica mais macia. Nesse momento, ela criava textura.

Depois de salgar, ela colocava a galinha na despensa e a deixava lá por algumas horas. Afinal, o lugar era frio e seco. Qualquer chef deixaria a galinha perto do ar-condicionado para que a pele secasse. Ajuda na hora de assar. O mesmo princípio básico. O que hoje se ensina em escola preparatória para chef, ela já fazia intuitivamente.

Chegado o momento de assar a galinha, ela me mostrava como adicionar os temperos – cardamomo, gengibre, sementes de coentro –, que moíamos e passávamos por toda a pele. Depois, colocava cenouras na assadeira, criando um leito para acomodar a ave. Recheava com ingredientes colhidos da horta: alecrim, maçã, cebola e talvez um pouquinho de alho. Então, costurava a galinha e a levava ao forno. Enquanto a galinha assava, ela se ocupava do que iria para o caldo. Tudo o que sobrava – excesso de pele, pescoço, miúdos – ia parar no caldo que serviria de base para o molho. Depois, também colocava as sobras de verduras que estivessem no momento dentro do recipiente e deixava cozinhar em fogo brando.

Mormor tinha um molho shoyo chinês. Era bem ruinzinho, mas naqueles idos de 1970, na Suécia, era o que se conseguia arranjar. Ela dizia: "Não gosto de molho branco. Molho de assado precisa ter cor." *Mormor* pensava como chef. Queria que a comida fosse não apenas saborosa, mas também visualmente atraente. Pegava a panela, a gordura que pingava do assado, a farinha, o shoyo e fazia o molho. Não foi habituada a manteiga, pois, quando menina, a família não podia comprar. Por isso, cozinhava com banha. Era esse o sabor que ela punha em muitos dos molhos que preparava. Em seguida, usava umas colheradas do caldo que acabara de preparar para deixar o molho um pouco mais ralo. Então, me entregava uma escumadeira e dizia: "OK, Marcus, agora retire os caroços."

Mais tarde, ela servia a comida que havíamos criado, sempre dando crédito ao seu "pequeno ajudante". Não importava quantas vezes tivéssemos preparado aquele mesmo prato, daquele mesmo jeito, sentia-me eufórico ao ver a refeição que eu ajudara a preparar ser formalmente apresentada numa bandeja de prata: galinha assada com alecrim e cenouras glaçadas com um pouco de mel, gengibre e açúcar.

No dia seguinte, eu, minha mãe, meu pai e minhas irmãs voltávamos para tomar a canja, agora acrescida de galinha que tinha sobrado do jantar de sábado, com arroz ou batatas cozidas. Essa era a refeição. Aquela comida de sabor tão marcante era resultado da maneira como *Mormor* fora criada, do meio humilde de onde viera. A técnica de conservar a comida que acentuava o sabor. A galinha fresca que ela mesma tinha escolhido. Dessorar a ave, o que proporciona a pele perfeita. A técnica de salgar, porque ela nunca confiava em geladeira. Os dois ou três pratos que ela criava de uma única galinha, porque a pobreza estimula a criatividade.

A galinha assada que preparo hoje é uma homenagem à que ela fazia. Disponho de certas sofisticações que ela não possuía. A galinha que uso é perfeitamente alimentada e pesa exatamente um quilo e meio. Minha avó comprava aves inteiras, algumas gordas, outras magrinhas. Uso manteiga de verdade, em vez de banha. As nuances de sabor e as técnicas, entretanto, adivinha de quem são? São todas dela.

Cinco – **Sobre o mar**

Quando eu era garoto, toda primavera meu pai viajava para Smögen, a ilha próxima à costa oeste da Suécia, onde ele nasceu e cresceu e onde nossa família passava quase todas as férias. No feriado de Páscoa, ele ia na frente para preparar a casa e os barcos de pesca da família. Eu tinha 12 anos, estava prestes a começar a segunda fase do ensino fundamental, quando, pela primeira vez, ele me chamou para ir junto.

– Não vá pensando que já é feriado – advertiu. – Só vamos arrumar os barcos. Se não estiver a fim de ajudar, nem venha.

Durante o verão, Smögen era tomada por turistas que queriam ver o deque mais longo da Suécia e comer sanduíche de camarão, vendido naqueles quiosques de cores intensas que, vistos de longe, pareciam ser feitos de palitos de picolé. Só que não estávamos no verão, nem éramos turistas. Em março, o ar salgado e arenoso de Smögen cobria a pele e endurecia a gente, por dentro e por fora. "Só nós dois, os homens da família", disse meu pai, cujo desejo de ter um filho homem era tamanho que não mediu esforços e ocupou-se de calhamaços e mais calhamaços – formulários de adoção em três vias – enviados à África para realizar seu sonho.

A estrada de Gotemburgo a Smögen, de duas pistas acidentadas, atravessava paisagens que mudavam de uma costa austera a densas florestas de pinheiros e pradarias cobertas de milefólios e linéias. Em certos trechos, não havia qualquer vegetação e o que se via eram enormes formações rochosas e infinitos campos de granito cinza-escuro que, da janela do carro, pareciam pele de elefante. Levava quase três horas para chegar lá e, pelas placas azuis que exibiam a quilometragem restante, fui calculando a distância já percorrida: Smögen, 13; Smögen, 6; Smögen, 2. Fizemos o contorno em Kungshamn, a última cidade da parte continental, na ponta da península em formato de polegar, e atravessamos a ponte Uddevalla. Senti que estávamos próximos quando vi o primeiro conjunto de casas de telhados vermelhos, as docas, os barcos a motor, a prainha e a água prateada do fiorde que lá embaixo acabava adentrando o mar. Então, vi o primeiro sinal de que havíamos chegado: uma casa branca de dois andares e telhado vermelho, afastada da estrada e sem nenhuma outra construção à sua volta. Era a casa do meu tio-avô Torsten, tio do meu pai. Para mim, ele era o que mais se aproximava da figura de avô paterno, já que meu avô falecera mais de 20 anos antes. A casa de Torsten ficava na descida da ponte nova, que não existia quando meu pai era garoto. Para chegar à escola, ele tinha que cruzar aquela entrada do Báltico, remando num barquinho e levando os três irmãos, em uma jornada de 40 minutos para cada travessia. Imaginei o quanto ele devia ter rezado em dias de tempestade, quando o barco parecia tão pequeno, e o fiorde tão grande.

A casa da nossa família tinha três andares, de estrutura de madeira, em estilo vitoriano e construída no século XIX. Acomodava umas 40 pessoas. Quando minha avó era viva, a casa funcionou como pensão para pescadores, oferecendo-lhes refeição e serviço de lavanderia. Durante o verão, minha família ocupava o terceiro andar, meu tio Leif, a esposa e os dois filhos ficavam no primeiro e o segundo era alugado para famílias de Estocolmo, de férias na cidade. A ideia era deixar a família de Leif sem ninguém abaixo e com livre acesso ao jardim e à rua. Nossa família tinha a vantagem de ficar na parte de cima – a melhor vista e nenhum vizinho barulhento acima. Os inquilinos, espremidos no meio, não tinham muitas vantagens. Pagavam as despesas necessárias para mantermos a casa.

– Desta vez, vamos ficar no andar de baixo – anunciou meu pai, levando nossas malas para o quarto do tio Leif e da tia Barbro. Toda a sua carreira acadêmica havia sido planejada para que ele escapasse da dura vida de pescador. No entanto, pelo jeito com que inspecionou os quartos, regulou os aquecedores, olhou para o mar e respirou o ar frio e salgado, era evidente que meu pai sentia saudades de Smögen. Na verdade, não via a hora de retornar.

No dia seguinte, acordei às 5:30 da manhã ao som de um noticiário de rádio e com o cheiro de chocolate quente. Zonzo, entrei na cozinha escura justamente na hora em que o melhor amigo de meu pai, Stellan, irrompeu pela porta dos fundos. Em Hasselösund, pequena comunidade em Smögen de onde meu pai era originário, ninguém batia à porta, tampouco ligava avisando que faria uma visita.

Stellan tinha sido *yrkesfiskare*, pescador profissional, por 25 anos. As árduas jornadas diárias de 16 horas num barco eram como numerosos rounds num ringue de boxe: deixavam-no com o corpo dolorido de um jeito que não havia pomada ou horas de sono que curassem. Agora, trabalhava como zelador – profissão menos cansativa – na escola primária de Smögen. Tão logo começou a conversar com Stellan, meu pai perdeu o sotaque da cidade. Já não falava como intelectual, preferindo usar o difícil dialeto local que eu mal conseguia entender. Sentei à mesa e comecei a tomar o café da manhã que minha mãe preparara antes de nossa viagem – geleia de laranja e pedaços de *hushållsost*, tipo suave de queijo artesanal, numa fatia triangular de pão de centeio. Enquanto isso, prestei atenção na conversa, pegando uma palavra aqui, outra ali. Meu pai e Stellan tomaram café e falaram do grande número de peixes que vinham mordendo a isca, do preço da cavalinha no leilão local e o que faríamos com os barcos. Falaram do mar, sempre com muito respeito ao seu poder. O pai de meu pai morrera aos 50 anos, em um barco, e acho que isso o assustava. Foi o que o impulsionou a entrar para a faculdade, a ganhar a vida com a cabeça e não com as mãos. Ele não tinha medo de trabalho pesado e queria trabalhar ao ar livre, mas não desejava levar uma vida de pescador. A geologia fora uma saída.

    Levamos três minutos para caminhar até nossa casa de barcos. Como quase todas as casas de barcos em Hasselösund, a nossa era pintada de vermelho-escuro, com telhado de um vermelho ainda mais intenso, e os beirais, portas e janelas contornados de branco. As casas eram pequenas, não muito maiores do que as garagens norte-americanas para dois carros, perfeitamente enfileiradas e localizadas na direção da praia de seixos. Dentro havia o nosso barco e um monte de equipamentos de pesca: redes, arapuca, varas, baldes, boias, remos e facas. Meu pai prometeu que, quando eu ficasse um pouco mais velho, guardaríamos lá também o esqui aquático.

    Um dia antes de chegarmos, Stellan levara os barcos para o mar, a mais de um metro da praia, enchendo-os com pedras até que o casco ficasse submerso. Como os barcos haviam permanecido guardados o inverno inteiro, o objetivo era fazer a madeira inchar, facilitando a raspagem da pintura antiga e preparando-a para uma nova demão.

Meu tio-avô Ludvig veio nos encontrar na casa de barcos. Ele, Stellan e papai entraram na água com botas de borracha que iam até as coxas, cercaram cada um dos barcos e, contando até três, os empurraram até a praia, enquanto a água fria e salobra esguichava para fora. Viraram cada barco para retirar as pedras e o resto da água. Em seguida, os emborcaram sobre duas tábuas grossas que haviam posto na areia. Peguei minha espátula e juntei-me aos homens. Raspamos cada barco até que a madeira crua ficasse à mostra. De vez em quando, Ludvig corrigia minha maneira de pegar na ferramenta ou Stellan me lembrava de seguir o sentido da fibra da madeira e não o inverso. Continuamos o serviço até a madeira ficar lisa e marrom como a casca de uma noz. Durante as horas que passei ali trabalhando, meu pai nada disse, mas fiquei feliz por seu sorriso – uma expressão que demonstrava muito mais tranquilidade e espontaneidade do que em casa.

Tio Torsten era alto, com mais de dois metros. Mantinha o cabelo crespo e grisalho esticado para trás com a ajuda de muito creme e do pente que sempre trazia no bolso. Por mais de 50 anos, sustentou a família com o que trazia do mar, o que se revelava nos profundos sulcos e no bronzeado de seu rosto. As mãos eram ásperas e calejadas; sua risada, franca, e seu sorriso, fácil. Exalava uma mistura de odores diferentes, como tabaco, álcool, almíscar e algo adocicado. Para mim, era a versão sueca do Homem de Malboro.

Torsten era um velho forte. Forte pra caramba! Tinha força de lavrador. Mesmo depois de aposentado, ainda conseguia, sozinho, levantar um *eka* – um enorme barco a remo de madeira – e virá-lo com a mesma facilidade com que se vira um bebê para trocar a fralda. Naquela época – ele devia estar com quase 70 anos –, tio Torsten ganhava a vida como faz-tudo para turistas noruegueses em férias de verão e também na fábrica onde se enlatava peixe, a Hållöfisk. Usava um macacão todo sujo de tinta e, de bicicleta, deslocava-se de um trabalho para outro, equilibrando uma escada. Adorava uma bebida forte. Aonde quer que fosse, carregava uma garrafa térmica com café misturado à vodca caseira. Quando amigos da cidade vinham visitá-lo, traziam-lhe Jack Daniel's, um luxo raríssimo. Torsten, no entanto, era, por natureza, um homem de gostos e hábitos simples: preferia sua vodca de fundo de quintal a qualquer coisa que se encontrasse na prateleira de uma loja.

No futuro, eu viria a pensar em homens como Torsten e Stellan durante minha árdua escalada pelas cozinhas mais sofisticadas do mundo. Aqueles homens de Smögen, e aí incluo meu pai, não tinham medo de trabalho. Funcionavam como seus próprios médicos, terapeutas e conselheiros profissionais. Eu sempre me lembrava de que, para esses homens, não havia xingamentos, ofensas, pratos atirados para longe ou jornadas exaustivas – tudo comum numa cozinha profissional – que os fizessem largar um emprego. Tomei a firme decisão de ser forte como eles – forte por dentro, que é o que conta.

A melhor recordação da viagem a Smögen que fiz sozinho com meu pai foi quando Torsten me convidou para ver seu defumadouro. O tempo que passei na cozinha com *Mormor*, combinado à minha crescente paixão por comida, deixou-me intrigado quanto ao processo de transformação culinária: como se conseguia pegar uma coisa e transformá-la em outra completamente diferente? O defumadouro do tio Torsten – a misteriosa casinhola em madeira, de forma retangular, construída no seu quintal – foi tão importante quanto qualquer curso que vim a fazer na escola de gastronomia. Foi lá que consegui ver de perto a tal transformação.

Na porta havia um laço de corda no lugar da maçaneta. Quando puxei, uma nuvem de fumaça praticamente me invadiu os pulmões, sugando todo o ar que havia neles. O fogareiro era um barril de óleo, que ardia permanentemente no centro do espaço. Torsten tragava um cachimbo enquanto defumava o peixe. A fumaça do tabaco misturava-se ao cheiro forte da solução de curtir, que, por sua vez, mesclava-se à fumaça da madeira. O forte odor proveniente daquela mistura entranhava de tal jeito na pele e nas roupas que conseguia resistir a inúmeras lavagens. Lembro que, enquanto observava todo aquele ritual, agradeci a Deus por termos ido a Smögen só eu e meu pai. Minha mãe, por mais amável que fosse com Torsten, teria tido um ataque. Durante as nossas idas a Smögen, tínhamos visto ou ouvido falar de defumadores explodindo pelos ares como laboratórios de metanfetamina. Os homens tomavam cuidado, mas os defumadores eram velhos e improvisados. Sem regulamentação nem fiscalização oficial, não ofereciam a menor segurança.

O chão era tomado por varas de pescar, peles de peixe e lascas de pedra que Torsten jogava dentro do fogareiro, provocando um tilintar e um silvo. Havia umas seis ou sete varas fincadas nas paredes laterais, cobrindo toda a área interna do defumador; em cada vara, cabiam uns 40 peixes. Dependendo do que se pescasse no dia, Torsten defumava enguia, arenque ou cavalinha. A enguia era uma raridade, por isso custava caro, mas o meu preferido era a cavalinha, cujo listrado cinza e verde o processo de defumação magicamente transformava em reluzente ouro e preto.

Acompanhar Torsten no defumador foi mais do que um jeito de passar a tarde. Foi, de certa forma, um rito de passagem para a fase adulta. De peito estufado, avivei o fogo, arranquei os peixes das varas e empilhei as pedras. Torsten falava o tempo inteiro, em alto e bom som, sempre me dizendo o que fazia, perguntando se eu havia entendido o processo, o que vinha em seguida e por que fazíamos tudo aquilo.

– Diminua o calor, feche a porta e deixe ficar assim durante a noite.

– Já fiz isso antes, tio Torsten.

– Venha de hora em hora verificar a madeira – ordenou.

Ele então me passou uma panela com peixe defumado e perguntou:

– Seu pai tem pescado cavalinha?

– Trouxemos 25 hoje de manhã.

Torsten levantou uma sobrancelha.

– Ora, ora – disse, sorrindo. – Faz tempo que seu pai frequenta Gotemburgo. Ninguém vai superar quantidade tão modesta.

Minha tia-avó Nini, esposa de Torsten, gritou lá da porta dos fundos:

– Quando é que vamos pescar de verdade, minha gente? Já está na hora do almoço!

– Finalmente ela dá as caras! – falou tio Torsten ao me passar duas cavalinhas defumadas.

Na cozinha, tia Nini havia posto sobre a mesa quatro sanduíches abertos: ovos cozidos fatiados, pasta de ovas de peixe, maionese e cebolinha salpicada sobre um pedaço de pão integral. Com uma faca, ela partiu rapidamente a cavalinha em filés, temperou com pimenta-do-reino e alho. Em seguida, cobriu cada fatia de pão com o peixe temperado.

Levei o prato de Torsten até a mesa e o coloquei em frente a ele. Logo na primeira mordida que deu, percebi em seu rosto

o prazer de uma refeição simples e ao mesmo tempo tão rica: as generosas lascas de peixe, a textura aveludada do ovo e o salgado das ovas. Em seguida, fechou os olhos e exclamou:
– Isso sim é vida!

Torsten e Nini tinham um estilo de vida mais espalhafatoso do que o de meus pais; eu adorava o fato de que um era o reflexo do outro. Os gritos e os murmúrios similarmente exasperados eram as palavras de duas pessoas de idade que, durante 60 anos, suportaram juntas as adversidades do frio mar azul. Fiquei observando os dois e a refeição simples, mas plenamente satisfatória que dividiam. Foi então que percebi que Torsten estava certo: isso sim *é* vida!

Às cinco horas da tarde que precedeu a nossa última noite em Smögen, eu e meu pai descemos a colina para fazer uma visita a Ludvig. Viúvo desde jovem, morava sozinho no terceiro andar de uma casa enorme. O primeiro andar ele alugava e o segundo, ao que me consta, estava vazio. Naquele mesmo dia, mais cedo, Stellan tinha deixado por lá umas cavalinhas. Quando chegamos, Ludvig já havia limpado a metade. As tripas e as cabeças já haviam sido devidamente removidas. Meu pai então assumiu o controle, amolando uma faca estreita e curva numa pedra e eliminando com toda habilidade as espinhas.

– Marcus, se você não fizer a comida, nós não comeremos – brincou meu pai.

Foi uma brincadeira, é claro, pois meu pai sabia que eu não precisava de nenhum empurrão para cozinhar. Provavelmente por esse motivo ele deixou que eu assumisse o fogão. Era a primeira vez que cozinhava sozinho, completamente diferente de quando ajudava minha avó ou minha mãe. Assim como quando pintei os barcos, eu estava louco para mostrar que já era um homem crescido e que não precisava da ajuda de ninguém. Logo tratei de lavar as batatas, que em seguida deixei cozinhando em água, sal e endro, do jeito que *Mormor* fazia. Coloquei sobre o fogão a nossa frigideira, que meu pai trouxera de casa. Com o fogo alto, coloquei no meio uma porção generosa de manteiga, que aos poucos foi derretendo. Enquanto a frigideira aquecia e a manteiga borbulhava e dourava, mergulhei os filés de peixe numa mistura de farinha de trigo, farinha de rosca, sal e pimenta. Esperei até que a manteiga ficasse bem quente. Para testar, fiz como vi Helga fazer tantas vezes: joguei na frigideira um pouco de farinha que tinha grudado no dedo. Assim que a farinha chiou e borbulhou, enfileirei os filés de peixe. Creio que tenha sido ali a primeira vez que percebi que não era apenas ajudante de minha avó. Absorvi parte de seu talento para a execução das etapas e para o *timing*, mas a habilidade para fazer com que a comida adquirisse o paladar *certinho* – mais sal, menos pimenta – revelou-se algo que me era inerente, mesmo sem ter *Mormor* ali me supervisionando.

Enquanto eu cozinhava, meu pai e tio Ludvig tomavam cerveja e conversavam naquele dialeto deles. Estavam tão distraídos que nem perceberam que eu acrescentara o endro cedo demais, fazendo com que os filés ficassem crocantes e dourados na hora de retirá-los da frigideira. O prato acabou sendo bem mais do que o "embrulha e manda" que comemos durante a semana inteira. Foi uma recompensa pela semana de trabalho árduo: uma comida rápida e deliciosa para homens que haviam pegado no pesado e estavam morrendo de fome.

Comemos as batatas e o peixe. Eu estava orgulhoso, não só por ter ajudado meu pai, mas por ter preparado a refeição simples de um trabalhador. No dia seguinte, enquanto ajudava meu pai a lixar e a dar uma demão de tinta nos barcos, pensei no que o tio Torsten havia dito sobre a cavalinha que comemos no almoço e no quanto ele curtiu o jantar que eu havia preparado. Embora ainda fosse muito jovem e a ideia de me tornar chef ainda nem me passasse pela cabeça, eu estava aprendendo a reconhecer a beleza de uma refeição dentro de um contexto: a importância de deixar que os pratos reflitam o ambiente no qual estão inseridos. Sanduíche de cavalinha defumada no pão integral dentro do defumador com tio Torsten. Peixes fritos com batatas com meu pai ao final de um longo dia de trabalho pesado. Se os ingredientes são frescos e a comida é feita com amor, não tem erro: fica tudo gostoso e satisfatório.

– Marcus – chamou meu pai, depois que terminamos o último barco. – *Val gjort, lille yrkesfiskare.* Muito bem, pequeno pescador.

Seis – **Mats**

Somente na escola a questão racial se tornou uma realidade para mim e para minha irmã Linda. Anna já havia se integrado ao lar dos Samuelsson anos antes da nossa chegada. Para Anna, miscigenada e de pele clara, com um cabelo *black* que se assemelhava ao de Angela Davis, a chegada de dois irmãos de pele escura foi uma revelação. Aos 9 anos de idade, Anna jamais vira nenhuma criança de tom de pele mais escuro do que o seu. Logo nos primeiros dias, passava a mão por meu rosto e corria os dedos pelo meu cabelo crespo, movida por uma curiosidade que excedia sua reserva sueca. Talvez tenhamos sido uma novidade para nossa irmã mais velha, mas, graças à Anna, nunca fomos considerados "as crianças negras" da família. Éramos *mais* duas crianças negras na família. Os toques na pele, as puxadas de cabelo e as perguntas curiosas tiveram Anna primeiro como alvo. Quando chegamos, já tínhamos à nossa espera uma família multirracial. Por ser negra na Suécia, Anna sempre chamou a atenção. Ela, no entanto, sempre lidou com isso de forma bem elegante, em parte porque minha mãe e os pais de minha mãe nunca fizeram da questão racial um problema. A partir daquele momento, passamos a nos chamar Samuelsson e, para eles, era isso e ponto final.

Assim que entramos para a escola, os comentários eram, a princípio, mais de curiosidade do que propriamente de crueldade. À medida que fui crescendo, houve um pouco mais do que simples insultos e briguinhas de garoto no parquinho. Ainda assim, é importante dizer que crescer negro na Suécia é bem diferente de crescer negro nos Estados Unidos. O preconceito racial não deixou feridas abertas em mim. E isso eu devo a Anne Marie Samuelsson.

Era início da década de 1970 quando chegamos à pequena cidade da Escandinávia, cuja população era formada em sua maioria por operários. Na verdade, minha mãe não queria apenas fazer de nós membros da família Samuelsson. Queria absorver ao máximo a cultura negra. Só porque o pai biológico de Anna era jamaicano, ela gastava todo o dinheirinho extra em discos de Bob Marley. Lembro-me dela cantando as músicas de Marley enquanto preparava espaguete com ervilhas. Quando eu e Linda chegamos, Anne Marie adicionou Miriam Makeba a esse repertório musical. Makeba não era exatamente etíope – aliás, não era etíope mesmo –, mas era africana e linda de morrer. Ainda hoje, não posso ouvir uma música como "Three Little Birds" sem me lembrar de minha mãe se esgoelando para cantar, como se estivesse expressando seu amor aos berros.

Eu teria uma visão diferente da minha infância se não tivesse conhecido Mats Carestam. É o meu amigo mais antigo. Quando nos conhecemos, eu tinha 5 anos de idade. Foi quando percebi que no bairro havia outro garoto bom de bola além de mim. O tal garoto era Mats, e eu sabia que ou nos odiaríamos ou seríamos amigos do peito. Amigos do peito foi o que nos tornamos.

Desde o começo de nossa amizade, as minhas brigas passaram a ser dele também. Aquilo era maravilhoso, pois Mats não levava desaforo para casa. Não que ele tivesse pavio curto. Era mais porque ele era grandão e não tinha medo de encarar uma briga. Não importava o quão caprichosamente sua mãe o arrumasse antes de sair de casa; em questão de minutos os joelhos de suas calças estariam sujos de lama e capim, e ele estaria um bagaço! Seu queixo era uma colagem de machucados. Ainda hoje, sempre que me lembro de Mats, a imagem que me vem à cabeça é dele passando as costas da mão no rosto e nas roupas, como em um comercial de sabão em pó.

Eu comia na casa de Mats com a mesma frequência com que comia na minha. Amava o macarrão com molho cremoso de queijo que a mãe dele fazia. Era o tipo de prato que minha mãe achava moderno demais. A mãe de Mats servia almôndegas prontas, o que minha mãe *jamais* faria. Minha mãe não era lá amante da cozinha, mas havia certas coisas para as quais ela não media esforços. Havia também uma diferença etária entre nossas famílias. Os pais de Mats eram bem mais jovens, mais ocupados, muito mais modernos.

Mats regava com catchup tudo o que comia. Seus pais não ligavam, mas eu achava aquilo meio estranho. Como era possível sentir o gosto do queijo, da carne ou da batata quando estava tudo mergulhado em molho de tomate? Para piorar, Mats comia bem depressa. No prato, preparava uma montanha gigantesca de macarrão com molho de queijo, almôndegas, picles e lingonberries, cobria tudo com catchup e, em dois minutos, engolia tudo com um copo de leite. Para Mats, não importava o que havia, contanto que houvesse muito. Era um moleque grande, que não comia por gula, mas porque precisava manter sua *máquina* – o corpo.

Quando começamos a segunda fase do ensino fundamental, o corpo de meu melhor amigo, forte como um tanque de guerra, foi uma enorme vantagem. Fazia tempo que eu havia me curado da tuberculose e a barriga inchada pela verminose, tão comum em locais assolados pela pobreza, já não existia mais; no entanto, meu corpo era o de um corredor etíope: franzino, mas resistente. Na minha visão, eu era tão forte e cheio de ginga como qualquer negro norte-americano que se via na TV, mas na terra dos vikings eu sobressaía por ser um garotinho magricela.

Um dia, depois da aula, eu e Mats fomos para a casa dele. Íamos passar a tarde ouvindo música, lendo revistas sobre futebol, empanturrando-nos com massas folhadas e bebendo refrigerante, coisa que minha mãe nunca comprava lá para casa. Já tínhamos atravessado metade do pátio da escola, quando senti nas costas o baque de uma bola de basquete. O impacto foi tão forte que fui lançado para a frente.

– Aí, Marcus! Por que você não ensina a gente a jogar *negerboll*? – gritou um garoto chamado Boje.

Não dava para saber ao certo se Boje era mesmo mau ou se tinha sido escalado para bancar aquele papel porque, mesmo sendo um garoto da sexta série, era grande e musculoso como um leão de chácara. De qualquer maneira, naquela época, ele fazia o que hoje chamamos de *bullying*. Eu tinha tido a sorte de ele não haver me notado. Até aquele momento.

Negerboll. A palavra ecoou pelo pátio. Os garotos que estavam ali, todos da nossa turma, congelaram. Não devia haver mais do que 20 garotos no grupo, mas a minha sensação era a de que uns 100 olhos estavam voltados para mim. Boje jogara a bola com muita força, mas foi a palavra que mais me feriu. Mats pegou a bola e ficou na minha frente, numa atitude protetora, mas a palavra continuava a reverberar pelo chão:

Neger
Boll.

Neger
Boll.
Neger
Boll.

Embora a palavra tenha soado como *crioulo* por Boje tê-la pronunciado com toda aquela dose de veneno, *neger* é o correspondente sueco para *negro*. Existia inclusive um biscoito sueco chamado *Negerboll*, feito de cacau em pó, açúcar e aveia. Só que Boje não se referira ao biscoito e aquele golpe com a bola de basquete tivera todo um significado. Era o início da década de 1980 e Michael Jordan estava no auge da carreira, o que fazia com que muitos suecos associassem a bola de basquete a homens de pele negra.

Só que Boje não parou ali.

– Qual é? O *neger* não sabe jogar *negerboll*?

Mats parecia que ia enfiar a bola pela goela do garoto alto e louro.

– Deixe Marcus em paz – rosnou Mats.

Mais tarde, na casa de Mats, todas as minhas respostas inteligentes e ácidas viriam num fluxo intenso, como nos filmes os gênios da matemática rabiscam números e letras no quadro-negro. Mas no momento em que tudo aconteceu, a primeira vez que alguém me chamara de *neger*, eu não dissera uma palavra. Eu havia passado anos sob a tácita confiança de ser filho de Anne Marie e Lennart. Sabia que eles não se pareciam em nada comigo e que eu tinha vindo de um lugar distante chamado África, o que só não era mistério maior do que a história dos garotos que ainda acreditavam terem sido deixados na porta de casa por uma cegonha. Quando Boje me chamou de *neger*, quando atirou aquela bola de basquete com a intenção de me ferir física e emocionalmente, tive que me perguntar pela primeira vez: "Será que eu era diferente?" Diferente como? Da mesma forma como Linda, aos 5 anos de idade, passou meses a fio em vigilância acirrada, a pergunta me ocorreu pela primeira vez na vida: onde era o meu lar? Era ali?

Em seu livro *Cartas a um jovem poeta*, Rainer Maria Rilke escreveu que o jovem poeta deveria "vivenciar as perguntas agora. Talvez um dia, pouco a pouco, sem perceber, venha a vivenciar as respostas". Eu era um garoto de 11 anos, morando em Gotemburgo, sem ser particularmente ligado em livros. Naquela época, ainda não tinha lido Rilke, mas, de alguma forma, cheguei à mesma conclusão de que teria que vivenciar as perguntas.

Naquela noite, à mesa de jantar, contei à minha família o incidente. Meu pai demonstrou preocupação, mas minha mãe logo apresentou uma solução que lhe pareceu viável:

– *Kalla honom vit kaka* – retrucou. "Chame-o de biscoito branco."

Reclamei e tentei explicar que não surtiria o mesmo efeito, mas minha mãe, como a mãe de qualquer criança que sofre *bullying*, não conseguia entender que em ambiente escolar não existe esse negócio de briga justa.

Nos três anos seguintes, Boje não largou do meu pé. Qualquer coisa esférica podia ser arremessada em mim e virar motivo de piada. Por muito tempo um pequeno escravo fora a imagem usada na propaganda dos biscoitos *Negerboll* na Suécia. Toda vez que eu via um garoto abrir um pacote, na hora do almoço, sentia um frio na espinha, pois sabia que logo jogariam a embalagem em cima de mim. Mats nunca hesitou em me proteger. Ele não me defendia apenas como amigo; brigava pelo que achava certo.

Depois descobri que os pais de Mats se anteciparam à discriminação racial bem antes do que os meus e ensinaram ao filho a não tolerar que ninguém me perseguisse. Fiquei pensando nos garotos que me apoiavam e nos que tiravam o corpo fora. Como o grupo de Marcus e o de Boje se formaram? Eram os garotos que haviam sido criados da maneira certa de um lado e os criados da maneira errada do outro? Eram os que tinham medo de um lado e do outro os que não tinham? Os territórios estavam demarcados e o critério não era o da amizade. Dentro do *coliseu negerboll*, éramos todos gladiadores. Do lado de fora, éramos quase todos amigos. Era confuso. Mesmo sem ler o texto, entretanto, aprendi a lição de Rilke: aprendi a vivenciar as perguntas.

Na minha infância, o esporte funcionava como um grande equalizador, uma zona segura. Quando o skate surgiu, eu e Mats passávamos horas praticando *kickturns*, *wiping outs*, cruzando as calçadas em frente de casa. Apostávamos corrida com tudo, até com bicicleta, apesar de preferirmos pedalar a toda, um contra o outro, só para ver como era bater de frente (nada agradável). Fazíamos trilha pelos bosques no quintal de casa, brincando de uma versão complexa de pique-esconde, fingindo ser homens das montanhas ou ainda sobreviventes de um desastre de avião, desesperados a ponto de cometer canibalismo. Quando brincávamos com outros garotos, gostávamos de desafiá-los para ver quem conseguia descer os vales de skate sem tênis e sem nenhuma proteção; fechávamos a rua para disputar campeonato de tênis, fazendo rede com barbante e riscando o asfalto com giz. Não parávamos quietos nem por decreto.

O esporte preferido era o futebol. Mats e eu éramos igualmente vidrados em futebol, embora, como qualquer garoto sueco da minha idade, ele fosse bem mais alto e bem mais forte do que eu. Pelos padrões suecos, ele era de estatura mediana, levemente parrudo, com pernas fortes que lhe eram bem úteis dentro de um campo de futebol. Talvez eu tivesse rapidez e habilidade natural, mas Mats, além do tamanho, tinha um pai muito bom de bola. Rune Carestam jogava bem melhor do que os outros pais. Nas peladas, ele encarava, corria mais, marcava mais e armava jogadas melhor do que qualquer garoto. Arrancávamos com a bola e, antes de pararmos, ele nos ultrapassava e dava o passe perfeito para um companheiro de time. Meu pai era bom na defesa e jogava bem nas peladas do bairro, apesar de ser 10 anos mais velho do que Rune, sem contar que era 10 anos mais lento.

Quando toda a criançada do bairro se juntava para jogar ou quando batíamos uma bola no recreio, a única disputa pra valer acontecia somente entre mim e Mats. E, em vez de nos afastar, aquilo nos aproximava ainda mais. O futebol era o laço que nos unia. O primeiro livro que li, sem ser para a escola, foi um que Mats havia pegado na biblioteca pública e depois me emprestado.

– *Du skulle gilla den här* – disse ele, empurrando o livro na minha direção. – Acho que você vai gostar deste.

Era a autobiografia de Edson Arantes do Nascimento, mais conhecido como Pelé, considerado o melhor jogador de futebol do mundo. Fiquei de boca aberta quando li que Pelé veio a Gotemburgo aos 17 anos, para a final da Copa de 1958. Pelé descreveu a sensação de entrar no Nya Ullevi Stadium, que fica a poucos quilômetros da minha casa, vestindo a camisa 10. Ele sabia que o estádio inteiro tinha os olhos grudados nele, perguntando-se quem era aquele "garoto negro e magricela". Pelé foi o meu primeiro herói, minha primeira referência de cidadão negro e aquele livro significou tudo para mim.

Quando eu e Mats não estávamos jogando futebol, estávamos ouvindo música. Curtíamos qualquer um daqueles hits que tocasse na rádio pop de Gotemburgo. Um dia, ele me chamou para ir à sua casa ouvir um disco que um primo mais velho havia lhe dado. Era de uma banda chamada Kiss. Admiramos a capa, impressionados com aqueles sujeitos cheios de maquiagem, pernas para o ar, roupas de couro pretas e prata coladas no corpo. Mats segurou a capa do álbum na altura do rosto e fez careta como os caras da banda.

Entramos correndo no banheiro de seus pais e saqueamos o estojo de maquiagem da mãe dele. Lado a lado, disputamos o melhor lugar diante do espelho. Mats pegou o delineador e desenhou a estrela ao redor do olho, como o vocalista Paul "Starchild" Stanley, enquanto eu tracei chamas em volta de cada olho para me transformar no baixista Gene "Demon" Simmons.

Durante alguns meses, fingir que éramos o Kiss foi sem dúvida uma de nossas brincadeiras favoritas. Naquela época, Mats estava num curso de carpintaria. Enquanto os outros garotos construíam caixas de ferramentas e porta-lápis, ele esculpiu um microfone de madeira com tripé, "extensão" de couro e tudo o mais, que usávamos em nossos "shows". Quando queríamos "tocar" com a banda completa, chamávamos outros garotos, mas, em geral, éramos só nós dois. Ficávamos no quarto de Mats ouvindo as nove faixas do disco, na ordem, acompanhando a letra impressa no encarte que vinha com o LP. Às vezes, ouvíamos repetidamente nossa faixa favorita, "Detroit Rock City". Tocávamos muita guitarra imaginária – Mats solando e eu no baixo – pensando que Gotemburgo nunca tinha visto nada tão bacana quando gritávamos "*First I drink then I smoke!*". Éramos bons meninos, mas, quando a ocasião exigia, arrumávamos confusão.

Com o tempo, nossos gostos amadureceram e, lá pela sétima série, evoluímos para... odeio dizer... nosso "suequíssimo" ABBA. Agora, em vez de fazer pose, queríamos dançar. Organizávamos bailinhos à noite: descolávamos o máximo de guloseimas que podíamos e chamávamos umas garotas do bairro para dançarem com a gente ao som do último sucesso do ABBA no porão da casa de Mats. De garotos, só nós dois, mais nenhum. E a mãe de Mats atacando de DJ.

Durante os 14 anos em que moramos em Skattkärr, até eu deixar definitivamente a Suécia, de 100 dias, Mats e eu nos falamos ou nos vimos em 99. Em nossa cabeça, mandávamos no bairro e, uma vez que estudávamos na mesma turma, a escola também era nosso domínio.

Na Suécia, quando se tem talento para uma determinada modalidade de esporte, não se perde tempo em time de escola: você se junta a um clube. Os times de clubes suecos funcionam como uma fase pré-profissional, e virar profissional era tudo com que eu e Mats sonhávamos. Aos 11 anos, nosso desempenho em campo era muito melhor do que o do time do bairro em que jogávamos. Fomos ambos aprovados no teste para o GAIS, abreviatura de Gotemburgo Athletic and Sports Association, principal clube de futebol da nossa cidade. O GAIS correspondia ao Manchester United e a torcida, incluindo o pai de Mats, era conhecida pelo fanatismo. Ser aceito no time juvenil era importantíssimo, pois representava uma porta de entrada para a categoria profissional.

Durante os quatro anos seguintes, todos os dias depois da aula e todo fim de semana, eu e Mats íamos para o treino. Com nossas mães, encarávamos os oito quilômetros até o clube, de ônibus, bonde ou no banco traseiro do velho e barulhento Fusca de meu pai. Quando pegávamos o bonde, nunca esperávamos que parasse por completo para descermos: sempre pulávamos antes e corríamos os quatro quarteirões até o campo, onde nossos colegas nos esperavam.

Até entrar para o GAIS, eu estava acostumado a ser o único forasteiro em qualquer lugar em que estivesse. Na escola, a diversidade limitava-se a um garoto finlandês e a uma garota indiana que, como eu, tinham sido adotados ainda pequenos e falavam sueco sem sotaque. No GAIS, porém, só seis dos 22 jogadores eram suecos e quase todos vinham de famílias de operários. De repente, passei a ter amigos da Iugoslávia, Turquia, Letônia e Finlândia, amigos que não se chamavam Gunnar ou Sven, mas Mario ou Tibor, amigos de pele mais escura e cabelo mais escuro. Com meus novos companheiros de time, aprendi um dialeto que misturava palavras estrangeiras e frases suecas abreviadas. Em vez de *"Vad hänner annars?"* – "O que está rolando?" –, dizíamos *"Annars?"*. Para chamar a atenção de alguém, falávamos *"Yalla"*, que significa "mais rápido" em árabe. A qualquer falta usávamos a palavra inglesa *"sorry"*. Para nossos pais, era um jeito inadequado e preguiçoso de falar. Para nós, era simplesmente o máximo do máximo.

Meus novos companheiros de time, mesmo os suecos brancos, autodenominavam-se *blatte*, termo historicamente pejorativo, usado para se referir a imigrantes, que minha geração teve o orgulho de adotar. *Blatte* significa "alguém de pele escura", mas também se referia a "alguém de fora". Não era tão pesado quanto *nigga*, que acabou sendo adotado pelos negros amantes de hip-hop, mas era um termo que deixava profundamente incomodados os suecos de mentalidade mais aberta. A abrangência de *blatte* me agradava: referia-se tanto ao deslocado ugandense de origem indiana quanto ao antigo iugoslavo e a gente como eu. Diferentemente de alguns de meus colegas de time, fui adotado quando já dava meus primeiros passos. Cultural e linguisticamente falando, eu era sueco. Só que, à medida que fui crescendo, percebi que as pessoas passavam a me ver como um jovem negro e não como um menino negro fofinho. Nunca conversei com meus pais, irmãs, nem mesmo com Mats sobre isso. No entanto, foi sorte minha que essa consciência racial tenha surgido quando entrei para o GAIS. Justamente no momento em que comecei a perceber que, em muitos aspectos, eu não pertencia verdadeiramente à sociedade sueca, encontrei um lugar e pessoas que me acolheram e fizeram com que me sentisse em casa.

Depois do treino, meus colegas e eu costumávamos ir ao McDonald's, que na época era relativamente novo na cidade, onde nos entupíamos de porcarias. O visual norte-americano do lugar nos fascinava. Alguns dos meus colegas da escola arrumaram emprego de meio expediente lá. Trabalhavam na chapa ou na fritadeira. Quando passei para a oitava série, resolvi também ir trabalhar no McDonald's. Por que não receber para estar no local aonde eu costumava ir?

Um dia, antes do treino, passei por lá e pedi um formulário. Quando terminei, o garoto do outro lado do balcão apontou na direção do gerente, que não devia ter mais de 20 anos.

Sorridente e com a postura ereta, do jeito que minha mãe me ensinou, entreguei o formulário.

O sujeito pegou o papel segurando com o indicador e o polegar, como se fosse algum lixo que ele tivesse catado do chão.

– Entraremos em contato – disse.

Percebi ali mesmo que não seria chamado. Embora ele não tivesse dito nada que soasse discriminatório, fiquei confuso – algo corriqueiro na minha adolescência –, sem saber se devia confiar na minha intuição ou se havia entendido mal. Saí da lanchonete sem saber se queria chorar ou dar um soco em alguém.

No dia seguinte, durante o treino, quando contei aos colegas o que havia acontecido, eles caíram na gargalhada. E imaginaram a cena: a ideia de um garoto negro se candidatando a um emprego num lugar como o McDonald's era hilário.

– Você foi procurar emprego *onde*? – os colegas perguntaram, incrédulos.

– É claro que você não conseguiu o emprego. Por acaso já viu algum *blatte* atrás de um balcão do McDonald's?

Em casa, quando contei à minha mãe sobre a maneira como o gerente havia me tratado, ela fez o que toda mãe faz: tomou as minhas dores:

– Vou ligar para ele agora! Ele não pode tratar você assim e sair impune!

– Não, não, por favor! – insisti. – Vou trabalhar em outro lugar, em outro lugar melhor!

– *Bry dig inte om honom* – sugeriu meu pai. – Ignore-os.

O futebol então se tornou não só um esporte adorado, como o GAIS, com sua equipe *blatte*; acabou se transformando no refúgio de um mundo que parecia cada vez mais branco. Tudo o que acontecia no GAIS era perfeito para mim: do senso de identidade que me conferia até a camisa verde e preta que nos rendeu o apelido de "Cavalinhas". Vestia aquela camisa e ostentava o apelido com um orgulho incomensurável. Gosto de dizer que minha cidade, Gotemburgo, ou Gburg, é como uma Pittsburgh à beira-mar. Para mim, vestir aquela camisa era como estar na versão infanto juvenil do Steelers: mostrava que eu era de Gburg, ainda que a cor da minha pele dissesse o contrário.

Logo depois que eu e Mats entramos para o GAIS, o time adulto contratou seu primeiro jogador negro, um meio de campo tunisiano chamado Samir Bakou. A pele de Bakou não tinha aquele tom oliva, tão comum aos norte-africanos. Ele era tão negro quanto eu e fazia questão de me cumprimentar sempre que nos cruzávamos. Era um cara legal, que nunca se estressava em campo, sempre no controle. Os outros negros que eu via eram apenas na TV: Carl Lewis, Michael Jackson e Desmond Tutu. Todos se encontravam muito longe dali. Mas Samir Bakou treinava onde nós treinávamos. Não falávamos a mesma língua. Eu falava sueco e inglês, e ele árabe e francês. Mas ele sempre me cumprimentava com um aceno de cabeça ou uma piscadela, gestos que me asseguravam que havia uma ligação entre nós. Ao lado de Pelé, Bakou se somou ao meu panteão de referências negras masculinas.

Os Cavalinhas eram bons, muito bons mesmo. Viajávamos por toda a parte norte da Europa durante a temporada de sete meses: de Estocolmo até a Dinamarca, passando pela Holanda, Inglaterra e Iugoslávia. Treinávamos duas vezes por dia. Driblávamos, treinávamos passes e chutes a gol, pulávamos e percorríamos a toda velocidade metade do campo, tocando a linha do centro, depois a de fundo, quantas vezes conseguíssemos em intervalos de cinco minutos. Quando finalmente ouvíamos o apito do treinador, jogávamos-nos ao chão, onde quer que estivéssemos. Ali deitados, a sensação era a de termos apagado completamente, olhando para o céu, o sangue e a adrenalina pulsando no corpo: eu dava a vida por aquela sensação.

Lars, o nosso treinador, era filosoficamente influenciado pelos brasileiros, mestres do passe de bola. Enquanto a maioria dos times juvenis usava uma tática de jogo – passar a bola para o cara mais rápido e torcer para que ele marcasse um gol –, nosso treinador queria que jogássemos com uma mistura de precisão e poesia. Lars sentia tanto orgulho de um passe que cobrisse uma distância de 45 metros, ou de um cruzamento perfeito, quanto de qualquer gol que marcássemos. O que ele queria ver em campo – e ainda hoje trago comigo as habilidades que desenvolveu em nós – era o domínio da bola e o refinamento, que faziam do futebol algo delicioso de se jogar e de se ver.

– Acho melhor que percam do que ganhem jogando feio – dizia Lars.

Não éramos o melhor time da liga, mas nossas vitórias suplantavam as derrotas. Mats era zagueiro central, e eu, meia, o que me tornava a ponte entre defesa e ataque. Normalmente, Lars nos colocava para jogar logo de cara, apesar de sermos mais jovens. Durante o primeiro ano no GAIS, jogamos contra garotos que eram três, quatro anos mais velhos, o que contribuía para o frio na barriga, mesmo quando tudo estava a nosso favor.

Lá pelo nosso segundo ano no time, começaram a aparecer olheiros procurando por talentos para lançar nas divisões semi ou profissional. Quando um garoto finlandês, de 16 anos, contra quem jogamos várias vezes, foi para o time profissional, todos sonhamos com o mesmo destino. Passei a treinar com mais afinco a cada dia e, pela primeira vez, hesitei entre o desejo de fazer o melhor pelo time e a vontade de me destacar e ser notado.

Sabia que jogava bem e, a cada vitória, ficava mais fácil vislumbrar a possibilidade de fazer carreira no futebol, tendo o GAIS como um trampolim para o estágio profissional. Treinava sempre que não estava estudando ou executando alguma tarefa. Dediquei-me ao aperfeiçoamento de cada jogada. Pegava emprestadas do Mats as últimas revistas de futebol (meu pai só gostava de jornais e de livros de verdade) e sozinho em meu quarto, devorava todas.

Naquela época, havia três pôsteres na parede do meu quarto: um de Michael Jackson, um do rei e da rainha da Suécia (obrigado, mãe) e outro de Pelé, o homem que tinha mudado o jogo. Passava horas me imaginando em campo, como um pequeno Pelé, cruzando os gramados de Barcelona e Londres a caminho do gol, dando olé nos craques mundiais, ganhando a Copa do Mundo com um gol de cabeça que seria visto e reprisado em câmera lenta nos canais de esportes por muitos e muitos anos. Seria esse meu passaporte para fora de Gburg. Por meio do futebol, eu conheceria o mundo.

Aos 16, eu já havia passado quatro anos no GAIS. Havia caído em uma rotina confortável: sete meses de futebol, três meses de escola, onde durante boa parte do tempo eu passava pensando em futebol, e dois meses de veraneio em Smögen, pescando com meu pai e com meus tios e vendo o verde e preto do GAIS nas escamas de cada peixe.

No início da quinta temporada, eu e Mats fomos ver a escalação do time, afixada na parede ao lado da sala do treinador, loucos para sondar como seria a competição: quem eram os garotos novos, quem teria chance de tomar nosso lugar de titulares. Queríamos saber também quem o técnico havia eliminado: torcíamos para ver os preguiçosos que faltavam aos treinos se darem mal. Olhamos a lista. O nome que encabeçava a relação, em ordem alfabética, era Carestam. Quando chegamos ao S, porém, não havia nenhum Samuelsson. Olhei de novo. Nada! Meu cérebro se recusava a processar o que estava na cara. Por alguns instantes mantive os olhos grudados à lista, recitando mentalmente o alfabeto. Q, R, S, T. *Onde eu estava?* Nem adiantava olhar: meu nome não constava da lista. Sei que parece melodramático, mas era duro imaginar que não havia lugar para mim no time ao lado dos meus amigos, no esporte que era a minha vida.

Dei um soco no quadro de avisos, enquanto Mats, a meu lado, riscava o chão com a biqueira do tênis, desviando o olhar.

– *Javla skit!* – gritei. – *Skit! Skit! Skit!* – Puta merda! Merda! Merda!

A porta da sala se abriu e o treinador Lars botou a cabeça para fora para ver o que estava acontecendo.

– Entre, Samuelsson. E você, Carestam, espere aí.

Entrei na sala atrás de Lars, que fechou a porta. Emburrado, sentei na cadeira em frente à mesa coberta de esquemas táticos, escalações e cópias de tabelas de jogos que representavam tudo o que havia sido tirado de mim. Respirei fundo e tentei controlar o tremor nas mãos.

– Marcus, sei que está decepcionado. Você é um grande jogador, mas é muito franzino. Os outros garotos de 16 anos pesam 20 a 30 quilos a mais do que você, alguns até mais. Você deve continuar jogando, mas não conosco. Sinto muito.

Pela primeira vez na vida estava sendo demitido, uma cacetada que eu não esperava. Havia me esforçado, respeitado o regulamento, sido aplicado, disciplinado. E era *bom*... mas estava fora. Cortado do time. A única porta que eu achava que poderia se abrir para mim havia se fechado.

Embora eu viesse a dar continuidade à carreira numa divisão de menor expressão, e mesmo sendo treinado por um técnico que se esforçava para compensar minha desvantagem na estatura e no peso, mais tarde acabaria desistindo desse sonho. Foi quando a culinária entrou de vez na minha vida.

Talvez uma das razões que me fizeram mergulhar de cabeça na gastronomia foi já ter sido cortado antes. Sei bem o que é você ver o nome na lista, ano após ano, e conheço de perto a dor e a angústia de ver que ele não está mais ali. Ainda hoje, tantos anos depois de o GAIS haver me dispensado, às vezes me vejo mais como um jogador de futebol fracassado do que como um chef de sucesso.

Sete – **Todas as fichas na gastronomia**

Descartada a carreira no futebol, resolvi me matricular numa escola técnica. A frequência escolar na Suécia só era obrigatória até o nono ano. A partir daí, muitos garotos passavam de dois a três anos no *gymnasium*, um tipo de escola especializada – de ensino médio – que preparava para o mercado de trabalho ou para a faculdade.

Ao analisar minhas opções, comecei a considerar a ideia de me tornar chef. Cozinhar era um negócio que eu adorava e para o qual tinha talento. Aos 15 anos, fiz prova e passei para a Ester Mosesson, uma escola onde gente criativa de todo o canto de Gburg fazia cursos de gastronomia, moda e design gráfico. Parecia uma escola europeia de artes performáticas, saída diretamente de um quadro do programa *Saturday Night Live*: em vez de desandar a cantar ou dançar em cima das mesas, os alunos da Mosesson treinavam exaustivamente até conseguirem preparar um suflê perfeito.

Nunca fui um aluno brilhante como meu pai, mas aquele era um currículo que finalmente conseguia me entusiasmar. As únicas aulas formais eram em sueco e inglês – eu adorava idiomas, de modo que estava achando tudo muito divertido. Havia um programa obrigatório de educação física, que consistia basicamente em jogos de futebol – a diversão continuava. O restante do dia ficávamos cozinhando. A essa altura, eu já havia passado tanto tempo envolvido com gastronomia que tinha a impressão de ter sido sempre íntimo de cozinhas. Entrei na sala de aula me sentindo para lá de confiante. No terceiro dia, um dos instrutores ensinou o manuseio básico de facas para picar verduras.

– Logo, logo vocês vão sonhar com picar cebola – prometeu.

O professor mostrava como fazia – de tiras longas a pedaços irregulares –, depois fazia um aluno assumir o lugar e imitá-lo. A princípio, fiquei de longe, só observando se meus colegas de turma tinham experiência. Mesmo sob estreita supervisão, teve gente que se machucou. Logo aprendemos que cozinha não é lugar para desajeitados ou distraídos.

Depois de uma breve demonstração de como se deve cortar um clássico *batonnet* – um palito enorme e quadrado –, foi a vez de um garoto chamado Martin ficar à frente da tábua de cortar. O professor lhe passou a faca sem que Martin dissesse uma palavra. Ele pegou a faca e, num movimento fluido, cortou as bordas e retirou os olhos da batata, removendo as pontas arredondadas até lhe dar um formato retangular. Em seguida, cortou o retângulo em pedaços de pouco mais de meio centímetro, formou pilhas de três pedaços e tornou a cortar no sentido longitudinal.

O grupo, admirado com a perfeição da pilha uniforme de batatas palito, emudeceu. Martin pegou a toalhinha pendurada debaixo da bancada e limpou a faca.

– Vocês viram? – perguntou o professor.

Minha avó havia sido uma professora tão paciente e meticulosa que comecei o curso já dominando técnicas básicas, diferentemente dos meus colegas de turma. Eu sabia como segurar uma faca. Sabia como cortar um peixe em filés. Sabia como dourar uma carne dentro de uma panela de ferro até formar uma crosta. Mas com aquela pilha de batatas percebi que Martin sabia tudo o que eu sabia e mais alguma coisa. A culinária estava incorporada nele como se fosse memória muscular, da mesma forma como eu driblava com uma bola de futebol, da mesma forma como todo mundo caminha e respira. Daquele dia em diante, pelo que percebera, só havia dois alunos no curso: eu e Martin. Ele era o cara a ser vencido, e eu, o que deveria desafiá-lo.

Um dos professores era um britânico chamado John Morris. Era ele quem nos ensinava como grelhar, fritar, dourar e escaldar, tudo isso usando técnicas e terminologia francesas, é claro. Diferentemente dos outros professores, ele fazia questão que o chamássemos de Chef John, como se estivéssemos numa cozinha profissional. Chef John falava "sueglês". Começava a aula num polido sueco e, à medida que o dia avançava, desviava por um curso de palavrões em inglês. Tinha começado a vida profissional no pub da cidadezinha onde nasceu, limpando frangos e cozinhando fígado. Depois, mudou-se para Londres e arrumou emprego na cozinha do opulento hotel Dorchester. Lá, foi promovido a *chef de partie* e passou a preparar os pratos prediletos da rainha Elizabeth e de Jimmy Carter. Se não tivesse conhecido uma sueca num bar, dizia ele, ainda estaria no Dorchester. Só que acabou se casando com a tal sueca e indo parar em Gburg.

A tarefa de Chef John não era nada fácil. Tente mostrar a diferença entre cozinhar em fogo baixo e escaldar num fogão velho, doado pelo governo, em que o fornecimento de gás chega "aos soluços". Numa cozinha profissional, quando uma panela fica preta, precisa ser jogada fora. Na Mosesson, se os professores fossem jogar fora uma panela por ter ficado preta, não sobraria uma sequer.

O maior obstáculo para Chef John, no entanto, eram os alunos.

– Como sabemos se o óleo está na temperatura certa? – interrompeu um garoto chamado Niklas, quando Chef John ensinava fritura em óleo abundante.

A pergunta foi direta, mas Niklas era o tipo do moleque abusado que se achava mais engraçado do que era na verdade. Ficou claro, por sua expressão, que ele estava aprontando alguma.

A resposta de Chef John foi igualmente direta:

– Existem três maneiras. A primeira: coloque umas batatas para testar; se forem à superfície, o óleo começar a borbulhar e você ouvir o chiado, é sinal de que o óleo está quente.

– Não quero desperdiçar nenhuma batata – resmungou Niklas em tom dramático. – Adoooooooooooro batata frita.

Ouviram-se risadinhas pela sala.

– A segunda maneira é observar o tempo – continuou Chef John. – Aguarde 15 minutos e use o termômetro, que deverá marcar 180°C, a temperatura ideal.

Em seguida, dirigiu-se para Nik, que estava do outro lado da cuba cheia de óleo quente.

– Você também pode enfiar esse seu dedo dentro da fritadeira.

Nik, que era mais paspalho do que propriamente piadista, resolveu escolher o terceiro método. Não demorou um segundo com o dedo dentro da fritadeira. Começou a gritar, com cara de desespero, como se não esperasse se queimar. Chef John também gritou:

– Seu babaca! Idiota! Por que botou o dedo aí? Ficou maluco?

Niklas desistiu do curso poucos meses depois, deixando para mim uma valiosa lição com sua burrice. Cozinha é um lugar perigoso. Se quiser evitar acidentes, você não tem só que safar sua pele. Também precisa ficar de olho em todos os "pontos vulneráveis".

Em qualquer cozinha profissional, o pessoal na base da hierarquia da equipe executa qualquer ordem superior com obediência militar. "Pois não, chef" foi o que aprendi a dizer, caso ele ou ela pedisse um pedaço de carne ou a minha cabeça numa travessa. Pois não, chef. Pois não, chef. Pois não, chef. Havia fracassado no futebol e, consequentemente, me tornara uma pessoa humilde e determinada. Na Mosesson, eu estava determinado a ser o melhor. Em pouco tempo, já estava servindo não só o tradicional *smorgasbord* sueco, composto de três pratos, mas também *coq au vin*, *steak au poivre* e *bouillabaisse*, todos de comer rezando.

Na metade do primeiro período, minha turma começou a trabalhar no restaurante da escola, cozinhando para clientes. Na maior parte do tempo, o cardápio do almoço era puramente sueco: pratos de gravlax de salmão e batatas cozidas, e arenque com todo tipo de molho: mostarda com endro, creme de leite, curry e 1-2-3 com cebola picada. Também preparávamos clássicos contemporâneos, como torradas Skagen: pedaços redondos de pão torrados com salada de camarão por cima, finalizado com uma colher de ovas de pescado branco. O jantar, por outro lado, era tipicamente francês, um toque de sofisticação em contraponto à caseira culinária sueca: linguado *à la meunière* ou pato com laranja.

Revezávamos as funções, de modo que eu passava três semanas atuando como garçom, depois lavando a louça e em seguida como cozinheiro assistente. Era um garçom razoável. Afinal, sabia que era importante observar como se comportava o cliente no salão do restaurante, como fazia o pedido, o que achava da comida. No entanto, nunca me senti à vontade na parte da frente como me sentia na dos fundos. Era lá atrás que a coisa toda acontecia, onde estava a verdadeira criatividade. Mesmo com apenas 40 lugares e mesmo que só a metade estivesse ocupada, a cozinha estava sempre em ebulição, sempre à beira do caos. E era justamente aquele caos organizado que eu amava. E ainda amo.

Na cozinha da escola, a hierarquia assemelhava-se à da maioria das cozinhas profissionais – usando a clássica forma francesa, *brigade de cuisine*. Cada *chef de partie* tinha uma tarefa específica – carne, peixe, salada –, e alguém era designado para trabalhar como expedidor, organizando e despachando os pedidos à medida que vinham do salão.

Embora o trabalho em equipe venha se desenvolvendo em cozinhas profissionais desde a Idade Média, foi o hoje lendário chef francês Georges Auguste Escoffier que o sistematizou, colocando-o no papel, no início do século XX, em sua obra *Le Guide Culinaire*, um clássico da gastronomia. Para que a *brigade* funcionasse, era necessário que os funcionários entendessem e assimilassem dois princípios: o sistema hierárquico e a divisão de trabalho do *chef de partie*, que distribuía tarefas da cozinha em *parties*, ou grupos, cada um a cargo de seu respectivo chefe. Independentemente de sua posição, seja lá embaixo, como estagiário ou *commis*, ou lá em cima, como *chef de cuisine*, você precisa saber se situar na hierarquia. Se algum superior lhe pedisse algo, você aceitava e trabalhava dobrado para executar a tarefa. Em contrapartida, tinha o direito de dar ordem a quem fosse inferior a você.

Em termos de restaurante, um expedidor só é bom se tiver a habilidade de "disparar pedido". Assim, à medida que os pedidos chegam à cozinha, o expedidor tem que coordená-los de modo que tudo esteja pronto para ser servido na mesma hora.

Imagine uma mesa com quatro pessoas pedindo um frango assado, um bife ao ponto, outro malpassado e um filé de rodovalho escaldado: cada prato com tempo de preparo diferente é executado por *chefs de parties* também diferentes. O expedidor calcula quando cada prato vai começar a ser feito, utilizando raciocínio matemático reverso, levando em consideração todos os procedimentos necessários, como limpeza de panelas ou o tempo que a carne precisa descansar. É a habilidade em executar um pedido sob tamanha pressão que diferencia um grande restaurante de outro, apenas bom; é a diferença entre um serviço perfeito e outro que faça o cliente reclamar ou regatear na hora da gorjeta.

Os pratos que preparávamos haviam sido copiados de nossas bíblias da culinária: *Larousse Gastronomique* e *O livro de receitas de Escoffier*. O couvert abria o caminho que conduzia criteriosamente aos pratos principais, e as guarnições faziam contraponto ou complementavam as entradas, mas nenhum deles tinha nada de mais, diferente ou inovador. Todo dia eu olhava para o cardápio e me perguntava: "E se combinássemos o pato com laranja com arroz frito ao curry, em vez de servi-lo com a tradicional batata gratinada?"; "Se tomilho e mostarda dão um sabor maravilhoso ao cordeiro assado, não poderíamos fazer uma variação semelhante com a carne de cabra assada?" Já havia em mim o desejo de misturar culturas e pratos. Não era o simples desejo de introduzir sabores da cozinha internacional nos pratos tradicionais. Na escola, vi que privilegiávamos a cozinha francesa em detrimento dos tesouros da culinária nacional. Estávamos em plena década de 1980 e o movimento pró-culinária local fazia sucesso no norte da Califórnia, embora a Escandinávia ainda nem tivesse tomado conhecimento disso. Aprendi mais sobre a culinária da Alsácia do que da de Värsterbotten, a área rural da Suécia que produzia o melhor queijo do país. Logo aquela situação mudaria.

Oito – Ganhando merecidamente minhas facas

Em Gotemburgo, o pessoal saía muito, mas não para comer. Todos se encontravam depois do trabalho para tomar uma cerveja ou talvez para assistir a um jogo de futebol num bar, mas comida nunca foi o centro do processo de socialização, como acontece em cidades como Barcelona ou Paris, onde as pessoas passam a vida em restaurantes. As raízes operárias de Gburg contribuíam para esse costume de comer em casa. Operários de fábrica não tinham tempo nem dinheiro para passar a noite comendo por lazer. Na verdade, não era apenas uma questão de tempo ou dinheiro: de modo geral, a Suécia estava infinitamente distante da culinária refinada. Foi só na metade da década de 1980, quando eu começava o curso de gastronomia, que os primeiros restaurantes suecos, o Eriks e o L'Escargot, de Estocolmo, receberam reconhecimento fora do país.

Apesar do treinamento no restaurante de 40 lugares, a Mosesson preparava os alunos para empregos institucionais, como em hospitais e bandejões. Em termos práticos, não havia restaurantes que oferecessem emprego aos recém-formados, ainda que quisessem. Consequentemente, não havia um ambiente que estimulasse a criatividade e a competitividade entre nós, que escolhemos a gastronomia como profissão. Não havia uma clientela com que pudéssemos desenvolver um relacionamento; só estrangeiros e trabalhadores, cujas empresas custeavam as refeições, se mostravam dispostos a pagar por uma culinária sofisticada, embora nenhum deles oferecesse a clientela estável e leal de que todo restaurante precisa para sobreviver. Sem uma cultura de cozinha refinada, é difícil desenvolver um paladar que vá além do que você come em casa.

Minha família mesmo comia fora, no máximo, duas ou três vezes ao ano. Saíamos para comemorar acontecimentos importantes, como o ingresso de minha irmã Anna numa escola de renome, a formatura de papai no doutorado ou então o emprego que Linda conseguiu numa gravadora. Nas ocasiões mais do que especiais, íamos a um restaurante sueco tradicional, onde pedíamos carpa com manteiga, endro e batatas cozidas. Em ocasiões mais corriqueiras, íamos ao La Piazza, uma pizzaria local, onde eu e Linda brigávamos para decidir qual seria o sabor. Eu gostava da que tinha o exótico nome de Capricciosa: champignons, alcachofras, presunto e azeitonas. Linda preferia a Vesúvio, de nome nobre, mas que nada mais era do que uma simples pizza de muçarela. Meu pai resolveu que, quando saíssemos, só comeríamos comida estrangeira, pois mamãe sempre poria defeito em qualquer prato sueco que nos servissem e acabaria sem se divertir. "Helga faz isso muito melhor", dizia ela decepcionada. Além disso, talvez por causa da proximidade, a comida sueca parecia custar caro demais. "Olhe o preço disso!", exclamava, afastando o cardápio.

O máximo de luxo a que se davam nossos conhecidos era um camarão com casca. Boa parte dos crustáceos servidos na região era pescada na cidade de meu pai, Smögen, onde eram cozidos ainda no barco, levados de caminhão até Gotemburgo e servidos com torradas, maionese e limão. A popularidade do camarão com casca devia-se à maneira como se comia. Bons modos à mesa, na Suécia, requeriam o uso do garfo e da faca para tudo, de frutas a sanduíches, mas o tal camarão era um descanso de toda aquela formalidade. O camarão vinha numa travessa, rosado e farto, ainda com a cabeça, e cada um retirava uma porção e colocava no prato. Descascavam-se uns 10 de uma vez, e em seguida lavavam-se as mãos numa bacia com água. Depois, passava-se maionese numa torrada, acomodava-se o camarão sem casca em cima, finalizando com uma pitada de endro e umas gotas de limão. Depois de comer cada torrada, começava-se o ciclo todo de novo. Era uma delícia! Todo mundo em Gburg cresceu comendo camarão com casca, mas, para nós, isso era mais rotineiro do que para outras famílias pelo fato de meu pai ser de Smögen. Papai ensinou a mim e às minhas irmãs a sugar a carne da cabeça do camarão, de modo bem parecido como o pessoal de Nova Orleans come o lagostim cozido, típico da região. Minha mãe, sendo de Skånskan, teve dificuldade em adotar o jeito de comer de meu pai. Preferia ficar só na parte da cauda.

Décadas mais tarde, conheci uma de minhas professoras preferidas, a lendária Leah Chase, de Nova Orleans. Sei que foi por causa do jeito como ataquei seu lagostim que ela passou a me admirar. Eu não era apenas um chef africano criado na Europa, dono de um perfil respeitável e com a cabeça cheia de ideias pretensiosas. Não senhora. Ao me ver comendo, Leah Chase percebeu que eu era um garoto de pele escura que adorava boa comida e que sabia que não devia desperdiçar nem um pedacinho.

Lá pelo meu segundo ano na Mosesson, minha ambição pela gastronomia era tamanha que o currículo me pareceu mais do que limitado: para mim, era perda de tempo. Não sabia no que ia dar aquilo ou que tipo de comida eu ia fazer, mas tinha uma vaga ideia de que havia um mundo de restaurantes fantásticos fora de Gotemburgo. Sem colegas de turma ou professores para me incentivar ou me empurrar em direção ao meu sonho, meu medo era acabar me acomodando. Continuamos a focar nas habilidades básicas, desde cortar uma carne até o manuseio cuidadoso dos alimentos, dividindo o tempo entre aulas teóricas e práticas. Gostei de aprender o preparo clássico do arenque e observei o orgulho e a segurança com que nossos professores mais velhos nos ensinaram a maneira correta de se preparar um *smorgasbord*. A maioria de meus colegas, entretanto, não tinha o menor interesse e não prestava a menor atenção. Assim que os professores viravam as costas, começavam a jogar tomates podres uns nos outros. Parecia que estávamos no ensino fundamental e não num curso de gastronomia.

Para manter a prática, eu fazia de cada exercício um concurso. Queria ver se conseguia rechear as barquetes mais depressa do que o restante da turma ou se conseguia lavar e picar o endro mais depressa do que o professor, ou ainda se conseguia finalizar a cobertura de creme nos confeitos com a mesma curva.

Algumas semanas após começar o segundo ano, estava claro para mim que eu já havia aprendido tudo o que a escola tinha a oferecer, mas se largasse a escola antes de me formar, a decepção de meu pai seria para mim insuportável. Eu já havia resolvido não fazer faculdade, um senhor baque para um homem com doutorado, que valorizava bastante o ensino superior. Se eu largasse a escola de gastronomia, ainda que fosse por querer algo mais desafiador, meu pai me veria como alguém que desiste fácil das coisas. E, se algum sucesso me aguardasse no futuro, ele encararia como mero acaso e não como resultado das duas coisas que ele mais valorizava: determinação e disciplina. A única saída que eu vislumbrava era um estágio num restaurante de verdade. Toda hora aparecia um e os avisos eram afixados no quadro da escola. Nos meses que se seguiram, sempre que via uma lista nova, eu me inscrevia. Nenhuma das vezes obtive mais sucesso do que quando me candidatei ao emprego no McDonald's.

Em uma tarde, no início do outono, peguei um ônibus e cruzei a cidade. Desci e andei três quarteirões, parando em frente ao Tidbloms, que anunciara uma vaga no quadro da escola. O Tidbloms ficava num edifício de tijolinhos, em estilo vitoriano, que datava de 1897, quando serviu de alojamento para artesãos escoceses que vieram trabalhar numa serralheria. Ao longo dos anos, fora se deteriorando; servira como armazém, depois como casa de cômodos e, em seguida, delicatéssen. Quando cheguei, havia acabado de sofrer uma reforma e virado uma charmosa hospedaria. O restaurante, por sua vez, fora reformado no mesmo estilo.

Atravessei o restaurante e me dirigi à cozinha, onde um rapaz de cabelo desgrenhado, provavelmente com seus 25 anos, revolvia uma tina com ostras. Cheirava umas, batia em outras com os nós dos dedos e encostava o ouvido para ouvir sei lá o quê.

– Estas estão boas – disse ao rapaz a seu lado. – Pode aceitar a entrega.

O outro não disse nada. Apenas virou-se e saiu apressado pela porta dos fundos. Então, resolvi me apresentar.

– Estou procurando o chef.

– Está falando com ele. Sou Jorgen. Em que posso ajudá-lo?

Tudo o que eu ouvira a respeito do Tidbloms se concentrou no que Jorgen fizera naquela cozinha. Reunira uma excelente equipe de cozinheiros e se mostrara eficiente no que se referia à alta gastronomia, misturando ingredientes suecos com molhos e técnicas da culinária francesa. Na hora do almoço, servia o tradicional *husmanskot* – almôndegas ao molho cremoso com purê de batatas, por 45 kroner, o equivalente a 2 dólares. Pelo triplo desse valor, o Tidbloms servia um *affärslunch*, um almoço executivo: perna de cordeiro assada com molho de mostarda e batatas gratinadas. Novamente, carne e batatas, mas uma carne e umas batatas sofisticadas.

O jantar, segundo me contaram, era quando se utilizavam os melhores ingredientes: morcela, tomate-cereja, manjericão fresco e estragão. Eu queria ter contato com a alta gastronomia, mas também ansiava por uma seriedade em relação ao trabalho que servisse como antídoto contra o que vinha aprendendo na escola. Era finalzinho de tarde, o período mais calmo de preparação, sem clientes no salão, mas ninguém ali estava à toa. Até o porteiro, que havia trazido as ostras, executava suas tarefas como se tivesse fogo queimando no traseiro.

– Vou trabalhar com afinco – prometi a Jorgen, depois de detalhar o que havia aprendido na Mosesson e durante meus bicos de verão.

Ele então concordou em me aceitar como estagiário durante quatro semanas.

Foi um alívio trabalhar numa cozinha de verdade, servindo comida de verdade, feita por cozinheiros de verdade, para clientes pagantes de verdade! Incumbiram-me das tarefas mais básicas, nada muito além de lidar com a lavadora de pratos, mas, desde meu primeiro turno, trabalhando lado a lado com profissionais da cozinha, senti a camaradagem e o esforço conjunto que conhecera nos campos de futebol. Todo dia, precisamente às 11 da manhã, eu ligava o aquecedor de pratos. Abastecia o frigorífico com as compras que o chefe acabara de descarregar. Arrumava a bancada para o *saucier*, reabastecendo o *mise en place*, tarefa que consistia em picar, partir e fatiar cada erva, condimentos e ingredientes aromatizantes que o chef utilizaria durante seu turno de trabalho. Depois, armazenava tudo dentro de potes plásticos que se alinhavam sobre o pedaço da bancada reservada para ele trabalhar. Eu fazia mais do que descascar centenas de batatas; eu as lavava, descascava e cortava com a faca *tournée*, partindo-as no mesmo formato, cada um com cerca de 6 centímetros e sete lados rigorosamente iguais. Para realizar tal tarefa, um dos cozinheiros me emprestava sua própria faca *tournée* – cozinheiro profissional que se preze possui um conjunto de facas que carrega em estojos compridos e flexíveis. A faca *tournée* tem uma lâmina curva, semelhante a um bico de pássaro, nome frequentemente usado para descrevê-la. Eu sempre limpava a lâmina e o cabo com muito cuidado, outro sinal de zelo e respeito. Talvez houvesse uma hierarquia muito clara na cozinha, mas todos tínhamos um único objetivo e cada um tinha consciência da importância de sua contribuição individual.

Bengt, um dos cozinheiros do Tidbloms, morava próximo à casa de meus pais em Sävedalen e sempre me dava carona, quando calhava de trabalharmos no mesmo turno. Era só uns anos mais velho do que eu, mas dirigia seu Volvo feito um velho gagá: cheio de cuidados, segurando o volante com as duas mãos, seguindo em frente a uma velocidade de tartaruga. Enquanto passávamos pela rodovia E20 aos sacolejos, conversávamos sobre nossos planos de conquistar o mundo da gastronomia.

– Meu próximo passo vai ser trabalhar com Leif e Crister – confidenciou-me uma vez.

Leif Mannerström e Crister Svantesson trabalhavam juntos e, naquela época, comandavam o La Scala, o restaurante mais sofisticado de Gotemburgo. Leif mantinha-se atento a oportunidades: era bem relacionado – tinha contato com políticos e empresários – e, na verdade, atuava mais como gerente. Crister era mais criativo, com um quê de descuido em tudo o que fazia, mas ninguém contestava que seu talento para cozinhar era questão de DNA. Apesar do nome, o La Scala servia comida francesa e oferecia a melhor carta de vinhos da cidade. Além disso, era próximo à sala de concertos da cidade, o que garantia um constante fluxo de clientes Vip.

Tive certa dificuldade em engolir a pretensão de Bengt, e não escondi minha reação. Ele era competente, mas não acreditava que fosse assim tão melhor do que eu. Minha convicção era de que eu realmente conseguiria chegar lá.

– Olha – continuou ele, ignorando a minha falta de entusiasmo –, se você se sair bem no Tidbloms, se causar boa impressão, vou ver o que posso fazer para lhe arrumar uma vaguinha no La Scala.

Ele nem tinha arrumado a dele lá e já prometia *me* levar junto? Logo aprendi que é assim que a banda toca entre os chefs e suas "tribos": segue-se um grande chef aonde quer que ele vá.

Em cada turno de trabalho, aprendia alguma coisa diferente. Na primeira semana, aprendi a estocar peixe de forma adequada. Enquanto minha avó jogava espinhas numa tigela com água e cebolas-roxas picadas, misturando salmão com haddock e deixando que cozinhasse a altas temperaturas, no Tidbloms só se usavam peixes nobres, mais refinados, como o rodovalho e o linguado. Adicionava-se salsa e tomilho frescos, pimenta-do-reino, vinho branco e a parte verde do alho-poró, deixando cozinhar em fogo baixo e fazendo exalar os aromas como num passe de mágica, em vez de extraí-los no tapa. Também aprendi a cortar peixe em filés, depressa e sem desperdício, a limpar uma peça de filé bovino, fatiando bem debaixo da rígida pele cor de prata perolada, de modo que ficasse mais fácil separar o osso da carne. Vi também que é muito mais fácil cortar um filé em bifes do que um pedaço de cordeiro. Acima de tudo, aprendi a jamais remanchar, a trabalhar com um propósito. Na escola, fazíamos uma coisa de cada vez. "Hoje, vamos aprender a fazer creme chantili." "Hoje, vamos fazer caldo de vitela." No Tidbloms, todo mundo tinha cinco coisas para preparar e todas precisavam estar prontas na mesma hora.

 Após quatro semanas, quando meu estágio no Tidbloms estava chegando ao fim, não suportava a ideia de voltar para a Mosesson em tempo integral. Fui falar com Jorgen entre o almoço e o jantar. Ele não tinha sala, de modo que qualquer brechinha na bancada servia-lhe de mesa. Naquele dia, ele estava na estação de saladas, preparando o cardápio para a semana seguinte. Esperei que me notasse, mas ele continuou absorto na tarefa. Resolvi pigarrear, e só então ele ergueu a cabeça.

– Oi, Marcus. O que manda?

 Estava com tanto medo que ele recusasse que tudo o que eu havia planejado dizer saiu feito avalanche:

– Chef, não vou conseguir voltar para aquela escola chinfrim, quando poderia estar aqui trabalhando com você. Preciso de umas horas de estágio para o meu currículo escolar. Se passasse umas horas aqui trabalhando de graça, você me daria uma declaração para contar como crédito no meu histórico? Você teria que dizer ao meu professor de culinária que por você está tudo bem e que vai atestar a minha carga horária no final de cada período. Vou lhe dar o telefone dele e, se houver formu-

lário, eu pego lá mesmo na escola. Você não precisa fazer mais nada além de me deixar ficar.
Depois de tomar fôlego, perguntei:
— O que você acha?
Jorgen sorriu.
— Por que não me pediu antes? Com o problema da colocação resolvido, fui falar com meu professor.
— Por que abriríamos uma exceção para você? É contra as normas da escola.
Respondi com a autoconfiança de um adolescente abusado. Ou de um desesperado:
— O senhor sabe que vou ser cozinheiro profissional quando terminar o curso. Diferentemente da maioria dos garotos daqui, eu levo o curso a sério. E se não pegar prática, vou ter poucas chances de conseguir um bom emprego depois de formado. Por favor!
— Está bem, Samuelsson. Vamos tentar. Só que você não vai poder faltar às aulas que restam. Lembre-se: você ainda não se formou.

Quando cheguei à Suécia, fui registrado com a data de nascimento de 11 de novembro. Todo ano, naquela data, minha mãe e minha avó faziam um bolo, e, depois do jantar, eu abria um monte de presentes. Minha avó me dava suéteres tricotados por ela; meu pai me dava livros; minha mãe me dava roupas que ela achava que eu precisava, normalmente mais estilosas do que as que eu teria escolhido pessoalmente. Eu contava que Linda e Anna me dessem algo mais legal. No ano anterior, elas haviam me presenteado com algo perfeitamente afro-sueco:

um álbum do Public Enemy e um All Star de cano longo azul-turquesa.

Naquele aniversário – em que eu completava 17 anos –, enquanto minha mãe retirava os pratos de sobremesa, Anna se inclinou em direção a Linda e cochichou alguma coisa. Linda deu um pulo da cadeira e correu até o quarto de Anna. Um minuto depois, voltou trazendo uma caixa retangular comprida, embrulhada com um papel de presente que reconheci do último Natal.

– Abra – disse Anna.

Retirei a fita adesiva sem a menor pressa. A caixa era igualzinha à que demos a meu pai no aniversário dele, com gravatas que ele usara durante toda a semana seguinte e depois enterrara na gaveta de meias. Sem o papel, vi que era uma caixa da Holmens Herr, a mais classuda – e a menos bacana – loja de roupas masculinas da cidade. Tentei disfarçar a decepção e levantei a tampa, fazendo o maior esforço para demonstrar felicidade.

Não era uma gravata. Era uma faca de cozinha novinha em folha, com lâmina de aço e carbono e mais de 20 centímetros de comprimento. Era a faca mil-e-uma-utilidades de que todo cozinheiro precisava, com uma lâmina fina para picar ervas, mas larga o suficiente para amassar ou cortar alimentos. Melhor ainda: em termos de marca, tratava-se da Rolls-Royce das facas, fabricada pela Sabatier, uma empresa francesa.

– Nem sei o que dizer.

Então, lhes dei um abraço bem apertado e sincero.

Trabalhei no Tidbloms o restante do ano, o que me ajudou a suportar a escola. Talvez meu pai não entendesse nada de alta gastronomia, mas uma coisa aprendi com ele em termos de ética profissional: chegar na hora, estar atento às instruções e nunca contestar meus superiores. O esforço valeu a pena. Podia ter perdido a vaga no time de futebol por ser menor que meus companheiros, mas, na cozinha, meu tamanho não fazia a menor diferença. O que importava era o meu trabalho.

Os cozinheiros me agradeceram, deixando-me realizar tarefas que iam além dos preparativos; comecei a fazer os molhos *à la minute* – preparados a pedido dos clientes. Para o linguado *à la meunière*, eu entrava depois de o peixe haver sido cozido na manteiga, adicionava mais umas colheres na panela e aguardava até ele ficar dourado. Nesse momento, acrescentava salsa picada e suco de limão. Em seguida, com uma colher de chá, provava para ver se precisava de mais sal. Se estivesse no ponto, devolvia a panela ao cozinheiro, que verificava se eu havia acertado no sabor e despejava o molho sobre o peixe já empratado.

No Tidbloms, aprendi o perigo da complacência. Acioná-la é um dos piores hábitos de um chef. Não importa o cansaço, o estresse; o que não se pode fazer é escolher o caminho mais curto. Certa vez, estávamos fazendo bacalhau à moda. Eu ajudava no preparo dos peixes; minha função era finalizar o prato com sal e pimenta. Depois de liberar mais de 12 pratos para o salão, finalmente eu havia dominado a arte de temperar. No dia seguinte, continuando a trabalhar no preparo de pescados, finalizei o prato com o mesmo tempero do dia anterior. Aparentemente, tudo ia muito bem, até que Jorgen passou e me viu polvilhando sal sobre o prato.

Ele então se aproximou e, depois de provar o prato que eu havia finalizado, cuspiu no guardanapo.

– Que diabo é isso?

Descobri que estava pondo sal num gravlax, um peixe já salgado. Jorgen ficou furioso. Afinal, desperdiçar comida cara era inadmissível. Pensei que fosse ser demitido. Cheguei a passar mal, mas ele não me mandou embora. Pequei por falta de discernimento, mas não por preguiça. Para ele, era a diferença entre essas duas coisas que importava.

Procurei me redimir trabalhando mais e mais depressa. Aliás, esse era o ritmo normal no Tidbloms: preparavam-se seis pratos ao mesmo tempo, com costumeira urgência, sem, no entanto, entrar em pânico. Se o movimento na hora do almoço aumentasse além do normal, Jorgen me pedia para ficar além do horário, e eu sempre concordava. "Pois não, chef" é uma frase bastante comum em cozinha profissional. Nem é preciso pensar para que as palavras saiam da boca. O chef lhe pede algo e você atende prontamente. "Pois não, chef" eram as primeiras palavras que eu proferia todas as manhãs e as últimas, ao sair do restaurante toda noite. "Boa-noite, Marcus", dizia Jorgen em voz alta. Eu não respondia "Boa-noite para você também". Dizia "Pois não, chef". Não queria desperdiçar nenhuma chance de ver o mundo que se abria diante de mim.

Por mais que tivesse aprendido no Tidbloms, nunca cheguei ao nível de Martin, meu colega na Mosesson. Quando nos formamos, ele ganhou menção honrosa da escola. Martin era um cara legal demais para que eu me ressentisse com ele, mas havia outra diferença entre nós que me impedia de sentir inveja dele. Desde os 12 anos, Martin trabalhava na firma de *catering* da família. Durante o tempo em que estudamos na Mosesson, ele ajudava o pai nas horas vagas. Quando pintava algum serviço importante, ele faltava às aulas. Eu invejava a eficiência e o talento de Martin, mas não o fato de que o destino dele estava selado. Acabaria assumindo o lugar do pai no negócio da família e nunca mais sairia de Gotemburgo. Talvez ele não se importasse com isso, mas só de pensar já me fazia sentir aprisionado.

Fui o segundo colocado ao final do curso. Ganhei um aperto de mãos do diretor, um diploma e meu primeiro conjunto de facas: lâmina de aço e carbono, cabo de madeira com acomodação para os dedos, o peso da lâmina equilibrado pelo apoio, um prolongamento metálico que ia até o final do cabo. Durante muitos anos, eu cuidaria daquelas facas com zelo e carinho.

Junto com meus diários, elas tinham lugar cativo na minha bagagem, quando passei a viajar de país em país, de continente em continente.

Nove – **Belle Avenue**

No inverno de 1989, quando entrei como o mais novo *köksnisse*, ou ajudante de cozinha, o Belle Avenue era provavelmente um dos cinco restaurantes mais sofisticados da Suécia. No salão, três camadas de linho cobriam cada uma das 50 mesas do restaurante. Bancos inteiriços estofados em couro rodeavam o espaço. Sempre atentos, garçons experientes estavam sempre por perto. Um *sommelier* com um *taste-vin* de prata esterlina pendurado ao pescoço permanecia ao lado do bar, pronto a orientar os clientes em relação à extensa carta de vinhos franceses. Um murmúrio abafado envolvia o ambiente, como se garçons e clientes houvessem concordado em tratar o chef e os pratos que ele criava com reverência digna de um grande cantor de ópera.

Colada ao salão principal estava a cozinha que não servia apenas ao restaurante. Abastecia todo o Park Avenue Hotel, incluindo o bar e o grill, um restaurante com atrações artísticas, onde os garçons cantavam, fora serviço de quarto e três salões de festa no mezanino. Das seis da manhã à meia-noite, a equipe – composta de 50 homens e algumas mulheres, incumbidas das tarefas tradicionalmente femininas, como o preparo de saladas e massas – não tinha um minuto de descanso. Comecei como *köksnisse*; os únicos abaixo de mim eram os estagiários, rapazes jovens que trabalhavam no subsolo, ocupando-se de serviços considerados de menor valor, como as atividades de descascar e picar, e também da limpeza. No primeiro dia, recebi meu primeiro dólmã de chef, minha calça de *pois-de-poules* e a ordem de comparecer imediatamente à seção de peixes. Meu chefe era Gordon. Com uns quarenta e poucos anos, ele tinha sido jogador de rúgbi na Austrália. Ostentava um bronzeado permanente, mesmo no inverno. Era o *boucher*, o açougueiro, cuja função era lidar com toda a carne e peixe que chegasse à cozinha. Gordon tinha um físico e uma personalidade bem fortes. Ria fácil de uma piada, mas não hesitava em enquadrar quem estivesse fazendo corpo mole. Foi ele quem me ensinou tudo sobre como limpar um peixe. Não é só a limpeza em si, mas o que se podia fazer com as espinhas, como armazenar cada pedaço e os diferentes pratos para os quais cada tipo de peixe servia. Eu distinguia um arenque de uma cavalinha, mas passei a lidar com peixes exóticos, como o rodovalho e o linguado. Aprendi, pelo tato, a identificar as qualidades de uma espécie e de outra, quais suportavam o cozimento e a grelha, ou se era limão ou uma erva em particular que acentuava o sabor de um peixe.

Minhas principais funções eram descarregar as encomendas de pescado e manter o frigorífico limpo. A "caixa", como o chamávamos, tinha as paredes cobertas de prateleiras e, no centro, quatro carrinhos compridos. Manter o frigorífico limpo foi a tarefa mais fisicamente cansativa que eu já desempenhei dentro de uma cozinha. Não apenas pelo fato de o peixe vir prensado em caixotes enormes e difíceis de carregar, mas também porque, em cada turno, tinha que carregar quilos de gelo para impedir que estragasse. Sabia-se que o serviço tinha sido bem executado se, ao entrar na caixa, não se sentisse mau cheiro; até mesmo o pescado que estivesse estocado por dois ou três dias não poderia nunca exalar o mais discreto odor.

Minha jornada começava às seis da manhã. Esvaziava cada prateleira e cada carrinho, e transferia o peixe temporariamente para o freezer. Jogava água quente em cima de cada prateleira para remover o gelo que não tivesse derretido; depois, passava uma solução com água sanitária. Esfregava o chão com uma escova de aço e colocava nos carrinhos o peixe que havia sido separado para ser preparado naquele dia. Assim, os cozinheiros podiam entrar e pegar o que precisassem para cada pedido. Ocupando as prateleiras que cobriam as paredes da caixa, havia bacias de plástico fundas que eu também precisava esfregar e encher de novo com gelo. Nelas se guardavam os produtos estocados por longo tempo, como caviar, ovas de peixe, siri, lagosta, camarão, gravlax e salmão defumado. Lá pelas 10 da manhã, meu serviço na caixa já estava concluído.

Entre o horário do almoço e o do jantar, eu reabastecia o *mise en place* da seção de peixe. Assim, o chef podia preparar qualquer pedido sem ter que, em cima da hora, correr atrás de ingredientes para picar. Na Suécia, o principal tempero era o endro, mas a cebolinha, a erva-doce e outros condimentos também eram importantes.

No começo, eu não via nada além da pilha de tarefas que tinha a cumprir. Por isso, não absorvia o método e a criatividade dos principais chefs, mas provava e memorizava o cardápio e prestava atenção quando o maître e os garçons se mostravam particularmente empolgados em relação a um prato. Pela primeira vez na vida, vi um *decanter* e perguntei a meu *commis* e parceiro, Peter, por que se retirava o vinho de uma garrafa para se derramar em outra, antes de beber. Peter não sabia a razão e, por isso, fui até Herved Antlow, o mais velho dos chefs, responsável pelos banquetes, que nunca caçoou das minhas perguntas inocentes. Tinha idade para ser meu pai; talvez me visse como um filho e não propriamente como um concorrente. Sempre que trabalhávamos juntos num evento, ele guardava um pedaço de carne e uma prova de molho para mim. "Marcus, isto aqui é codorna", dizia ele. "Isto é rouget, um peixe francês; veja como é adocicado, com sabor de nozes"; "É assim que se prova vinho", me ensinava, mexendo o copo em movimentos circulares e encostando o nariz na borda para captar os aromas que a bebida exalava. "Hummmm... Está sentindo o gosto de carvalho, do barril de carvalho onde foi envelhecido?"

Eu fazia que sim com a cabeça, mesmo que àquela época não conseguisse distinguir um Bordeaux plenamente amadurecido de um vinagre de vinho tinto. Tenho a mais absoluta certeza de que Herved sacava tudo, mas continuava a me mostrar as coisas. Disse-me que a boa culinária era algo que combinava todos os sentidos. "Você não é sapateiro", advertia. O que ele queria dizer era que uma trufa libera seu aroma quando levada ao fogo; assim, adicionava-se a trufa ao molho no final do preparo para que ela não cozinhasse. Não é olhando que se prova um molho, mas mergulhando uma colher e observando como o molho gruda no metal. Se deslizar fácil, é sinal de que está muito ralo; se cobrir a colher, é porque está pronto. Provei e aprendi, e eu sabia que ele me ensinava por pura generosidade. Jurei que, no dia em que me tornasse chef, eu faria o mesmo.

Nas noites de sábado, quando estava de folga, ia para a casa de *Mormor* ajudar a preparar o grande jantar da família. Ela adorava me perguntar sobre a cozinha do Belle Avenue, enquanto, de pé à bancada da cozinha, misturávamos bacalhau com farinha de rosca para fazer bolinhos.

– O que você faz lá no Belle Avenue, Mackelille? – ela perguntava, quebrando um ovo e adicionando-o à mistura.
 – Na verdade, ainda não cozinho. Pico e limpo – explicava.
 Sempre confiante, ela me garantia que a minha hora haveria de chegar:
 – Não se preocupe. Logo, logo vão pedir que você cozinhe e vão se arrepender de não ter feito isso antes.

No primeiro dia em que trabalhei no Belle Avenue, só consegui acabar o serviço na geladeira de peixes depois das duas da madrugada. No entanto, à medida que o tempo foi passando, fui ficando mais rápido e eficiente. No espaço de três meses, passei a terminar todo o serviço à uma da tarde. Adquiri ritmo e aprendi certos truques, como jamais tentar tirar a pele de um linguado, a menos que tenha sido resfriado completamente. Do contrário, puxa-se tanto a pele quanto a preciosa carne. A rapidez era tão importante quanto perigosa. Determinadas tarefas exigiam paciência e disciplina. Normalmente, a gente aprende isso da pior maneira. Numa manhã, eu e outro *nisse*, chamado Jakob, fomos encarregados de cortar rodovalho em postas. O prato seria um dos meus prediletos: postas inteiras do peixe ensopadas. Eu e Jakob ainda não cozinhávamos propriamente, mas fomos incumbidos de cortar em postas rodovalhos de quase cinco quilos. Mesmo com a ajuda de facas especiais, a tarefa era demorada; partir as espinhas não era fácil.
 – Vamos pegar a serra tico-tico – sugeriu Jakob.
 Tínhamos visto Gordon usá-la para partir pedaços imensos de carne e peixe congelados, mas nunca peixe fresco. Ah, não

importa: como o primeiro peixe foi uma beleza, pensamos que estávamos no caminho certo. Partimos outro e mais outro sem o menor problema. Quando Jakob pegou o quarto peixe, o bicho lhe escapuliu das mãos. Em vez de partir o peixe, a lâmina da serra atravessou o dedo de Jakob, arrancando-lhe a ponta e espalhando sangue por todo lado.

Jakob caiu no chão, contorcendo-se, gritando de dor e segurando a mão. Comecei a gritar algo do tipo "Puta merda! Puta merda!".

O chef executivo veio correndo, olhou para Jakob e perguntou aos berros:

– O que vocês fizeram, seus idiotas?

Alguém, que certamente não fui eu, manteve o sangue-frio, pegou a ponta do dedo, pôs numa sacola com gelo e correu com Jakob para o hospital. Poucas horas depois, o pedaço foi reimplantado com sucesso. No entanto, Jakob nunca mais voltou. Naquele mesmo dia, durante a refeição dos funcionários, não se mencionou mais o ocorrido. Os mais experientes da equipe sabiam que tinha sido coisa de principiante; os mais novos sabiam que poderia ter acontecido com qualquer um deles.

No Belle Avenue, aprendi a servir refeições a clientes que não tinham a menor pressa. Quando o cliente reservava mesa em nosso restaurante, era porque queria apreciar a noite. Assim, o pessoal da cozinha tinha mais tempo para trabalhar os pratos e para substituir a pressa pela atenção aos detalhes. Passei a admirar as implicações daquele trabalho delicado, a maneira diferente com que o alho cozinhava, dependendo se tinha sido fatiado, partido em pedacinhos ou amassado, a maneira diferente com que exalava aroma dentro da panela. Até aquele momento, a alta gastronomia era uma abstração, um patamar muito distante a galgar. Depois percebi que culinária envolvia muita estratégia, executada em estágios. Foi quando me dei conta de que o que fazíamos ali na cozinha não era muito diferente do que faziam os curadores do museu do outro lado da rua. Estávamos os dois, cada um a seu modo, tentando envolver os sentidos dos clientes, retirá-los da rotina. Sempre que se apaixonavam por um Rydberg bem preparado (rosbife com batatas em molho de vinho) ou terminavam o jantar com um Botrytis Semillon suave, passavam a olhar o mundo de um jeito um pouquinho diferente.

No jazz, quando um músico tenta criar um novo arranjo perfeito, diz-se que ele "entra em transe". Foi o que aconteceu comigo no Belle Avenue. Começou como um bico – muitíssimo desejado, mas um bico de qualquer jeito – e virou meu laboratório, meu estúdio, meu templo. Nunca abandonei o posto. Cumpria meu turno o mais rápido possível, não para sair cedo, mas para poder aprender algo mais. Comecei na seção de limpeza de pescados, depois fui para a de carne, em seguida fui promovido a cozinheiro júnior na seção de pescados e, por fim, como *commis* na de carne. Passei pela seção de massas e pela de *garde manger*, onde preparávamos os canapés, as saladas e os frios. Na cozinha, havia 15 seções e eu estava decidido a passar por todas elas.

Nas minhas raras noites de folga, encontrava os amigos num dos cafés da região. Numa dessas noites, havia um grupo de garotas na mesa ao lado e uma delas em particular me chamou atenção. Falava sueco, mas não parecia sueca: o cabelo era escuro e brilhante e os olhos, amendoados. Nunca fui tímido com garotas e agradeço às minhas irmãs por isso. Assim, me levantei, fui até ela e me apresentei.

Christina era bonita e inteligente e, assim como eu, era mais ou menos sueca. O pai era sueco, mas a mãe, japonesa. Começamos a sair e logo a coisa virou namoro. Ignorei o fato de ela ser fumante, algo que eu nunca tinha feito e que, à medida que me tornava chef, revelou-se um perigo mortal para o paladar. Na minha família, as mulheres usavam pouca ou quase nenhuma maquiagem, e, ao que parecia, Christina passava horas colocando camadas e camadas de pintura no rosto.

– Ela é tão bonita; por que precisa de tanta maquiagem? – perguntou minha mãe depois de conhecê-la.

A família de Christina morava numa cobertura bem no centro da cidade. Enquanto muitos dos rapazes adoravam ficar sozinhos com as namoradas, no fundo eu gostava quando os pais de Christina estavam por perto. Representavam um mundo fora de Gburg e, para mim, aquela amostra de um mundo maior era muito importante. Eu adorava a Suécia, mas não queria ficar lá. Encarava o trabalho no Belle Avenue a sério, porque esperava que me levasse mais longe – à França, porque todos os grandes chefs tinham que fazer estágio não só na França, mas também em Londres e Nova York. Interessava-me bastante por qualquer pessoa ou coisa que representasse os lugares que eu não conhecia, mas que gostaria de conhecer.

O pai de Christina, Sven, era arquiteto e trabalhava na Secretaria de Planejamento da cidade. Vivia me dizendo como o ambiente pode afetar a vida das pessoas. Assim como meu pai, ele foi o primeiro executivo da família. Kikoko, mãe de

Christina, tinha uma pequena loja no centro da cidade, onde vendia produtos importados do Japão e novidades vindas de outros países, tudo o que se possa imaginar, de Hello Kittys a Snoopys. Às vezes, quando eu ia à casa de Christina, a mãe dela preparava quitutes japoneses. Os sabores me enlouqueciam: aquela comida parecia feita de uma combinação completamente diferente de sabor, textura e equilíbrio. Lembro-me de que o primeiro prato que ela me ofereceu foi uma porção de palitinhos de pepino com missô branco salpicado e atum em lascas por cima. Verdura crocante e fria, molho fermentado com gosto de terra e delicadas lascas de peixe que só de tocar desmanchavam. Dava para chamar aquilo de prato? Dava sim. E era um senhor prato! Daquele dia em diante, passei a fazer cara de fome sempre que Kikoko estava em casa. Em sua ausência, eu e Christina cozinhávamos juntos. Discutíamos sobre que condimentos japoneses podíamos ou não usar. Não conseguia ler os rótulos, é claro, e mesmo os traduzidos não faziam o menor sentido para mim. Por isso mesmo, estava disposto a experimentar tudo.

Um ano mais tarde, eu já estava completamente ambientado no Belle Avenue, onde o esforço era recompensado de várias maneiras. Podia-se receber um aumento, ser promovido na brigada ou ser enviado para fora. Essa era a maior honra: significava que o cara ia passar uma semana, um mês ou uma temporada inteira fazendo um *stage*, um estágio não remunerado. Na verdade, o chef arrumava uma vaga e mandava o funcionário como seu representante. Depois, incentivava-o e ameaçava-o para que fizesse um bom trabalho em seu lugar. A intenção era a de que voltasse trazendo as técnicas aprendidas ou, então, que a gentileza do chef um dia fosse retribuída de alguma forma. Tony Bowman, chef responsável por todo o serviço de jantar do hotel além do Belle Avenue, sabia que eu queria conhecer o mundo.

– Marcus – disse ele uma tarde, depois que terminamos de organizar um banquete –, vou enviá-lo a Amsterdã para um *stage*.

Tive vontade de ir correndo ligar para minha mãe e contar a ela, mas segurei a onda, para dar a notícia pessoalmente a ela e ao papai durante o jantar.

– Amsterdã? – surpreendeu-se meu pai. – Não sei se é uma boa ideia. Já fui lá a trabalho e não acho que a comida seja essas coisas. Além disso, a cidade está tomada pelas drogas. É bem capaz de você acabar em más companhias.

Recorri à minha mãe:

– Mãe, eu não sou de fazer bobagem. E nem bebo, como um monte de caras por aí. Minha vida é de casa para o trabalho e do trabalho para casa. Além do mais, se eu quisesse me drogar, não precisava sair de Gotemburgo.

Mamãe concordou, mas papai estava irredutível:

– Se querem mandar você à Holanda agora, daqui a pouco vão lhe fazer outra proposta. É para a França que você sempre quis ir. Acho que deve aguardar coisa melhor.

No mesmo dia, meu mundo se ergueu para, poucas horas depois, entrar em colapso. Não tinha conhecimento sobre Amsterdã para contra-argumentar com meu pai, e embora eu nunca tivesse evitado nenhum confronto com ele, achei que devia respeitar sua vontade. No fim das contas, eu ainda vivia sob seu teto.

No dia seguinte, de cabeça baixa, informei a Tony que não podia ir. Ele então me olhou sério, como se quisesse me chamar à razão.

– Achei que fosse dono do seu próprio nariz. Você já tem 18 anos. Marcus, por que não toma as rédeas do seu próprio destino nas mãos?

PARTE DOIS – **CHEF**

Dez – **Suíça**

A viagem até Interlaken durou 30 horas, começando no final da manhã, quando tomei uma barca de Gotemburgo para a Dinamarca. Durante o percurso, a embarcação, que normalmente é tranquila e silenciosa, estava tomada por estudantes dinamarqueses bêbados, que começaram a tomar cervejas caríssimas no balcão de lanches mesmo antes de os guindastes do porto de Gotemburgo sumirem de vista. O fluxo de passageiros estava tranquilo naquele dia. Peguei então minha bolsa de viagem e fui para o outro lado da cabine, para bem longe da confusão, onde eu pudesse me esticar num banco, usando a bolsa como travesseiro. Mesmo com a algazarra dos dinamarqueses, consegui cair num sono profundo. Não tinha pregado o olho na noite anterior. Eu e Mats havíamos passado a noite inteira fora; só houve tempo para arrumar a bagagem pouco antes de o dia clarear. Acordei com a voz metálica do sistema de som da barca anunciando que havíamos chegado à cidade portuária de Frederikshavn e com o leve encostar da embarcação no atracadouro.

 Segurando pelas alças, joguei a bolsa de viagem sobre o ombro e saí da barca, dando início à caminhada de 15 minutos até a estação ferroviária. Pelo fato de ter feito aquela baldeação tantas vezes com meus times de futebol e por ainda estar num país escandinavo, eu me sentia mais em casa do que num país estrangeiro, sentimento que me acompanhou até a península de Jutland, até o trem cruzar a fronteira da Dinamarca com a Alemanha.

Seguia rumo à Suíça para passar seis meses trabalhando como *commis* num famoso resort em Interlaken, chamado Victoria Jungfrau.

Meu pai recebeu a notícia como fazia com tudo que fosse relacionado ao mundo físico: pela lente da geografia.

– Ah, você vai estar bem ao pé do Jungfrau – informou, puxando um atlas da estante. – Fica nos Alpes Berneses.

Enquanto deslizava o indicador pelo índice do livro, apertou os olhos, buscando na memória detalhes da Suíça que fossem importantes. Então, abriu o atlas sobre a mesa da cozinha.

– É um país cercado, sem contato com o mar – disse, estalando os lábios em sinal de reprovação.

Por ter nascido em Smögen, ele achava que viver perto do mar era crucial.

– Pelo menos vai estar entre dois lagos. Daí o nome, é claro: *Inter. Laken* – disse, batendo com o dedo sobre o estreito de terra de quase cinco quilômetros de largura que ligava os lagos Thun e Brienz.

– Aqui está. E ainda há o rio Aare que corta a região.

Mais uma vez, de olhos semicerrados, falou da importância da água para os suíços, de como havia sido utilizada como fonte de energia para a indústria; mencionou que os dois rios mais importantes da Europa, o Ródano e o Reno, nascem lá e, claro, falou da importância de ambos, quando, em forma de neve, fomentam o turismo para a prática de esqui, que constitui boa parte da base econômica do país.

Minha mãe passou pela sala assim que ele terminou a avaliação. Olhou por sobre o ombro dele e perguntou:

– Está fazendo frio lá? Será que ele vai precisar levar mais agasalhos?

Antes de qualquer coisa, coloquei minhas facas na bagagem – meu tesouro mais valioso –, embrulhadas no estojo flexível de couro que minha avó fizera para mim.

"Não compre", ela me dissera ao ver o quanto custava um estojo daqueles. Foi a uma loja no centro da cidade, viu como era feito, voltou para casa e fez um, mais resistente e mais bonito do que os de náilon que ela vira.

Coloquei o estojo, meu moedor de pimenta e uma pedra de amolar japonesa que ganhara de Christina dentro dos dois dólmãs que meus colegas do Belle Avenue me haviam dado como presente de despedida. Em meu último dia de trabalho, o chef do hotel, Tony, os entregou a mim, o que pareceu apropriado, já que fora ele que me arrumara o estágio no Victoria. Ele mesmo tinha trabalhado lá como *commis* 10 anos antes.

– Não vá fazer besteira – advertiu-me. – Se fizer, vou ficar sabendo.

As outras coisas que eu considerava essenciais eram jeans, tênis para corrida, o All Star azul-turquesa que eu usava para trabalhar, meu walkman e uma pilha de blocos e caneta para anotar tudo o que visse, aprendesse e provasse.

Em Gotemburgo, algumas pendências haviam sido mais bem resolvidas do que outras. No Belle Avenue, foi fácil: Tony fazia parte da chefia e fora ele que me mandara para o *stage*; por isso, todo mundo me via mais como um "formando" do que como um traidor. Por outro lado, minha namorada, Christina, não queria saber daquela história. Quando Tony me fez a proposta, achei que o convite viera na hora certa. Christina havia sido convidada para trabalhar como modelo no Japão, lugar que ela sempre quis conhecer melhor e onde sua aparência meio sueca seria, sem dúvida, um diferencial. Estávamos os dois seguindo nossos destinos, achava eu. Havia chegado a hora.

Christina via a coisa de outro jeito.

– Então, vou esperar por você – disse, quando lhe contei que ia para a Suíça.

– Não, não. Você deve ir para o Japão, morar com sua tia.

– Não. Vou esperar por você aqui.

Eu não queria que ela me esperasse. Não queria ter nenhum outro vínculo com a Suécia além da minha família. Eu estava indo embora.

– Não sei quando vou voltar.

Chegou a um ponto em que parei de tentar convencê-la. Estávamos terminando o relacionamento, pelo menos de minha parte. Na minha vida, só havia lugar para a culinária. Na minha vida, só queria reservar lugar para a culinária.

Não havia nada resolvido quanto à minha última pendência, que era a dúvida se eu ia ou não me alistar no Exército. Acho que a Suécia não entrava numa guerra fazia uns 100 anos – não oficialmente, é claro –, mas mantinha um Exército e o serviço militar era obrigatório. A geração de meu pai nunca questionou essa obrigação. Na minha cabeça, e em especial na cabeça de meus amigos *blatte*, que sempre se sentiram apenas parcialmente bem-vindos ao país, o Exército parecia obsoleto, uma perda de tempo.

Mas, depois que fiz 18 anos, meu pai passou a tocar no assunto de vez em quando.

– Para que divisão você vai querer ir? – perguntava de repente. – Certamente, não vai querer parar em Lapland.

– Não se preocupe. Não vou me alistar.

Meu pai não conseguia entender minha posição. Para ele, a única razão pela qual um rapaz devia ser isento do serviço militar era doença mental, incapacidade física ou, na concepção de masculinidade e gênero própria da geração dele, se o cara fosse gay. Como eu não me encaixava em nenhum dos casos, devia ir. Acho também que ele sentia que eu era próximo demais à minha mãe, protegido demais por ela. Talvez até minha culinária o confundisse. O Exército talvez me fizesse virar homem.

– Talvez você fique numa função que não envolva armamento – sugeriu minha mãe, tentando contemporizar.

Só que o problema não eram as armas. É que nada no Exército se encaixava no meu sonho de me tornar chef.

As fronteiras entre um país e outro são divisões artificiais, é claro, e, na Europa, essas divisões mais vezes do que se pode contar. Porém, assim que o trem cruzou a fronteira da pequena Padborg, na Dinamarca, e entrou na discretamente maior Harrislee, na Alemanha, algo aconteceu dentro do meu coração. Senti que estava prestes a trilhar um novo caminho, um caminho aberto por mim. Um emprego que *eu* havia conseguido, que *eu* havia conquistado. Pela primeira vez, senti o peso da responsabilidade da vida adulta, sentimento que recebi com satisfação. Ao fazer a baldeação na estação de Hamburgo, o conforto da Escandinávia realmente ficara para trás.

Quando finalmente a fome de verdade baixou, fui até o carro-restaurante. De lá, trouxe um enorme pretzel amanteigado e um pãozinho com uma salsicha gorda e rosada por cima, nadando em chucrute e mostarda escura. Embora não tenha sido fácil, conduzi toda a transação em alemão: mas toda vez que eu abria a boca, lamentava não ter me dedicado mais, em vez de ficar vadiando com Mats durante os três anos em que tivemos alemão na escola. Tony havia me avisado que o alemão era a língua comercial no Victoria Jungfrau e, para poder acompanhar, eu precisava aprender depressa.

Nossa rota tomou a direção sul e, a cada duas ou três horas, parávamos numa cidade relativamente grande, cujo nome eu reconhecia: Hanover, depois Göttingen e Darmstadt. Quanto mais nos aproximávamos de Munique, mais línguas eu ouvia; muitas delas reconheci como sendo os idiomas maternos de meus companheiros *blatte* do time de futebol do GAIS. Poloneses e eslavos embarcaram e, quando troquei novamente de trem, desta vez em Munique, sentei-me próximo a uma família grega que embarcara carregando um piquenique com variados pratos. Cobriram o colo com guardanapo de papel e comeram azeitonas e pão árabe, que mergulhavam em beringelas com alho ou cobriam com fatias de queijo fetta, cortadas com um canivete. Tentei não ficar olhando, mas a mãe deve ter percebido que eu observava de rabo de olho. Ela então colocou dois enroladinhos de folha de parreira num guardanapo e me entregou, sorrindo e fazendo que sim com a cabeça, enquanto os pressionava na palma da minha mão.

– *Efkharistó* – agradeci, usando a única palavra grega que aprendi frequentando o apartamento de meu amigo Tomas.

A mãe soltou uma gargalhada. Provavelmente eu havia pronunciado tudo errado, mas ela pareceu contente com o fato de eu ter pelo menos tentado. Mordi a tenra folha de parreira. Já havia provado um daqueles uma vez ou duas num café em Gburg, mas sempre os achei grossos demais, o arroz prensado ali dentro, insosso, com apenas o azedinho característico da folha. Mas aqueles enroladinhos eram diferentes. Eram leves. Tinham groselha e pinhão misturados ao arroz, um toque de molho de tomate fresco e umas gotas de limão. Estavam quentes, como se tivessem sido feitos naquela manhã. Fechei os olhos e sorri para mostrar minha apreciação. Daquele ponto em diante, ela passou a me dar comida como se eu fosse um de seus filhos.

Depois de Munique, os passageiros deixaram de ser o único elemento diferente. A paisagem foi ficando cada vez mais verde – o verão na parte central da Alemanha estava certamente mais adiantado do que na Dinamarca, mas àquela hora seguíamos em direção ao sudoeste, para a região dos Alpes. Assim que entramos na Suíça, o trem começou uma subida e, de repente, fomos cercados pelas montanhas. Minha mãe ia adorar isso aqui, pensei. Eram iguaizinhas às que apareciam em *A noviça rebelde*, um de seus filmes favoritos.

Minha última baldeação foi em Berna, onde saí de um trem supermoderno para um "primo" mais velho e barulhento, cujos vagões, menores, eram mais bem equipados para enfrentar as curvas fechadas dos últimos 40 quilômetros que ainda tínhamos pela frente até Interlaken. Mais uma vez, um novo grupo de pessoas embarcou no trem junto comigo. Pessoas que só falavam alemão e pareciam mais reservadas. Eram mais introspectivas e mais formais ao interagir, mesmo quando era óbvio que se tratava de membros da mesma família. Aqui e ali ainda havia piqueniques, mas agora eram carne maturada e queijo duro, regados a vinho. Conversava-se em voz baixa. Ninguém oferecia comida a estranhos.

Tentei tirar um cochilo, descansar o máximo possível, sem saber o que me esperava em Interlaken, se logo de cara eu teria de enfrentar a cozinha para o preparo do jantar. Dormir, no entanto, era impossível. Estava tão perto de meu destino que senti como se tudo o que via pela janela agora pertencesse a essa nova fase da minha vida: cada chalé, cada vaca, cada montanha distante. Eu voltaria a vê-los, pensei. Em breve, conheceria aqueles lugares. Eu os conheceria da mesma forma como estava conhecendo cada mundo em que penetrava. Por meio da culinária.

Tudo o que se referia ao Victoria Jungfrau parecia grandioso. O prédio de formato retangular, comprido e branco, tinha uma enorme torre central com telhado em ardósia. Sacadas gradeadas de ferro batido cobriam a fachada e davam para um gramado cuidadosamente aparado, bem no meio da cidade. Um homem de macacão branco podava as cercas vivas em frente ao hotel.

Usando meu alemão ruim, perguntei onde ficava a entrada de funcionários e o homem apontou a tesoura em direção à parte de trás do prédio.

Os fundos do edifício haviam sido reformados para que se transformassem numa entrada altamente funcional, com área cimentada para descarga e rampas em aço corrugado para o tráfego de carrinhos. Dentro do escritório, uma jovem de tailleur escuro levantou-se e estendeu a mão para me cumprimentar.

– Olá, *Herrn* Samuelsson. Sou Simone. *Wie gehts es Ihnen?* Como vai?

Ela então reuniu um grupo de rapazes, também funcionários novos, que já aguardavam na sala de reunião, e, num ritmo alucinante, conduziu-nos num tour pelo Victoria, misturando alemão e inglês o tempo inteiro. Levou-nos ao dormitório dos funcionários, uma construção separada, para que deixássemos a bagagem, cada um em seu próprio quarto. O meu era pequeno e muito bem-arrumado, com uma cama de solteiro, um guarda-roupa e uma pia. Pela única janela, o sol da tarde iluminava o espelho rachado que ficava pendurado em cima da cômoda. Nas paredes, arranhões deixados pelos estagiários que me precederam. Adorei.

Nós nos encontramos no corredor e voltamos para o prédio principal. Mais de 200 quartos de hóspedes e suítes se distribuíam em três andares; abaixo, um saguão que mais parecia um palácio. Observei as janelas de vitral, os espelhos de moldura dourada, as fontes, os átrios e os suportes elaborados que dificilmente eu voltaria a ver. Finalmente, chegamos a um restaurante bem mais opulento do que o Belle Avenue, com cadeiras estofadas e teto decorado, candelabros reluzentes e colunas de mármore. De repente, me dei conta do que o Belle Avenue era de fato: um restaurante de hotel, espremido ao lado de um saguão e não um espaço magnífico, construído para aquele propósito.

– Logo vocês vão visitar a cozinha, mas agora vamos conhecer o refeitório dos funcionários, onde aguardarão até que o chef Stocker possa recebê-los, o que ocorrerá daqui a 25 minutos – anunciou Simone, deixando-nos com um breve até logo e um desejo de boa sorte: – *Auf Wiedersehen. Viel Glück.*

O refeitório dos funcionários era conhecido como Matraca. A fila me lembrava a da escola primária, com as bandejas na entrada e uma espécie de balcão para arrastá-las à medida que nos servíamos. Uma mistura de mesas retangulares e redondas, umas com oito, outras com seis lugares, espalhava-se pelo local. Janelões e portas francesas davam acesso a um terraço onde havia assentos adicionais.

Os outros novatos passearam pela Matraca e depois foram para o terraço, para fumar. Comprei uma maçã, que comi enquanto examinava o quadro de avisos. Um canto era reservado para recados entre funcionários, gente vendendo o carro e esquis ou à procura de alguém com quem dividir um apartamento na cidade. A maioria das mensagens vinha da gerência. Elogios por superarem a meta de reservas de quartos naquela semana. Advertência quanto ao aumento de louças quebradas. Funcionário do mês. Fotos de Polaroid tiradas na última partida de futebol. Artigos sobre a Copa do Mundo, rodeados de bandeiras dos países de origem de funcionários que chegaram até as finais.

Depois de examinar cada centímetro do quadro de avisos, fui até as mesas, onde um rapaz relaxava, sozinho, lendo uma revista.

– Posso me sentar? – perguntei em inglês.

– Claro! – ele respondeu com um sorriso largo e receptivo.

Logo de cara, simpatizei com Mannfred. Era de uma cidade do outro lado do lago Thun, onde seu pai tinha um restaurante que servia comida tradicional suíça. Embora fosse louro, alto e educado como qualquer outro suíço que eu conhecia, Mannfred demonstrava uma receptividade que o distinguia dos demais. Ficou feliz por falar comigo em inglês, graças ao fato de ter feito um ano de intercâmbio na Austrália. Conversamos sem o menor problema. Para mim, Mannfred era veterano – já havia passado um mês inteiro no hotel e mostrou-se disposto a me dar todas as explicações de que precisasse, da localização do banheiro até quais chefs eram mais irritadiços. Todos tínhamos o *Zimmerstunde*, horário de descanso, explicou, e uma hora por dia para resolver assuntos particulares, como lavar roupa, escrever cartas e, caso tivesse passado a noite fora, dormir – entre os turnos. Depois daquele primeiro papo, convidou-me para praticar mountain bike com ele. Vou gostar daqui, pensei, mesmo enquanto recusava o convite.

– Não tenho bicicleta – expliquei.

– Então a gente pega uma emprestada.

Mannfred era assim: gostava de resolver problemas.

Depois de precisamente 25 minutos, Simone voltou para reunir os novatos. Ela nos conduziu até a cozinha, que era a maior que eu já tinha visto, brilhando com equipamentos reluzentes e novos em folha. Tony, do Belle Avenue, já havia me passado uma ideia sobre os suíços e suas máquinas, antes de eu viajar:

– Basta olhar os relógios. São assim com tudo. Tudo construído e operado com perfeição. Nada tem mais do que dois anos de uso. Você vai ver.

E vi mesmo. Estávamos no intervalo entre o almoço e o jantar, de modo que tudo acabara de ser limpo. Mas, mesmo em plena atividade, não se via ninguém fumando por sobre a panela de massa, como vi no La Toscana, um restaurante italiano familiar em Gburg, onde trabalhei enquanto ainda era estudante. O que mais me impressionou foi que não se sentia um cheiro sequer, a não ser um leve traço de detergente e água sanitária. Nada. Como era possível que tivessem preparado centenas de refeições duas horas antes, sem deixar o mais discreto odor de alho, limão ou manteiga pairando no ar?

Formamos um grupo no centro da cozinha. A porta se abriu e entrou um homem seguido por seis cozinheiros. Pouco importava que debaixo do chapéu comprido de chef, que mais parecia um arranha-céu, havia um homem mais baixo e mais velho do que os outros, ligeiramente curvado, mancando discretamente. Era ele quem mandava. Dava para ver pela atitude, pelo ritmo com que conduzia as coisas, pelo modo como os outros o seguiam, pelo jeito como parava de repente, sabendo que todos se guiavam por seus movimentos. Vestia um avental branco imaculado, com os cordões cruzados e amarrados na frente, num laço acima da cintura larga. O dólmã e a calça preta impecavelmente vincada estavam limpos e passados. Nos pés, um par de botas pretas Doc Martens. Seu nome estava bordado do lado esquerdo do dólmã, Herrn Stocker. Do bolso na altura do peito saía a parte convexa de uma pequena colher de ouro.

Simone fez as vezes da casa:
– Este é Herrn Stocker, pessoal. Chef?
Herrn Stocker inclinou a cabeça – agradecimento e dispensa combinados numa rápida erguida de queixo – e, em silêncio, olhou para nós. Ao chegar ao fim da fileira, meneou a cabeça mais uma vez em sinal de dispensa. De alguma forma, sabíamos que não era para sairmos. Aguardamos então que Stocker se virasse seguindo pelo corredor principal da cozinha e retornando à porta, com o bando de chefs atrás.

Em meu novo alojamento, o sono foi agitado. Só encontrei alívio quando o despertador tocou às seis da manhã do dia seguinte. Finalmente, o meu dia ia começar. No fim do meu corredor, dois *commis* aguardavam em fila para entrar no chuveiro. Em menos de cinco minutos os dois tomaram banho. Fiz o mesmo e, mais do que rápido, estava vestido e pronto para começar. Comecei a absorver a formalidade de meu novo lar. Ao cruzar o pátio interno que ligava o alojamento ao refeitório, olhei para baixo e, silenciosamente, agradeci à minha mãe por sua obsessão por roupa bem passada. Meu dólmã e minha calça mal demonstravam a viagem de 30 horas que tinham enfrentado. Em compensação, o par de All Star azul-turquesa, um dos dois que eu havia levado comigo, não parecia tão bacana quanto na cozinha do Belle Avenue.

Meia hora antes do meu turno começar, entrei na Matraca para tomar café. Diferentemente da primeira vez em que estivera ali, o refeitório estava lotado e as mesas, ocupadas por tribos. Os garçons, vestindo terno e gravata pretos, sentavam-se com a coluna ereta e os talheres devidamente dispostos nos lados do prato. Os portugueses que lavavam a louça e cuidavam da limpeza sentavam-se juntos, conversando em sua língua materna, que, comparada ao gutural e duro *staccato* do alemão que os cercava, mais parecia uma melodiosa canção. Ajudantes de garçons sentavam-se com ajudantes de garçons. Cozinheiros sentavam-se com cozinheiros, nunca mais do que duas estações acima ou abaixo da deles.

Os únicos que não possuíam vínculo eram os então chamados alunos estrangeiros, vindos de Mumbai, Tóquio e Buenos Aires. Eram executivos juniores da área de hotelaria, enviados pelas empresas para aprender com a famosa indústria suíça do ramo, ou garotos ricos cujos pais financiavam um capricho ou tentavam desesperadamente investir em algo que se transformasse em uma ocupação para o "Júnior". Os membros desse grupo não respeitavam hierarquia. Sentavam-se onde queriam.

A comida do refeitório parecia boa – não era aquela coisa sem graça, feita às pressas, que o pessoal da cozinha costumava comer. Só que eu sentia um frio na barriga. Por isso, resolvi pegar um café. Levei minha xícara até uma mesa, onde um cara de uniforme de cozinheiro estava sentado. Parecia ser só um pouco mais velho do que eu; por isso não podia ser muito mais do que eu na hierarquia da cozinha.

– *Grüezi* – cumprimentou-me, utilizando a versão suíço-alemã de "bom-dia".

O cumprimento foi formal, não o *hoi* que tinha ouvido caras da nossa idade trocarem entre si, mas soou receptivo quando perguntei se poderia me sentar ali. Jan era de Thun, 30 minutos em direção noroeste, do lado oposto ao lago do mesmo nome. Fazia oito semanas que estava no Victoria. Perguntei como era a cozinha ali. A resposta foi um aviso.

– Se você se esforçar e não se meter em confusão, ele não vai perturbá-lo.

– Quem?
– O chef, Sr. Stocker.
– Sr. Stocker?
– Shh – sussurrou. – Fale baixo. Não pronuncie o nome dele.

Jan olhou os relógios pendurados sobre os porta-jornais. Quatro relógios idênticos, um ao lado do outro, marcando horas diferentes. Abaixo de cada um deles havia uma placa gravada. *Paris. Moscou. Nova York. Interlaken.* O último marcava 6:45.

– Temos que ir – anunciou, juntando sua louça na bandeja: um prato, um copo e uma xícara.

Segui Jan numa velocidade que muitos considerariam ritmo de corrida. Quando chegamos à cozinha, as atividades estavam a pleno vapor, com os chefs correndo para lá e para cá. Foi quando soou o grito mais agudo que já ouvira na vida.

– *Scheisse!* – Merda!

– *Sr.* Blom – sussurrou Jan. O *sous-chef*.

Blom estava gritando com um dos cozinheiros por ter feito confusão num pedido de ovos. Em seguida, com ar de impaciência, levantou as mãos e virou-se. Em nossa direção.

– Finja que está ocupado – aconselhou Jan.

Eu me enfiei no primeiro refrigerador e comecei a arrumar as verduras. Depois de alguns minutos, dei uma espiada. Percebi que havia muito mais gente na cozinha e todos começaram a se juntar em frente a um quadro de avisos, onde uma espécie de escala fora afixada no centro. Toda a conversa cessou repentinamente quando a porta da sala do chef executivo se abriu. Herrn Stocker veio até a cozinha, parou bem abaixo da escala e dirigiu-se a nós:

– O novo grupo de *commis*, por favor.

Nós nos enfileiramos e, um a um, demos um passo à frente, dissemos nossos nomes, recebemos as tarefas e voltamos à posição inicial. De nada adiantara fugir do exército, pensei enquanto observava os outros novatos se apresentando.

Blom, o *sous-chef*, indicou-nos nossos setores, enquanto Stocker, de pé, observava.

O garoto à minha frente, Johannes, atuaria como *saucier*, praticamente a função mais desejada, a de maior prestígio, a que ganha os louros por imprimir a um prato feito com competência o status de "transcendental".

Ao chegar a minha vez, dei um passo à frente.

– Marcus Samuelsson – apresentei-me com certa tranquilidade, sem engasgar com as palavras.

Blom consultou a prancheta que segurava.

– *Kräutergarten* – comunicou.

Horta? Era melhor me mandarem para a Sibéria. Mas resolvi ficar calado e voltei para o meu lugar.

A horta do Victoria era cerca de três vezes maior do que uma horta caseira de tamanho considerável, e, pelo menos, um terço dela era reservado às ervas. Os canteiros eram cuidadosamente divididos por ripas de madeira formando caminhos e, ao final de cada fileira, havia uma placa de metal indicando o que estava plantado. O branco do meu uniforme sobressaía em contraste com a manhã ensolarada e com o verde do macacão dos quatro funcionários que cuidavam permanentemente da horta e com quem eu trabalharia. Vendo que os rapazes removiam ervas daninhas, abaixei-me para ajudá-los, até que o chefe do setor, Herrn Banholzer, chegou.

Banholzer era um homem magro, de quase 60 anos, cuja pele queimada de sol me fazia lembrar de meu tio Torsten e de outros homens que eu conhecia, que passavam a maior parte do tempo ao ar livre. Ele nos reuniu em volta de uma fileira de carrinhos vazios.

– Eis o que precisaremos hoje – começou, lendo o que estava escrito num bloquinho. Cada um encheu um ou dois carrinhos, e cada carrinho teve um destino específico: para o serviço de quarto, para a cozinha principal, para as cozinhas menores que serviam o salão de coquetel e o spa e para algum serviço especial prestado fora do hotel.

Em menos de um minuto, me senti em maus lençóis e no meio do mato. Não que o sotaque de Banholzer fosse difícil de entender, mas ele falava rápido e em tom monocórdio, o que dificultava contextualizar quando não se conhecia a palavra.

– Samuelsson, você vai preparar o carrinho para o *entremetier* – destinou. – *Kartoffeln*. Duas caixas...

Não tive problema para entender que *kartoffeln* era batata, graças à mania da minha avó de salpicar no sueco palavras em alemão. Nem *rhabarber* ofereceu dificuldade por se parecer com o equivalente a ruibarbo em sueco, *rabarber*. Mas *erdbeeren*? Que diabo era aquilo?

Tirei do bolso de trás um pedaço de papel – na verdade, o canhoto de uma passagem de trem – e comecei a tomar nota. Escrevi a pronúncia da palavra nova e, em seguida, circulei-a. Quando Banholzer concluiu e se afastou, eu já havia escrito e circulado umas 10 palavras. Eu poderia ter pedido a ele que as traduzisse enquanto falava, mas isso contrariaria uma regra universal no mundo da gastronomia: mantenha-se invisível, a menos que vá brilhar. Aquele não era o momento de mostrar brilho algum.

Com toda a paciência, Fritz, o mais novo dos rapazes da horta, me ajudou a decifrar as palavras misteriosas. Quando chegamos a *erdbeeren*, ele soltou uma gargalhada.

– Olhe para baixo – sugeriu, fazendo com que eu olhasse para um monte de morangos a meus pés.
– *Erdbeeren* – disse ele.

Não era bem na horta que eu queria estar – na verdade, morreria de vergonha se os caras do Belle Avenue me vissem colhendo frutas, em vez de estar na cozinha –, mas aquilo não me impediu de curtir o trabalho. Colhi ruibarbos, retirei da terra batatas e cenouras e cortei as ervas mais frescas e de folhas mais abundantes: sálvia, tomilho, alecrim, hortelã. Para colher favas, meti a mão por entre as folhas de tom cinza-esverdeado que cobriam o caule espesso da planta para retirar a vagem. O tempo estava ótimo e tudo tinha um cheiro bom, inclusive a terra.

Depois da colheita, lavei as hortaliças numa das três pias do lado de fora e arrumei tudo com cuidado na parte de cima do carrinho. Fazendo como Fritz, levei o carrinho cheio até a porta do escritório de Banholzer, uma salinha ao lado do armário de ferramentas, com janelas grandes, que dava para as camas. Banholzer usava óculos de leitura que trazia presos a uma corrente ao redor do pescoço. Para inspecionar meu carrinho, encaixou os óculos na ponta do nariz comprido e verificou caixa por caixa, prateleira por prateleira.

– Só mais uma caixa de batatas – determinou, depois de examinar rapidamente o meu trabalho. – Depois leve lá para dentro.

Naquela mesma tarde, durante o intervalo, sentei-me na Matraca com Fritz para tomar um café. Contei-lhe ter vacilado por não haver colhido quantidade suficiente de batatas.

– Que nada! Banholzer jamais teria liberado você sem críticas. E ele não rejeitou nada do que você colheu? Não jogou nada fora? Isso é inédito!

Fiquei radiante! Eles podiam até ter me relegado a um mero gnomo de horta, mas eu seria o melhor gnomo de horta que jamais haviam visto.

Eu devia estar indo muito bem, porque, depois de uma semana, Blom comunicou, durante a reunião da manhã, que eu mudaria para Herrn Thoner, o *entremetier*. O setor de *entremetier* preparava verduras cozidas, sopas, ovos e entradas sem carne. Finalmente, eu estava de volta à linha de frente.

Um dos grandes amigos que fiz na cozinha de Jungfrau foi um irlandês chamado Gary Hallinan. Assim como tantos irlandeses que conheci em cozinhas de restaurantes ao longo de minha carreira, era simpático, generoso e de fácil relacionamento. Gary, que tinha cabelos bem pretos, pele clara e um sorriso que provocava duas covinhas no rosto, nunca se deixou afetar pelo estresse. Na verdade, uma simples troca de palavras com ele tinha o incrível poder de fazer baixar minha pressão sanguínea. Sua família era do ramo hoteleiro; ele era portador de um diploma em hotelaria e já havia trabalhado no requintado Shelbourne Hotel, de Dublin. Certamente, trilharia uma carreira bem-sucedida em São Francisco, mas a verdade é que, como cozinheiro, Gary não era lá grande coisa. No Victoria, o tempo que passou na cozinha – e que ele levou na esportiva – foi apenas para conhecer melhor o negócio. Um dia, ao passar a faca numa longa barra de ferro de amolar, a faca resvalou de sua mão, provocando-lhe um corte profundo.

A sala de primeiros socorros ficava anexa à sala de Stocker. Gary caminhou até lá e sentou-se no chão em frente à porta, aguardando atendimento.

Por fim, o Sr. Stocker apareceu, aproximando-se do funcionário ferido, todo ensanguentado. Gary olhou para ele e, apesar da gravidade da situação, conseguiu, acima de tudo, manter o sentido de hierarquia.

– Desculpe, Sr. Stocker – disse, antes de desmaiar.

Stocker passou por cima de Gary, sem nada dizer, entrou na sala e fechou a porta.

Não era uma reação comum de Stocker, que reclamava sem parar sempre que alguém aprontava alguma besteira. Num outro acidente de cozinha, não muito depois daquele que envolveu Gary, um garoto chamado Otto foi incumbido de moer a carne para o bolo do cardápio do dia. Como todo bom alemão, Otto não tinha problema para entender instruções, mas, distraído por conta da pressão, no dia que viria a ser seu último, resolveu abreviar o serviço: empilhou cubos de carne crua dentro da bandeja alimentadora, na parte de cima do moedor. Normalmente, usa-se um pilão de madeira para empurrar a carne para o interior do aparelho, onde ela entrará em contato com a broca, que a moerá, fazendo-a sair por uma abertura lateral. Como não havia um pilão à mão, Otto pegou o que estava mais próximo: uma concha de metal. A princípio, tudo funcionou bem, mas, num determinado momento, ao empurrar demais a concha, ela acabou sendo tragada pela broca. Por demorar a largar a concha, Otto acabou com o braço preso no moedor, que o puxava para baixo, em direção ao pulverizador. No instante em que percebeu que não conseguiria soltar o braço, Otto gritou. Sabe-se lá de onde, surgiu Stocker, que, com um tapa, desligou o equipamento, segundos antes de a mão de Otto ser esfacelada. Stocker e mais duas pessoas retiraram o braço de Otto do moedor. Em nenhum momento Stocker

perguntou a Otto se ele estava bem: limitou-se a lhe dar uma enorme bronca.
– Por que está usando o utensílio errado, posso saber? – indagou aos berros. – Onde você estava com a *cabeça*? *Por muito pouco* não perdeu o braço! Está querendo arrumar problema para o nosso setor? Está querendo que eu perca o emprego?

Enquanto Stocker berrava, as poucas mulheres que trabalhavam na cozinha soluçavam ao fundo. Simplesmente me virei e comecei a mexer um caldo de vitela, ainda sem entender como Stocker conseguiu aparecer com tamanha rapidez. Aprendi então que um grande chef mantém-se atento aos menos experientes, aos preguiçosos e aos nervosos.

Todos ofereciam perigo a si mesmos e aos outros, e Stocker não podia deixar que fizessem besteira. Não se perde um braço num escritório convencional. Por isso, os *sous-chefs* tinham autoridade para demitir quem eles achassem deficiente. Os deficientes quase sempre eram os drogados, os caras que passavam todo o tempo livre em Zurique – o melhor lugar para se comprar drogas – e apareciam na manhã seguinte de óculos escuros. Não era preciso provas concretas, mas creio que os *sous-chefs* tinham olhos e ouvidos dentro do alojamento, pois, durante todo o tempo em que estive lá, sempre que resolviam mandar alguém embora, dificilmente se enganavam. Quando alguém era demitido, era riscado do mapa. Ninguém tocava no assunto abertamente. Ninguém sequer pronunciava nomes.

Outra maneira de eliminar as ervas daninhas era testando-os de surpresa. O sujeito estava lá no seu setor quando, de repente, Stocker parava a seu lado e lhe pedia para executar uma tarefa.

– Pique manjericão. *Sauce beurre blanc* – vociferava, de braços cruzados. Se o coitado não atendesse na hora e bem, recebia uma advertência. Caso não entrasse na linha imediatamente, rodava na certa.

Aprendi com Stocker lições valiosíssimas sobre a gestão de pessoas, que levei para a vida inteira. Também aprendi a ser justo. Ele recompensava os mais dedicados de maneira inteligente. Quando o funcionário trabalhava com afinco, ele se certificava de que suas folgas fossem agendadas com antecedência e em dias consecutivos. Assim, era possível aproveitar a localização central de Interlaken e pegar o trem noturno para Paris, ou então fazer a viagem de duas horas até Milão. Quanto aos preguiçosos, só eram informados das folgas – nunca mais do que um dia – em cima da hora.

O segredo, percebi, era fazer seu trabalho e manter a boca fechada. Para mim, tanto uma coisa quanto outra eram facílimas: adorava o que fazia e mal sabia falar o idioma local.

Eu não era nenhum santo. Como todo mundo no Victoria, após o expediente eu saía para me divertir. Por falar bem inglês, levava uma pequena vantagem com as mochileiras norte-americanas que passavam o verão na Suíça, aproveitando as férias da faculdade. Adoravam os rapazes europeus que lhes pagassem uma cerveja. Independentemente da hora em que voltasse para casa, no dia seguinte eu chegava ao trabalho uma hora antes de o expediente começar.

Às seis da manhã, a cozinha parecia um campo de futebol antes de uma partida decisiva: o gramado, bem aparado, o campo vazio, mas transbordando ansiedade. Era a bonança antes da tempestade do dia. Eu aproveitava aquela calmaria e adiantava minhas tarefas, estudava os cardápios e lia os avisos postados perto da sala de Stocker. Os cardápios eram escritos em francês, italiano e alemão. Por isso, trazia sempre comigo meus dicionários de bolso e meu diário para copiar tudo, da entrada à sobremesa, pesquisando o que eu não entendia. Não queria que Stocker visse o que eu estava fazendo. Não que fosse errado, porém quanto mais fora do campo de visão dele, melhor.

Da mesma forma como trabalhava até tarde no Belle Avenue, fazia hora extra antes e depois do meu turno, adiantando tarefas preliminares pela manhã e limpando tudo meticulosamente à noite. Tudo o que tinha a oferecer era meu trabalho e minha dedicação. E estava disposto a dar os dois. Desde que chegara, só me ausentava na ocorrência do que veio a se tornar um ritual diário: vômito. Todo dia de manhã, ao chegar ao trabalho, eu sentia o corriqueiro nó no estômago. Ao nó logo se seguia a invasão da bile na garganta e logo, logo eu precisava sair em disparada para o banheiro. Já tinha passado por aquele aperto algumas vezes nos empregos que tivera em Gotemburgo. Acontecia quando o estresse aumentava, mas agora, fora do conforto da terra natal, a frequência dos enjoos coincidia com a crescente pressão no trabalho.

Na maioria das vezes, eu conseguia controlar o nervosismo vomitando quietinho e voltando em seguida às minhas atividades, mas um novo sistema de entrada por cartão magnético foi instalado. No dia em que o sistema começou a operar, meu cartão para abrir a porta de saída resolveu desmagnetizar no momento menos oportuno. Entrei em pânico e acabei vomitando. Enquanto o conteúdo do meu estômago escorria pela porta, três *sauciers* vieram em meu socorro, acenando com a cabeça em minha direção e dizendo "*Guten tag. Wie gehts*, Sr. Samuelsson". Calma.

Depois disso, assim que sentia o primeiro sinal de náusea, arrumava logo um jeito de sair do setor. Eu não queria que ninguém percebesse, o que significava não me ausentar por mais do que cinco ou seis minutos. Segundo o código de higiene, devemos deixar o avental na cozinha para não contaminá-lo no banheiro, mas pendurá-lo no gancho funcionaria como uma bandeira vermelha, um sinal de minha ausência. Então, eu ia para o banheiro de avental, mas o deixava pendurado do lado de fora na porta.

E que banheiro usar? Passar bastante tempo com a cabeça enfiada numa privada me fez um profundo conhecedor do assunto. À procura do banheiro mais limpo e menos usado, eu precisava evitar os mais próximos à cozinha. Assim, eu perdia mais uns 90 segundos percorrendo o corredor que levava à sede administrativa e à área de carregamento. Como correr pelas dependências do hotel era caso para advertência, eu precisava andar o mais rápido possível sem infringir as normas.

Tirava o dólmã e o pendurava num gancho dentro do reservado e não voltava a tocá-lo antes de higienizar as mãos da maneira apropriada. Quando não havia ninguém no banheiro, eu fazia tudo sossegado, mas, se algum outro compartimento estivesse ocupado, eu apertava a descarga para abafar o som do vômito. Se estivesse de estômago cheio, todo o processo se desenrolaria mais depressa. Só que eu vomitava mesmo sem ter comido nada e a ânsia de vômito seca tornava tudo mais difícil e mais cansativo, já que forçava meu corpo a expelir algo que não continha. Por causa desse evento cotidiano, sempre trazia balas de hortelã no bolso, com o cuidado de não consumi-las em excesso para não entorpecer o palato. Lavava as mãos e a boca, chupava uma balinha de hortelã, vestia o dólmã e o avental, cruzava os corredores bem depressa e voltava ao meu setor como se jamais tivesse me ausentado.

Onze – Stocker

Todo domingo, às 11 da manhã, a equipe em serviço se reunia na cozinha para uma pequena reunião de cerca de 15 minutos. Chamávamos de *assemblé*. Os *sous-chefs* de Stocker preparavam uma travessa de frios e abriam uma garrafa de vinho. Era apenas para o pessoal da cozinha, o que não incluía garçons e maîtres. Era quando Stocker comunicava quem seria promovido, avaliava o desempenho dos funcionários ao longo da semana anterior e dizia o que fora planejado para a semana seguinte.

As manhãs de domingo eram sempre agitadas. Por isso, quando parávamos para participar da reunião, todo mundo tentava relaxar e agir com naturalidade, embora, na verdade, estivéssemos uma pilha. Não víamos a hora de a reunião acabar para retornarmos aos setores e à permanente tarefa de nos mantermos alerta, para não vacilar. Ao mesmo tempo, a *assemblé* era aquele raro momento em que nós, sobretudo os principiantes como eu, nos sentíamos parte de toda aquela engrenagem: verdadeiros membros da equipe.

Quando há 60 pessoas trabalhando numa equipe, é necessário informá-las sistematicamente sobre o que está acontecendo. Os avisos no quadro e as reuniões diárias com os *sous-chefs* de certa forma já cumpriam essa função, mas, para estagiários como eu, a *assemblé* era uma rara oportunidade de ouvir tudo aquilo diretamente da boca do chefão – e numa situação em que ele não estava gritando com alguém por algum erro. Não era um momento de confraternização, é claro. Mesmo numa reunião, mantinha-se a hierarquia da cozinha: cozinheiros e *commis* sentavam-se na parte de trás e ficavam de boca fechada.

Minha parte preferida numa *assemblé* era quando Stocker falava dos futuros eventos. Pelo fato de ter viajado bastante, ele havia desenvolvido grande interesse pelos turistas estrangeiros que ocupavam 80 por cento das vagas do hotel. Assim, ajustava o cardápio de acordo com esses hóspedes. Na semana em que recebíamos contingentes árabes, ele moderava nas entradas à base de carne de porco e incrementava as verduras e o peixe. Quando japoneses cheios da grana vinham passar a semana esquiando, muito arroz empapado e cogumelos exóticos apareciam no cardápio. Ele deixava bem claro que o nosso grupo de hóspedes não era homogêneo. Assim, prestávamos um bom serviço não apenas deixando-os satisfeitos com o que pediam, mas, com toda nossa experiência e criatividade, prevendo, antes mesmo que chegassem, o que iam querer sem que eles mesmos tivessem decidido. Ao perceber o aumento no número de hóspedes mais preocupados com alimentação saudável do que com sabor, Stocker elaborou um cardápio alternativo, bem natureba, e contratou uma nutricionista em tempo integral.

A presença de Magrit, a nutricionista, uma linda jovem de cabelo escuro e olhos azuis, mexeu com a rapaziada. Além de ser a única mulher na cozinha, ainda tinha privilégios: trabalhava dentro da sala de Stocker, era a única a participar de nossas reuniões sem ser chef e, o mais surpreendente, era tratada por Stocker com um respeito que beirava a reverência. Ela o ajudava a preparar o cardápio e, juntos, elaboravam pratos atraentes para hóspedes diabéticos, cardiopatas ou com alergias alimentares. Se hoje em dia pratos naturais e saudáveis são comuns, na década de 1990 eram coisa rara, mesmo nos hotéis mais sofisticados. Naquela época, eu tinha 19 anos e estava convencido de que era pura frescura do hóspede que pedia um prato especial. Não o via como um gourmet. No entanto, o exemplo de Stocker cultivou em mim o respeito por aqueles com necessidades nutricionais específicas e por chefs com talento especial para os negócios. Mais importante, ao observar Stocker trabalhando com a nutricionista, aprendi uma valiosíssima lição como futuro chef: ele não estava ali para nos torturar, mas para oferecer ao hóspede o melhor serviço.

Stocker era talentoso em vários aspectos, mas, quando se tratava de banquetes ou eventos para mais de 1.500 pessoas, ele se mostrava um gênio. Quem já não foi a um jantar servido para um grande número de pessoas, em que a comida chega fria à mesa, o frango, borrachudo, em que tudo é um desastre? Sem falar que enquanto parte dos convidados já estava terminando a sobremesa, outros nem tinham recebido o prato principal? Isso nunca ocorreu no Victoria. Stocker conseguia fazer mil refeições saírem da cozinha num estalar de dedos, tudo quente e preparado com perfeição.

Tudo isso graças à louca parafernália dos eletrodomésticos suíços. Comprara freezers poderosíssimos para dar choque térmico em verduras que haviam sido escaldadas um dia antes do evento. Mergulhadas em água quente, eram retiradas em seguida com uma concha. Depois, com todo o capricho, as arrumávamos numa travessa, que cobríamos com papel alumínio. Isso feito, dispúnhamos as travessas nos carrinhos e levávamos até o freezer. Com o tal choque térmico, conseguíamos reter o cozimento: os pimentões conservavam o tom vermelho, e o espinafre, o verde. Como eu disse, Stocker era um gênio.

Ele também usava sua armada de fornos bem regulados para fazer assados similares ao método *sous-vide*, tão conhecido hoje. Cozinhava em temperaturas bem baixas para não comprometer a maciez e a suculência da carne. Preparando tudo com bastante antecedência, podíamos nos ocupar dos pratos todos de uma vez, quando a hora da verdade chegasse. Dentro dos gigantescos fornos de Stocker, havia espaço para reaquecer ao mesmo tempo 60 pratos de verduras, para então transferi-los para a longa bancada que atravessava o centro da cozinha, enquanto os cozinheiros fatiavam a carne ou finalizavam os molhos. Do instante em que o prato chegava à bancada da cozinha até o último garçom colocá-lo em frente ao convidado no salão, não se passavam nem oito minutos.

Três semanas após a minha chegada ao Victoria, estava em meu quarto durante o intervalo da tarde, quando vieram me avisar que havia uma ligação para mim no telefone comunitário no final do corredor.

– Hej, Marcus. *Det här är Sven, Christina's pappa.*

Por que ele gastaria dinheiro com um telefonema internacional, caro como era, para o ex-namorado da filha? Na hora em que peguei o telefone, pressenti problema. Segundo me contou, Christina mal conseguia tirar o robe. Estava deprimida desde que saí da Suécia. Ele e Kikoko, mãe de Christina, estavam preocupados. A única coisa que poderia animá-la seria uma ida a Interlaken.

Franca e honestamente, não queria que ela viesse. No entanto, meus pais me ensinaram a respeitar os mais velhos; não tive como dizer não. Aos 19 anos, como contar a um homem que o seu relacionamento com a filha dele não passara de um namorico que já havia acabado? Como dizer a ele que você agora estava trabalhando e não tinha mais tanto interesse na filha bacana, mas pegajosa?

– Estou trabalhando em turnos de 14 horas – expliquei numa quase inútil tentativa de dissuadi-lo, mas ele insistiu. Prometeu que ela ficaria por pouco tempo. Desligamos depois de combinar que ela chegaria no final daquela mesma semana.

De volta ao quarto, comecei a andar de um lado para outro, tentando organizar as ideias (dentro do meu quarto, eram três passos para um lado e mais três para outro). Com o que eu tinha acabado de concordar? Como aquela situação seria vista pela gerência daquele hotel cinco estrelas, a quem eu tentava provar que era mais do que um ajudante de cozinha habilidoso? Eu queria ser visto como um chef em processo de desenvolvimento e não como um garoto negro sueco, com namorada e um pé de volta a Gburg. Aquilo ia queimar o meu filme. Queimação geral!

Christina chegou e, para minha surpresa, fiquei feliz ao vê-la. No caminho entre Gburg e Interlaken, ela se reanimara, saindo sei lá de que estado mental. Além disso, devo admitir: era um alívio ter por perto alguém que me conhecia bem, que falava sueco e que poderia me dar notícias de casa. E, claro, com quem eu poderia dormir à noite, mas eu também não queria que ninguém atrapalhasse meus compromissos profissionais e disse isso a ela. Ela precisava ficar escondida.

– Se você sair, saia pela lateral – avisei. Era a saída menos provável que ela topasse com algum de meus chefes. – Ou então fique aqui na sua, sei lá. Fique quietinha, OK?

Eu tinha esperanças de que Christina ficasse no quarto, escrevendo cartas, lendo. Porém ela era curiosa demais e saía quase diariamente para conhecer a cidade. Num dia, pegava a barca que atravessava o lago Brienze; no outro, o bondinho até o panorâmico Harder Kulm. Com certa frequência, eu ia para o quarto durante meu intervalo da tarde e não a encontrava. Só a via no meu próximo intervalo, quando ficávamos no quarto ou íamos ao Balmers, um bar conhecido entre os falantes de língua inglesa, onde ela encantava todos que encontrávamos.

Numa tarde, no sexto ou sétimo dia de sua estada, depois de eu colocar a roupa suja na lavadora do dormitório, ela lançou a bomba:

– Ah, esqueci de dizer, estou me candidatando a uma vaga aqui.

Fiquei maluco:

– Você só pode estar de brincadeira.

– Conversei com aquela moça simpática do Recursos Humanos e ela disse que seria muito bom ter alguém que falasse japonês.

No mínimo, 20 por cento dos hóspedes do Victoria Jungfrau eram japoneses. Seria perfeito ter uma garota bonita que falasse francês e japonês, além de inglês e sueco!

Christina olhou para mim, esperando que meu rosto refletisse seu entusiasmo. Só que, para mim, fingir entusiasmo é muito difícil. Eu estava pondo em prática o plano cuidadosamente engendrado de me tornar um chef internacionalmente conhecido. E ainda estava no começo da longa escalada até chegar ao objetivo final. Não aceitava a possibilidade de um desvio de percurso e não estava gostando nada daquela história. Não fora aquilo que eu havia planejado.

– Tudo bem – respondi, condescendente. – Só que ninguém pode saber que estamos juntos.

Christina não se deixou abater pela minha resposta sem emoção.
– OK. No outono eu volto e preencho um formulário.

A maioria das cartas que chegavam ao meu escaninho ao lado da Matraca era de Christina ou da minha família. Eu também escrevia para eles, mas a maior parte da minha correspondência era para procurar emprego. Enviava cartas para todas as partes do mundo, procurando vaga na área de gastronomia. Isso foi antes da era da informática, quando as notícias sobre emprego corriam boca a boca. Um novo *commis* chegava ao Victoria bem recomendado por seu último chefe e 10 sobrancelhas levantavam enquanto seus companheiros anotavam lembretes a si mesmos, para lhe seguir o exemplo. Sempre que via propaganda de turismo, pegava folhetos de hotel e mandava currículo, seguindo minhas próprias regras: só de três estrelas para cima.
– Por que essa exigência toda, Marcus? – meu pai me perguntava. – *Três* estrelas? Por que não começar por baixo e depois ir melhorando? Por que dificultar tanto as coisas?

Minha lógica era simples: eu queria aprender com os melhores para ser o melhor. Escrever as cartas de apresentação, datilografá-las a passos de tartaruga, revisá-las com cuidado, tudo isso parecia mais uma rodada noturna de *mise en place*. Era como tinha que ser. Mesmo assim, para cada 20 cartas que eu mandava, recebia apenas uma resposta, normalmente com um curto "no momento, não". Arquivava aquelas para mais tarde, interpretando o "no momento, não" ao pé da letra e mantendo um fio de esperança. Um dia, quem sabe, ao reenviar a carta, eu recebesse uma resposta diferente. Sempre que via um envelope diferente na caixa de correio, minha esperança reacendia. Um belo dia, porém, recebi correspondência do famoso hotel Negresco, de Nice. Coloquei o envelope no bolso traseiro da calça, contando os minutos para o intervalo da tarde. Só então poderia ler o conteúdo na privacidade do meu quarto.

Começando com um "Senhor Samuelsson", vi logo de cara que se tratava de algo melhor do que o costumeiro "no momento, não". Diziam que, se eu pudesse ir a Nice, teriam prazer em me receber e ver que possibilidades havia na cozinha do hotel para mim. Era no Negresco que trabalhava Jacques Maximin, o chef executivo que tornara o hotel famoso como celeiro de grandes – e jovens – chefs, como Alfred Portale, Joachim Splichal, Alain Allegretti e o *chocolatier* Jacques Torres.

Tão logo consegui tirar uns dias de folga, peguei um trem e parti para o Sul. No caminho, fui lendo um livro de culinária francesa e planejando os próximos passos. Caso conseguisse emprego no Negresco, não ia largar de vez o Victoria – fora de cogitação. Porém, tão logo meu contrato terminasse, iria para Nice e, de lá, para Paris.

Fui a pé da estação ferroviária de Nice até a orla cercada de palmeiras da Promenade des Anglais. O Negresco ficava bem no meio da promenade, compondo uma fileira de prédios *art déco* suntuosos, todos de frente para o reluzente mar azul da Côte D'Azur. À luz do fim da tarde, com o sol batendo na majestosa fachada em estilo *belle époque* e a inconfundível cúpula rosa, respirei fundo e lembrei-me de ir com calma.

Uma vez lá dentro, num francês cuidadosamente ensaiado, perguntei onde ficava a cozinha.

– O chef não está – respondeu um cozinheiro. – Volte daqui a uma hora.

Fui passear pela orla, absorto demais para conseguir admirar as mulheres tomando sol de topless, esparramadas em cadeiras de praia, com garçons lhes trazendo drinques e toalhas limpas. Ao retornar, recebi a mesma resposta: "O chef não está, volte daqui a uma hora."

Da terceira vez que entrei na cozinha, fui levado até um homem arrogante, de uns 45 anos mais ou menos, o dólmã abotoado pela metade, o nariz tremendamente adunco que precisou levantar para me olhar, de cima, claro.

– Quem é você?

– Sou Marcus Samuelsson, do Victoria Jungfrau – respondi, mostrando a carta. – Gostaria de trabalhar com vocês.

Sua expressão fisionômica beirou a satisfação.

– *Non*. Não temos vagas – disse, saindo logo em seguida.

Era comum dar chance ao *commis* que vinha de longe para fazer um teste – na cozinha, mão de obra nunca é demais. Mas nem essa gentileza me fizeram. O pior é que eu estava sem teste e sem uma cama quente para passar a noite – a praxe é oferecer pernoite em troca de trabalho gratuito.

Fui embora arrasado. Havia outros hotéis bacanas ao longo da Promenade des Anglais, mas não me sentia nem um pouco a fim de tentar um prêmio de consolação. Ou talvez, por ter gasto toda a minha disposição no Negresco, eu não quisesse correr o risco de ser rejeitado num hotel quatro estrelas por causa da cor da minha pele. Foda-se, pensei. Em seguida, peguei o primeiro trem de volta para Interlaken.

Resolvi não repisar na questão racial. Eu levava fé em minha habilidade com as facas, em meu paladar, na minha capacidade de ouvir e de executar tarefas. Trabalho pesado nunca me meteu medo. Sempre fui bem-sucedido nos locais onde trabalhei, porque, a partir do momento em que punha o avental branco e a mão na massa, ninguém duvidava de que eu seria o último a "baixar as armas", independentemente de quem estivesse enfrentando. Não seria um chef ignorante, que não conseguia ver além da cor da pele, que ia me deter. Eu voltaria ao Victoria, aprenderia tudo o que pudesse e, no futuro, a gastronomia não teria outra escolha a não ser dizer "sim".

Com Christina fora de cena – ela retornara à Suécia –, consegui voltar a me concentrar no trabalho. Como recompensa, fui sendo transferido de seção com regularidade. Era justamente o tipo de experiência que eu esperava ter. *Entremetier*, *viande*, *pâtissier* deixaram de ser meras descrições e viraram elementos essenciais de uma experiência mágica, que começava sempre que o hóspede chegava. Durante o tempo em que trabalhei como *entremetier*, aprendi a fazer uma sopa de abacate cremosa, com leite de coco, decorada com toranja e pimentinhas-rosa. Na *viande*, preparava joelho de vitela *sauté* com cenoura, cebola e alho, deglaçada com vinho branco. Depois, misturava todos os caldos num espesso molho de carne. Como *pâtissier*, fiz centenas de mil-folhas de framboesa e champanhe, cada um deles decorado com uma bola de *sorbet* de champanhe e o prato adornado com fios de caramelo. *Mormor* sempre me perguntava como era jantar num hotel cinco estrelas. Respondia que ainda não sabia. O que eu sabia era que cozinhar no Victoria implicava dormir tarde toda noite, com um sabor da perfeição na boca que permanecia mesmo depois de escovar os dentes.

Independentemente da seção para onde fosse designado, era essa a regra básica. E quando finalmente consegui uma posição fixa na cozinha, tornei-me integrante da guarda de honra.

O *garde manger sous-chef* era um britânico mal-humorado e exigente, chamado Paul Giggs.

Mannfred costumava dizer que quem quisesse se dar bem na tropa de Stocker precisava entrar em sintonia com ele. Stocker era um Picasso da gastronomia: talentoso, egoísta, obstinado e grosseiro, mas um artista completo. Giggs, por sua vez, era um míssil com sensor de calor. Era chef, mas quem trabalhava com ele tinha a impressão de trabalhar com um técnico de basquete ou com o chefão de uma quadrilha de ladrões de banco: era preciso obedecer-lhe e sem demora! Quem estivesse muito a fim de se juntar a Giggs precisava mais do que apenas assimilar sua visão, tinha de seguir cegamente seus métodos. Giggs era mestre em domar a equipe do mesmo jeito que um caubói doma um cavalo selvagem. Isso o deixava bem com Stocker, mas com quase ninguém mais. O responsável pelos queijos não gostou do jeito como Giggs humilhou a menina do setor, fazendo-a debulhar-se em lágrimas: ela embrulhara o Stilton junto com o cheddar curado, pensando economizar material; ele achou, e lhe disse publicamente, que ela parecia ter nascido sem cérebro, o que, além de tudo, comprometia a reputação do hotel. Picávamos, cozinhávamos e trilhávamos nosso caminho rumo à perfeição, porque trabalhávamos com medo: medo de que o chef não gostasse do nosso trabalho, medo de que o chef não gostasse de nós, medo de que um pequeno deslize nos levasse à humilhação ou, pior, à demissão.

Giggs fez uma operação pente-fino pela equipe da cozinha e escolheu os exilados e os fluentes em inglês para trabalharem diretamente com ele. Nossa equipe tinha judeu, asiático, mulher (ainda uma raridade na gastronomia) e eu, um sueco negro. Talvez achasse que, se havíamos conseguido chegar até ali sem a vantagem de pertencer à maioria, era sinal de que tínhamos jogo de cintura e ambição, qualidades que ele exigia. Uma vez que todos tivemos que transpor obstáculos, muito provavelmente faríamos qualquer coisa para permanecermos onde estávamos. Ele sabia como conduzir a situação, como exigir o máximo de nós sem nos perder. Perdoava a inexperiência, mas não tolerava a preguiça. Em sua equipe, não havia lugar para bêbados ou drogados. Demitia sem pestanejar ao menor sinal de inconveniência ou de trabalho malfeito.

Fazer parte da equipe de Giggs era ao mesmo tempo uma honra e um risco. Havia guerra entre facções dentro da cozinha: os alemães e os suíços se odiavam, cada um dos 60 funcionários da cozinha brigava pela atenção de Stocker e praticamente todos os demais *sous-chefs* detestavam Giggs. Stocker relevava os problemas causados pela personalidade abrasiva de Giggs, porque sabia que ela se prestava a seus objetivos. Stocker era cosmopolita, tal como Giggs. Conhecia o mundo inteiro e falava várias línguas, incluindo o suíço-alemão. Se algum hóspede estrangeiro precisasse de uma refeição especial, era a Giggs e à nossa seção que Stocker recorria.

O serviço de um *garde manger* era parte refinamento e parte trabalho de açougueiro. A primeira vez em que me prontifiquei a partir um cordeiro sozinho, Giggs riu de mim. Como nenhum outro *commis* havia se oferecido, percebi que minha atitude o impressionou, pelo menos o bastante para me deixar fazer bobagem por minha própria iniciativa. Na entrega de carne seguinte, entrei no frigorífico e pedi ajuda, trabalhando passo a passo, sob a cuidadosa supervisão e o falatório alto de Franz, o *chef de partie* de Mooney. Quando Franz acelerou o motor da serra elétrica e a passou para mim, o barulho me fez lembrar o incidente com o rodovalho no Belle Avenue. Retroceder, voltar, no entanto, estava fora de questão. Quando não me chamava de imbecil, Franz compartilhava informações bem úteis, como, por exemplo, a importância de se cortar a carne dentro do próprio frigorífico, de forma a não deixar a gordura amolecer. Era justamente quando a gordura amolecia que as lâminas corriam o risco de escapulir. Explicou-me o quanto economizávamos para o restaurante ao realizarmos aquela tarefa, evitando que se pagasse uma fortuna pelos cortes. Ele me ensinou como separar o filé, os rins e os timos com uma faca pequena e como serrar os ossos para fazer caldo. Tudo tinha um propósito e uma destinação. Os pedaços mais nobres iam para o La Terraza, os membros eram ensopados para o Stube e a gordura com as aparas seguia para o preparo de salsichas. (O La Terraza era o restaurante mais sofisticado do hotel, e o Stube, o pub mais informal.)

Chegava-se à perna, que precisava ser desossada, recheada com tomilho e alho, e reservada para o *saucier*. Enfiei a faca na carne para separá-la do osso.

– *Scheisse! Dümmling!* – berrou Franz. – O que é que você tem nessa cabeça, hein? Cérebro é que não é!

Tomou a faca da minha mão e cortou os músculos na horizontal e não na vertical, retirando milagrosamente um osso limpo. Adorei essa parte do trabalho na Suíça. A equipe de Stocker entendia de todos os assuntos, desde o chef aos auxiliares de cozinha. Um cara como Franz podia até passar o dia criticando abertamente minha etnia, minha burrice, minha mãe e sua suposta reputação duvidosa, que eu não ligava. Afinal, estava aprendendo a arte do corte com um dos melhores no ofício e ninguém poderia tirar de mim esse aprendizado.

De todas as seções da cozinha, era o *garde manger* que ficava com a parte mais pesada quando havia banquete. As outras tinham suas responsabilidades, mas éramos nós que preparávamos o grosso: travessas e mais travessas de salsichas e carne maturada, fatias de miolo de vitela sobre camadas de alface e ervas, sopas cremosas de aspargos, linguado defumado com creme de raiz-forte, musse de ovos, tudo isso lindamente disposto sobre mesas cobertas com toalhas de linho. Graças ao talento especial que Giggs tinha para decoração, aprendemos a transformar blocos de gelo em águias, massa americana em flores e a fazer lindos desenhos em cascas de melão.

A primeira vez que Giggs me passou uma caneta com ponta de feltro e me mandou cobrir um prato com PVC, achei que ele estivesse maluco.

– Desenhe a comida – ordenou. O que significava que ele queria as verduras artisticamente dispostas. – Se der uma arrumação estética às verduras, quando o prato chegar ao rapaz da carne ele vai respeitar o desenho, não vai simplesmente empurrar as folhas para o canto para acomodar o filé.

Eu estava errado quando disse que Giggs não passava de um sargento que só cumpria as ordens de Stocker. Acabei aprendendo que todo chef de personalidade tinha seu próprio estilo e suas paixões. E que cada um deles consegue mudar da água para o vinho, transformando-se num canalha bem mais depressa do que um sujeito comum. É preciso disposição para ser canalha. Do contrário, de nada valem os anos de treinamento, a grana curta que jamais chega ao nível de Wall Street, os clientes ingratos, os imbecis desajustados de que você depende para executar com perfeição uma tarefa, sem contar o comportamento afetado de todos os ingredientes não processados: a clara de ovo temperamental que resolve não ficar em ponto de neve, as batatas que resolvem que hoje não é dia de dourar e sim de queimar, os tomates que não amadurecem por conta de uma súbita onda de calor. Como chef, você está à mercê do agricultor, do açougueiro, do peixeiro, do clima e de Deus.

Giggs era um brutamontes, vindo de uma família humilde de Sheffield, cidade inglesa ao sul de Manchester. Aos 12 anos, matava e vendia galinhas no mercado local e o prato mais sofisticado de que tinha conhecimento era uma lata de chouriço. Destacou-se pela inata paixão pela culinária e pela disposição para o trabalho. Sua grande oportunidade profissional foi no *"Lizzie"*, o luxuoso transatlântico RMS *Queen Elizabeth*, que, até 1968, atravessava o Atlântico transportando passageiros.

Seu perfeccionismo, seu sarcasmo cáustico e seu prazer em ridicularizar publicamente o staff tinham, na verdade, o propósito de preservar a qualidade do serviço. Suas espetadas feriam, sem dúvida, mas eram desferidas de forma democrática; ele pegava no pé de todo mundo, sem distinção. Não havia privilégios. Cada centavo que ganhou foi suado; por isso, não tolerava que um sujeito com recursos não tivesse iniciativa. Para Giggs, ter todas as oportunidades do mundo e *não* aproveitar era um pecado imperdoável. O outro grupo, no qual eu me incluía, cometia crimes menos graves, que ele combatia igualmente de maneira implacável.

Giggs mandava o funcionário de volta para o quarto se seus sapatos não estivessem engraxados. "Você está me desrespeitando!", berrava.

Se tínhamos que preparar um banquete para 124 executivos da Mercedes e alguém cometesse a asneira de arredondar para 130, ele dava um ataque por se ter elevado as despesas com ingredientes e insumos sem qualquer razão.

– Como podem se achar preparados para trabalhar num hotel cinco estrelas como este, porra? Estão redondamente enganados!

Se, numa determinada semana, Giggs tivesse nos arrancado o couro, na folga íamos para a casa dos pais de Mannfred. A mãe dele cozinhava e nos dava colo até estarmos revigorados para voltar ao trabalho. Mannfred era um ano mais novo do que eu e nem de longe tinha o mesmo talento para o futebol. Jogávamos no time do hotel e ajudamos a equipe a vencer o torneio da liga de hotelaria. Aos poucos, fui vendo minha entrada no mundo adulto: muito trabalho, pouca diversão. Minha amizade com Mannfred me ajudou a manter o equilíbrio.

Numa noite, depois de limpar a seção e me preparar para encerrar o expediente, reportei-me a Giggs para que ele me liberasse.
— Acabou? — perguntou.
Em geral, a pergunta me fazia pensar duas vezes, mas, naquela noite, eu tinha sido mais do que cuidadoso. Por isso, não arredei pé:
— Sim, Herrn Giggs.
— Já acabou? Tem certeza? Você acha mesmo que acabou? — continuou a perguntar enquanto checava cada prateleira do frigorífico. Ao encontrar um vasilhame de plástico com aspic que eu tinha vedado mais de uma vez, parou.
— Está dormindo, Samuelsson? Ficou na rua até tarde ontem à noite ou o quê?
Eu havia colocado a data no vasilhame como fazíamos com todos os perecíveis, mas a data estava errada. Em vez de anotar dia 22, havia escrito 25. Giggs passou 10 minutos me esculhambando, acusando-me de tentar intoxicar os hóspedes ao servir um aspic cheio de bactérias. Disse que eu era um preguiçoso filho da puta e que podia até fazer isso na Suécia, no meio do mato, naqueles restaurantes chinfrins, mas no Victoria

Jungfrau não havia essa história de intoxicar os hóspedes. Ao mencionar "intoxicação" pela quarta vez, levantou o vasilhame da prateleira, tirou o PVC e derramou o líquido, usado no preparo de musses e patês, a meus pés.

Giggs continuou a bronca aos berros. Segundos depois, Stocker enfiou a cabeça pela porta para ver o que estava acontecendo, o que não fez mudar a atitude de Giggs nem um pouco.

– Herrn Stocker – mudou do inglês para o alemão. – O Sr. Samuelsson resolveu dar uma de preguiçoso hoje.

Stocker olhou a sujeirada cor-de-rosa a meus pés e voltou-se para Giggs.

– Precisamos checar o cardápio de amanhã. Estarei na minha sala.

Passei mais uma hora limpando o frigorífico todo de novo. Reembalei e datei pela segunda vez cada vasilhame, sendo mais uma vez submetido a uma inspeção que terminou com um grunhido em forma de dispensa.

Enfrentar toda essa humilhação continuou sendo difícil mesmo depois de passar meses trabalhando com Giggs, mas definitivamente aprendi a cometer menos erros. Cada dia começava em igualdade de condições, ou seja, todo mundo ali corria o mesmo risco que eu de ser alvo da metralhadora giratória de Giggs. Também percebi que Stocker precisava que seus *sous-chefs* fossem, assim como ele, um bando de paranoicos filhos da puta, para que ele não precisasse administrar cada situação. Se Stocker passasse o tempo todo na trincheira, ninguém se ocuparia em vencer a guerra.

Mas o que me fez eleger, sem pestanejar, Giggs como meu chefe favorito era que ele defendia seu pessoal. Se escolhesse alguém para integrar a equipe e o cara desse o sangue, ele corria atrás para que fosse promovido, nem que viesse a perder o funcionário. Se abrissem vagas numa outra seção cujo chefe ele respeitasse, Giggs ia direto a Stocker e pedia a posição para o membro de sua equipe. Isso era raro.

Quando chegou novembro, eu já errava o mínimo possível e só levava bronca no máximo uma vez por semana. Levando-se em consideração que havia gente que era repreendida de hora em hora, uma vez por semana significava uma enorme melhora. Eu estava no final do meu turno de almoço, quando fui chamado à sala do Sr. Stocker. O que será que fiz agora?, pensei. Enquanto caminhava – rápido, mas não a ponto de ser repreendido por correr –, fiz um retrospecto dos últimos turnos como se estivesse vendo um filme, ou como dizem que acontece aos moribundos. Bati à porta.

– Herrn Stocker? – chamei.
– Sr. Samuelsson. *Wie geht es Ihnen?* Como vai?

Não respondi. O que eu ia dizer? O Sr. Stocker nunca tinha me perguntado como eu estava. Entre mim e ele havia mais do que uma mesa. Estava ele sentado com sua colher de ouro e seu chapéu alto plissado, a calça e o dólmã engomados. Era flagrante que eu havia aprendido a ser mais asseado, mas estava todo desarrumado. Não me saía da cabeça a salada de peixe que havia esquecido na pressa de ir à sua sala. Adeus paz de espírito por passar uma semana sem Giggs gritando comigo!

Stocker pigarreou e disse:
– Sr. Samuelsson, *sie sind ein guter chef*.

Traduzi e retraduzi o que ele acabara de dizer. Será que estava entendendo errado? Não. Ele havia dito que eu era um bom chef.

– Temos observado que você faz um bom trabalho em equipe e tem se empenhado bastante. Quando voltar do recesso de inverno, o Victoria terá prazer em contratá-lo como *demi chef de partie*. Eu o indiquei. Não estou bem certo de que será bem-sucedido, mas estou disposto a lhe dar uma oportunidade. Vá até o Departamento de Recursos Humanos para saber de mais detalhes.

Ele então pegou uma caneta e olhou os papéis que estavam sobre a mesa.

Não disse nada. Não fiz nada. Passados talvez uns 20 segundos, ele olhou para mim.

– Está dispensado. O que ainda está fazendo aqui? *Raus! Raus!* – Fora! Fora!

Atordoado, saí da sala, sabendo tão somente que precisava confirmar com Giggs. Se ele me dissesse que era verdade, que eu estava sendo promovido a *demi chef de partie* aos 20 anos de idade, aí sim eu acreditaria.

Voltei ao *garde manger* e, quando Mannfred olhou para mim, levantou uma sobrancelha.

– Rapaz! O que aconteceu?

– Depois eu conto – respondi, procurando por Giggs, que estava perto do frigorífico.

– Então, o que foi que o chef disse? – perguntou.

– Acho que ele quer ver como me saio como *demi chef de partie*.

– Claro que ele quer. Fui eu que pedi para ele lhe dar essa chance. O quê? Acha que essas coisas acontecem do nada? Agora se liga, pois você me deve essa. E vou cobrar.

O programado era que eu trabalharia até a véspera do Ano-Novo e, na primavera, deixaria o Victoria. Eu precisava sair do país para renovar o visto, e preencheria o tempo trabalhando no Belle Avenue. Morar na Suíça só deixou ainda mais claro para mim que só me interessava trabalhar no exterior e em cozinhas cujo staff fosse realmente internacional.

Sabendo que meu contrato de seis meses com o Victoria estava prestes a terminar, eu vinha mandando cartas para contatos em Gotemburgo toda semana, procurando saber onde havia vagas. O próprio Stocker se prontificou a me ajudar a arranjar algo entre os contratos com o Victoria. No entanto, eu queria mostrar que tinha tutano – pelo menos um pouquinho, no meu mundinho de Gotemburgo. Finalmente, um assistente de cozinha do Belle Avenue me arrumou emprego no Nordica, um hotel cujo dono era sueco e que ficava na região central da Áustria. Eu me estabeleceria num dos lados da Áustria, com apenas uma semana de folga para ir à Suécia, tempo suficiente para minha mãe lavar minhas roupas, para eu me empanturrar com a comida da minha avó, para dar umas voltas com Mats e trabalhar alguns turnos no Belle Avenue. Afinal, eu queria exibir o que havia aprendido.

Doze – **Uma breve temporada na Áustria (que mudaria a minha vida)**

Tomando vários trens noturnos, cruzei do norte ao leste até Bad Gastein, refúgio austríaco, uma espécie de cidade-spa, com um longo inverno turístico graças às suas nascentes ricas em rádon e às trilhas de esqui nas montanhas, que preservam a cobertura de neve muito tempo depois que a de todos os outros resorts já derreteram. Diferentemente de Interlaken, Bad Gastein não atraía muitos turistas de outros países – nem sinal de bacanas do regime de Marcos ou de parasitas com Gucci a tiracolo, a bordo de uma Ferrari. Bad Gastein era frequentada por austríacos, os mais ricos, felizes por curtir as férias dentro do próprio país.

Assim que cruzei a porta do Nordica, o hotel onde deveria trabalhar, percebi que havia algo errado. Devia estar se ouvindo o barulho da prataria e do vidro tilintando no salão enquanto os garçons arrumassem as mesas e repusessem os condimentos nos galheteiros para o almoço. Porém não havia garçom nenhum. Nem toalhas de linho, talheres, nem mesmo galheteiros. Encontrei o gerente, um sueco distraído que me contou que a reforma havia "atrasado" – algo relacionado ao encanamento. Ninguém sabia quando o restaurante ia reabrir. Lá se fora meu bico temporário!

Agora precisava preencher os três meses antes que meu segundo contrato com o Victoria entrasse em vigor. Porém o dinheiro que eu tinha na carteira só dava para um ou dois pernoites num albergue. O pior era que eu precisava passar aqueles três meses trabalhando numa cozinha, pois, do contrário, o pessoal do Victoria, incluindo Mannfred, ficaria à minha frente. Em três meses se aprendia um bocado e ficar à toa só atrapalharia os meus planos. Era como um treino de futebol: havia mil maneiras de disfarçar, fingir estar dando duro; no entanto, empenhar-se 100 por cento. No fundo, o enganado era o próprio "esperto". Ninguém ia traçar meu destino por mim. Não era assim que as coisas funcionavam no mundo da gastronomia. Eu precisava dar meu próprio jeito.

Desci a colina onde ficava o hotel e caminhei até o centro do vilarejo, passando por ruas sinuosas, edifícios de quatro ou cinco andares colados uns nos outros, como se estivessem se protegendo do vento cortante, típico do inverno. "Vou resolver esse problema", pensei. "Só preciso pôr a cabeça para funcionar."

Dei uma volta pela cidade até avistar o Elisabethpark, um hotel gigantesco, revestido de estuque amarelo, com uma placa na porta da frente indicando que o estabelecimento era quatro estrelas. O prédio tinha um ar nobre, mas decadente: o vidro das 20 janelas que havia em cada andar reluzia, mas, olhando-se de perto, a tinta branca que cobria os caixilhos estava desbotada. O toldo na entrada mostrava desgaste pelo longo tempo em que a estrutura metálica roçou no tecido. Não vi nenhuma entrada para funcionários – depois percebi que ficava escondida num beco. Por isso, pela primeira e única vez, passei por debaixo do toldo e entrei pela porta da frente.

Um mensageiro e dois recepcionistas me olharam quando entrei. No prolongamento dos olhares, percebi uma mudança de "Quem é esse sujeito?" para "Quem é esse negro?". Uma mulher de meia-idade, tipo mignon, de vestido marrom e óculos de leitura presos a uma corrente de ouro ao redor do pescoço, atravessou o saguão e me interceptou. Usando o formal *Ihnen* e não o íntimo *dir*, ela me perguntou se poderia me ajudar. Pelo menos, se fosse o caso de me botar para fora, ia fazer com educação.

– Gostaria de trabalhar na cozinha – respondi em alemão, contando o que acabara de acontecer na colina. Por acaso, eu estava falando com a dona do hotel, Frau Franzmaier, que administrava o Elisabethpark com o marido. Ela então pegou a carta de referência do Victoria que retirei da bolsa. Segurando os óculos sem, no entanto, colocá-los sobre o nariz, leu a carta.

– Posso começar imediatamente.
– Você fala alemão e parece disposto a trabalhar. OK, então. Vou lhe dar uma oportunidade.

A memória é um negócio engraçado e, claro, funciona por método comparativo. Em questão de horas, a vida sob o domínio de Stocker e Giggs começou a parecer moleza, no melhor sentido do termo. No Elisabethpark, 15 pessoas faziam o trabalho de 60. Sem falar que trabalhávamos seis e não cinco dias por semana. Eu começava às oito da manhã e trabalhava direto até as quatro da tarde, fazia uma refeição rápida com o restante da equipe e corria para o quarto para descansar. Lá pelas 5:30, voltava para a cozinha, já de uniforme trocado, que estaria úmido e sujo até meia-noite, quando a cozinha fechava.

Aqueles turnos de 15 horas permitiram-me pular várias etapas no processo de promoção. Logo de cara, fui colocado na seção de verduras, o que significava que não havia ninguém entre mim e Mannfred, o chef executivo. Eu era o braço direito do chef, e Heidi, uma menina talentosa de Berlim que trabalhava na grelha, o esquerdo. Ao fim da primeira semana, nosso trio já havia estabelecido um ritmo de trabalho: falávamos com a mesma rapidez com que chegavam os pedidos. Assim, quando o chef perguntava se estávamos prontos – "*Bereit?*" –, eu sabia, pela entonação, se ele estava dando a deixa para soltar um pedido ou me pedindo uma mãozinha para montar os pratos.

    Frau Franzmeier era a nossa conexão com o restaurante. Centenas de vezes por noite, ela passava pela porta de vaivém que levava ao restaurante. Assim que entrava na cozinha, retirava um jaleco branco do gancho e o vestia por sobre a roupa elegante. Quando o movimento baixava, tomava uns goles de vinho em um copo de suco comprido e cochichava com o chef sobre um fornecedor ou um concorrente qualquer. Quando o movimento acelerava, ela anunciava os pedidos pelo microfone sobre o balcão em frente ao chef, ou então ia até a sala dos fundos pegar guardanapos limpos, retirava o jaleco e ia para o restaurante receber os hóspedes.

    No Elisabethpark, não se tinha a cozinha francesa como parâmetro. Ninguém reverenciava trufas, tampouco endeusava o *foie gras*. A referência era a cozinha austríaca, com seu *goulash*, seus bolinhos de massa cozida, seu talharim típico e os peixes de água doce, como a truta e a perca. Para mim, aquilo foi uma surpresa.

    Aprendi as variantes regionais da cozinha austríaca, do *beuschel* vienense, um guisado feito com pulmão e coração de vitela, ao *krutspätzle*, uma guarnição típica de talharim com chucrute que, depois de escorrida na peneira, é levada ao fogo com manteiga. O *Salzburger Nockerln* tornou-se minha sobremesa predileta: os montes de merengue pareciam as montanhas locais, e a calda de baunilha quente jogada por cima, a neve derretendo. Colocávamos pedaços de bacon tirolês nos guisados e, claro, servíamos montes de *tafelspitz*, o prato preferido dos austríacos, assim como o arenque é o dos suecos.

O *tafelspitz* consistia de lombo maturado, de preferência de boi novo, cozido em fogo baixo com pastinaca e cenouras, temperado com páprica, mostarda seca e pimenta-de-caiena. Tudo isso regava o talharim passado na manteiga. Gostei logo de cara, mas não parava de imaginar que ficaria bem mais saboroso com molho de amoras alpinas contrapondo-se àquele caldo temperado e picante.

Embora meus turnos terminassem à meia-noite, o movimento ainda durava mais algumas horas. Havia noites em que eu voltava cambaleando para o quarto, onde anotava o cardápio do dia em meu diário. Se tivesse aprendido uma nova técnica de preparar repolho poché, eu anotava. Se tivesse acompanhado o chef assando um porco até que o caldo caramelizar as batatas que o acompanhavam, eu anotava. Se o tivesse visto preparar talharim *spatzle* em forma de botão, ficava imaginando como ficaria com endro, em vez de com cominho-armênio. Então, anotava a ideia ou criava a receita, tomando nota de tudo, passo a passo, medida por medida.

É claro que eu também era um garoto de 20 anos e não um monge. E arrumava um jeito de sair dessa rotina de trabalho e reflexão para curtir a vida. Algumas vezes por semana, ia a um bar da região com colegas austríacos tomar cerveja ou *most*, a forte cidra local. Enquanto bebíamos, falávamos sobre quem trabalhava mais, quem queimava a comida com mais frequência e quem quase desmaiou em serviço. O episódio do Massacre do Aspic me rendeu um lugar de honra no Rol da Fama das Mancadas.

Certa vez, esbarrei com um grupo de rapazes suecos no Gatz, um canto *après-ski*, no térreo do hotel Gisela. Eu não estava muito a fim de encher a cara de *schnapps*, o que claramente meus patrícios suecos estavam fazendo, mas foi um alívio poder falar minha língua materna. Por isso fiquei com eles por uma ou duas horas. Alguns tinham vindo trabalhar na cozinha do Nordica e, assim como eu, haviam perdido a viagem. Passariam as duas semanas, enquanto o restaurante não reabrisse, enchendo a cara.

– O que é que a gente ia fazer? A saída foi esquiar! – contou um deles.

Foi então que percebi que apesar da origem e da língua em comum, a maioria dos rapazes ali tinha uma vida bem mais confortável que a minha. Talvez fosse por causa da etnia, talvez por ser filho adotivo, talvez simplesmente porque eu era filho de Lennart e Anne Marie, que não toleravam gente estúpida. O fato, porém, era que aquela conversa de não estar trabalhando e não ter planos para o futuro me pareceu uma idiotice sem tamanho. Voltei para a mesa onde estavam meus colegas do hotel.

Duas meninas austríacas acabaram se juntando a nós. Reconheci uma delas como uma das que estavam na recepção do Elisabethpark. Brigitta trabalhava como camareira. Era um pouco mais velha do que eu e morava em cima da lavanderia. Aparentemente, não se importava com o meu alemão de cozinha e, como todo mundo que conheci na Áustria, parecia curiosa em relação àquele sueco negro, que caíra de paraquedas no grupo. Brigitta era tão bela quanto uma antiga estrela do cinema. Fazia-me lembrar daquelas mulheres da década de 1940 que havia no álbum de fotos da minha mãe. Era de uma cidadezinha minúscula, numa região do vale em que se cultivavam maçãs e peras, e me deu atenção enquanto eu lutava para me fazer entender. Conversamos por um tempo, até que uma banda começou a tocar e ficou quase impossível de se ouvir.

– Quer ir para o meu quarto ouvir uma música? – convidou. Eu a acompanhei e passamos a noite juntos.

Nos quatro meses que passei na Áustria, aprendi o valor do trabalho árduo e o poder da cozinha regional. De certa forma, aqueles pratos austríacos foram minha primeira experiência com comida de verdade. O restaurante do Elisabethpark podia até não ser cinco estrelas, mas foi ali que aprendi que receptividade, camaradagem e dedicação podem produzir comida tão excelente quanto a competitividade predatória da cozinha de Stocker. Com menos recursos, preparávamos um menu de cinco pratos diferentes toda noite, sem falar no cardápio diário, à la carte, que Frau Franzmaier escrevia de próprio punho a cada dia.

No final de março, numa de minhas últimas folgas, fui a uma cafeteria perto da cachoeira da cidade. Sentei-me a uma mesa colada à janela da frente. Os suecos podem até beber mais café do que qualquer outro ocidental, mas são os suíços que sabem servi-lo. O garçom traz um copo d'água e um chocolate para acompanhar o pedido. O café é sempre servido em copo de vidro sobre um pires, com espuma cobrindo toda a borda. O *Franziskaner* era um *latte* feito com creme chantili, e o *kleiner schwarzer* era um expresso duplo. Não podia pedir um *schwarzer* sem me lembrar de "*schwarzkopf*", um xingamento que ouvi de skinheads suecos durante a infância.

Eu tinha roupa para lavar e precisava escrever uma carta para a minha família, coisa que havia tempo não fazia. Mas estava ali porque Brigitta pusera um bilhete por baixo da minha porta, pedindo que eu fosse encontrá-la. Não a via desde a ocasião em que estivéramos no Gatz, quando havíamos passado a noite e o dia seguinte transando. Quando finalmente deixamos o quarto, precisamos atravessar a lavanderia cheia de mulheres de echarpe branca, com risinhos à nossa passagem. Sabiam muito bem o que havia acontecido. Talvez agora ela quisesse sair novamente, pensei. Talvez eu fosse bom de cama. Não percebi quando ela entrou. Por isso, quando pôs a mão em meu ombro, tomei um susto. Era mesmo linda e elegante, do jeito como eu a registrara na memória: olhos verde-claros e cabelo castanho com uma franja que quase lhe cobria os cílios. Quando sorria, formavam-se covinhas dos lados do rosto. Mas, naquele momento, ela não estava sorrindo. Nem chegou a se sentar.

– *Ich bin swanger*. Estou grávida.

Se conversamos depois disso, não me lembro.

Depois do fim do contrato na Áustria e antes do início do novo com o Victoria, eu planejara passar 10 dias em casa, na Suécia, e, agora, tremia de medo. Havia engravidado uma garota e, por mais que quisesse fingir que não acontecera, aquilo era fato. Era uma situação que muitos dos meus amigos já haviam enfrentado, e, na Suécia luterana, aborto era mais regra do que exceção. A coisa acontecia mais ou menos assim: quando o cara descobria que a namorada estava grávida, poderia ou não ir com ela até a clínica, mas sempre arrumava um lugar, o apartamento de um amigo, por exemplo, para ela passar uns dias depois do procedimento; então, ficava com ela até que estivesse em condições de voltar para casa. Pode parecer frio, mas era assim que acontecia. Era de praxe.

Mas a confusão em que eu estava metido não tinha nada de praxe. Eu havia engravidado uma garota católica num país católico. Não dava para se ter uma noção de como tudo acabaria. Quando ela me deu a notícia naquele café, foi como uma martelada na cabeça. Fiquei mudo, a cabeça a mil, tentando fugir da realidade: por que isso foi acontecer comigo?

Por um segundo, considerei a hipótese de "fazer o certo": casar-me com Brigitta, uma mulher que mal conhecia, e passar o restante da vida na Áustria, um país que dificilmente ficaria conhecido como a primeira opção de suecos de origem etíope para se estabelecer. Arrumaria emprego de cozinheiro em algum lugar, talvez até no Elisabethpark, e pronto. Só que antes mesmo de imaginar a cena, descartei a ideia de imediato. Não ia dar.

Não podia nem pensar em perguntar a Brigitta se ela havia pensado em interromper a gravidez. Ela não estava pedindo a minha opinião. Tampouco pedia meu dinheiro ou o meu tempo. A família dela era numerosa e a ajudaria a cuidar da criança.

– Achei que você devia saber. – Foi basicamente tudo o que ela disse.

– Tudo bem. Obrigado – respondi.

Ao chegar a Gburg, ainda me sentia confuso. Estava puto da vida: sempre fiz tudo para não virar estatística. Fiz tudo para evitar o estereótipo negativo do negro irresponsável, mas a minha irresponsabilidade na situação era inegável. Ou a minha burrice.

– Parece cansado, Macke. Acho que estão explorando você. – Minha mãe não parava de repetir.

– O que você tem, filho? – perguntou meu pai, para quem meus raros momentos de silêncio eram um alívio.

Tentei calcular o estrago que a notícia ia fazer, mas não consegui. Brigitta não estava nem com dois meses de gravidez quando me contou. Não parecia nem um pouco mais cheinha. Foi o que disse a mim mesmo, só para levantar o astral.

"Talvez algo aconteça. Quem sabe ela mude de ideia", pensei.

Treze – **Segredos**

O verão foi de pânico prolongado. Às vezes, parecia que eu ia morrer... ou pelo menos a carreira por que tanto havia batalhado estava prestes a ir por água abaixo e, em meu leito de morte, eu assistia a tudo impotente. Não contei nada sobre a gravidez no Victoria, nem mesmo para Mannfred. Tampouco para Christina, que começou a trabalhar lá assim que retornei. Ela e eu ganhamos um pequeno apartamento no dormitório – um pouco melhor do que a cela de monge que eu tinha na minha primeira estada –, mas, apesar do contato diário e da intimidade noturna, mantive a boca fechada.

Só consegui manter segredo porque a cozinha era um refúgio. Minha função havia mudado, mas o resto, incluindo o sarcasmo incessante de Giggs, permanecia do mesmo jeito. Estava feliz por estar de volta.

Como *demi chef de partie* no *garde manger*, ganhei maior visibilidade ao mesmo tempo que minhas responsabilidades aumentaram. Fui encarregado do trabalho de corte, livrando-me de Franz na minha cola. Mas agora era eu que ficava em cima do novo grupo de *commis* e dava as maiores broncas quando alguém cortava o músculo de modo errado. Ensinava o pessoal a filetar um peixe e a preparar ostras, separando a casca sem esfacelar a carne. Quando servíamos o café da manhã, eu fazia omeletes, preparando os ovos na frente de todos e servindo pessoalmente uma longa fila de hóspedes. Parece fácil, mas cozinhávamos em fogões portáteis, que proporcionavam chama intermitente. Stocker não queria nem ouvir falar em panelas de superfície não aderente; fazia questão de que usássemos as de cobre polidíssimas – muito mais bonitas. Dizia que uma omelete devia estar bem cozida, mas nunca, jamais ter "cor": ou seja, a qualquer sinal de borda queimada, a omelete deveria ser imediatamente descartada. Nesse quesito, Stocker era inflexível. Por fim, era preciso ter refinamento para conseguir fazer tudo isso conversando com os hóspedes, que, em sua grande maioria, não davam a menor importância se a omelete estava um pouquinho marrom.

Depois da reunião matutina com Stocker, Giggs voltou à nossa seção, vindo direto conversar comigo.

– Ele quer falar com você – anunciou.

Hesitei, sentindo o pavor tomar conta de mim. "O que será que eu fiz?", pensei.

– Agora! – vociferou.

Stocker mal tirou os olhos da mesa de trabalho quando entrei. Nem arrisquei sentar-me na cadeira que havia em frente à mesa; só se ele indicasse, o que não aconteceu.

– Fala bem inglês, Sr. Samuelsson – disse em alemão. Sem saber se aquilo era uma pergunta ou uma afirmação, resolvi responder em inglês:

– Quase como o sueco. É o mais fluente...

– Tenho um colega em Gstaad... – interrompeu – ... no Grand Hotel, que recebe muitos hóspedes no verão. Está precisando de cozinheiro. Como o senhor deve saber, o Victoria é o hotel mais importante da Suíça, e, como tal, deve ter também o melhor staff. Estou cedendo você por 25 dias. O senhor vai amanhã e, assim que chegar, procure Herrn Muller.

Fiquei ali de pé, paralisado, até começar a entender que não se tratava de um problema. Na verdade, o fato de estar sendo enviado a Gstaad era, para mim, um prêmio.

– Obrigado, Herrn Stocker.

Preparei-me para expressar a importância daquilo, a honra e a gratidão que sentia e... Mas Stocker não tinha o menor interesse em ouvir agradecimentos.

– Não vá me desapontar – recomendou, pegando o telefone e me dispensando.

Gstaad ficava a pouco mais de 70 quilômetros, ainda dentro da região dos Alpes Berneses. Era tão parecido com o Victoria no que se refere à atmosfera extremamente profissional que, em apenas dois dias, senti como se tivesse trabalhado lá a vida inteira. O Grand Hotel tinha a metade do número de quartos do Victoria, e os banquetes eram para pouco mais de 100 convidados. Por conseguinte, era possível dar conta do ritmo de trabalho sem se sentir sobrecarregado. Mão de obra extra que eu era, trabalhei no *garde manger* e ajudei na seção de carnes. Como em sua maioria o staff era composto por suíços e, exatamente por isso, menos internacional, as pessoas eram ainda mais formais comigo. Mas percebi que era tratado com mais respeito, como se o certificado de qualidade de Stocker tivesse estabelecido meu status automaticamente.

Quando retornei ao Victoria, três semanas depois, minha posição hierárquica voltou a ser a mesma de antes. Na verdade, parecia que os *sous-chefs* e os cozinheiros estavam dispostos a evitar que eu me sentissc o maioral. Enchiam-me de tarefas de menor importância e, sempre que tinham uma oportunidade, lembravam-me de que eu não estava mais "na roça" e que tinha voltado ao mundo real. Não liguei. Sabia que tinha feito bonito, que não havia desapontado o Sr. Stocker e que somara mais um ponto ao meu cinto de chef.

Entretanto, quanto mais eu me aprimorava no trabalho, menos gostava dele. Explico melhor: adorava trabalhar para Giggs e Stocker. A inovação tecnológica e a técnica de Stocker facilitaram nossa vida na cozinha; além disso, admirava sua exigência por um alto desempenho e me esforçava em alcançá-lo. Apesar do mau humor, Giggs era um excelente professor e valorizava a dedicação, que premiava com a maior atenção. Até mesmo o Victoria tinha personalidade: grandiosidade e tradição, ancoradas numa bela paisagem, de que eu desfrutava ao máximo graças à companhia de Mannfred e seus amigos, com quem fazia caminhadas, andava de bicicleta e esquiava. No entanto, eu ansiava trabalhar numa cozinha administrada pelas paixões do chef. Stocker e Giggs tinham o mais alto padrão de qualidade, mas rezavam por uma cartilha gravada em pedra. Pedra francesa.

Giggs, que havia viajado tanto durante o tempo em que trabalhara num cruzeiro, dera dicas de suas preferências de paladar ao adicionar capim-limão na refeição dos funcionários ou arroz frito. Era capaz de falar com propriedade sobre a diferença entre o curry tailandês e o indiano, mas nunca o vi criando um prato durante o expediente. Seguia o script. Além disso, o potencial da nossa cozinha parecia imenso. Era isso o que me matava. Tínhamos à mão dezenas de fontes de culinária internacional, desde os portugueses e espanhóis que lavavam pratos até os garçons do Norte da Itália e os norte-americanos. Quanto mais eu dominava as técnicas básicas, mais desejava chacoalhar a rotina.

Misturados aos estrangeiros do staff estavam os garotos ricos que jamais seriam profissionais da gastronomia. Tudo o que queriam era ter no currículo a chancela da hotelaria suíça. Era fácil identificar o grupo logo de cara. Passeavam pela cozinha enquanto o restante de nós corria. Suas mãos pareciam bumbum de neném: sem calos, cortes ou queimaduras. Nunca eram vistos tirando o que fosse de dentro de uma frigideira funda, como os cozinheiros faziam. Também não tinham a menor vontade de ajudar: deixavam bem claro que não tinham ido para o Victoria para pôr a mão na massa, e que seus planos futuros, como *hôteliers* ou gerentes, não incluíam nada de cozinha. O restante de nós mostrava-se boquiaberto ao vê-los dizer simplesmente "oi" quando Stocker passava. Olhavam-no nos olhos, o que parecia deixá-lo confuso. Stocker, por sua vez, respondia com um grunhido e continuava caminhando. Havia também estagiários de Teerã, de Colombo e de Seul que adoravam comer e, principalmente, entreter. Alugavam pequenas casas nos arredores da cidade e o que eu mais gostava nelas eram as cozinhas. Quem morava no alojamento era sempre convidado para um almoço ou jantar, em que comíamos pão *naan* indiano, arroz frito e costelinha glaçada chineses, *nabemono* japonês. Nesses jantares informais, os pratos servidos eram repletos de calor e sabor; continham uma vitalidade que percebi instantaneamente e que foi bem mais persuasiva do que os molhos à base de creme de leite três vezes menos gorduroso, que levavam dias de cuidadoso preparo. Por que não havia lugar para aqueles sabores no Victoria?

 Quase toda noite, eu fazia anotações em meu diário gastronômico. Registrava o que aprendia, mas também começava a fazer questionamentos e a brincar com os pratos que se delineavam em minha cabeça. E se eu combinasse rodovalho com caldo à base de missô? E se fizesse rolinhos primavera crocantes com recheio de salmão selado? Não era da minha alçada sugerir coisas do tipo, mas o fato era que as ideias não paravam de surgir. Assim, as passava para o papel.

Enquanto isso, Christina e eu mantínhamos um bom relacionamento na aparência, mas, na verdade, havia algo que não se encaixava. Ela vislumbrava um futuro em nossa relação, mas meu projeto no mundo da gastronomia e meu segredo impunham uma barreira que não podia ser transposta.

Lá pelo outono, meu segredo estava prestes a ser revelado. O pequeno fio de esperança ao qual me agarrava se desfez num estalar de dedos, quando recebi uma carta de Brigitta. Dizia que estava bem e que o bebê nasceria em novembro. Junto com a carta, enviou documentos relativos à paternidade, que eu deveria preencher no consulado austríaco, em Berna. Não pedia qualquer envolvimento emocional de minha parte, mas também não queria fazer de conta que desconhecia quem era o pai do bebê.

Num dia de folga em que fui a Berna com Mannfred, preenchi os formulários.

– Aonde você vai, cara? – perguntou Mannfred quando eu disse que o encontraria na estação dali a algumas horas. Afastar-me por conta própria era algo completamente estranho nas nossas saídas juntos.

– É que preciso resolver um problema.

Em novembro, chegou a notícia. No dia 16, cinco dias depois que completei 21 anos, nasceu uma menina. Mãe e filha passavam bem. Porém eu não estava nada bem. Sempre que olhava para Christina, sempre que ela dizia que me amava, sentia-me um verdadeiro canalha.

Soube do nascimento do bebê pouco antes da data em que eu havia combinado de viajar com Christina e os pais dela. Estavam vindo de carro de Gotemburgo para nos buscar. Faríamos uma viagem à França. Em seguida, rumaríamos para Gotemburgo para o recesso de inverno. Fui eu que escolhi o destino, Monte Carlo, imaginando conseguir uma vaga no famoso Hotel de Paris. Assim, fecharia meu estágio com chave de ouro.

Na noite anterior à chegada dos pais de Christina, não aguentei mais. Ela me fez uma pergunta banal, do tipo qual suéter devia levar, e então vomitei tudo. Falei do sexo casual com Brigitta, da mentira, da gravidez, do bebê. Ela passou a noite berrando e chorando. Pedi desculpas, fiquei na defensiva e depois pedi desculpas de novo.

– Olhe – disse a certa altura. – Isso tudo também está ferrando com meus planos.

– Por que só me disse isso agora? – ela perguntou centenas de vezes. – *Por quê?*

Eu não tinha resposta.

Seus pais, Sven e Kikoko, chegaram ao Victoria às 8 da manhã seguinte, como combinado. Jogamos as bolsas no porta-malas. Christina e eu passamos boa parte da viagem em silêncio, no banco traseiro, cada um olhando por sua respectiva janela. Quando falávamos, não era um com o outro. Nossos três dias na França foram tranquilos. Pensei que os pais de Christina imaginassem que estávamos estressados pelo ritmo puxado do trabalho ou talvez entediados pela rotina. Quando chegamos a Monte Carlo, senti-me ansioso e confuso demais para entrar no Hotel de Paris e pedir uma oportunidade. "Vou escrever uma carta", disse a mim mesmo.

Assim que voltamos a Gotemburgo, fui à casa de Mats. Muitos rapazes, vizinhos nossos, procuravam Rune, o pai de Mats, para pedir conselhos. Tínhamos intimidade com ele por ter sido nosso treinador no time de futebol dente de leite da liga regional. Na verdade, ele não passava de um sujeito receptivo, confiável, sempre disposto a ouvir, a dizer o que realmente pensava, ajudando-o a sair de qualquer enrascada, se estivesse ao seu alcance.

– Dessa vez não vou poder ajudá-lo – disse Rune, quando finalmente consegui desabafar, sentado à mesa da cozinha. – Procure seus pais, Marcus. Não posso desfazer essa encrenca.

Voltei para casa e contei a meus pais.

– Tudo bem – disse minha mãe.

– Tudo bem – concordou meu pai.

Estava tudo indo bem, pensei. Realmente, não precisava da ajuda de Rune. Minutos antes de dar a notícia a meus pais, contei às minhas irmãs (Anna e Linda gritaram de felicidade, o que não foi de grande ajuda). De volta à sala de estar, meu pai olhava para o cachimbo que segurava, passando o dedo pelo cabo. Minha mãe, refestelada na poltrona macia, sentou-se ereta, largando no colo a costura. O silêncio foi prolongado.

– Conheço um cara no La Toscana... – comecei, tentando demonstrar que vinha pensando no assunto – que não paga pensão alimentícia, alegando pobreza ou coisa assim.

– Não, Marcus – disse minha mãe num tom severo que raramente usava. – Você vai pagar. Você vai pagar todo santo mês.

– Não tenho dinheiro...

– Tudo bem. Pagamos enquanto não tiver condições. Depois você vai nos ressarcir e assumir a responsabilidade sozinho. E não vai falhar um mês sequer. Isso eu garanto.

Estou certo de que minha expressão era de confusão. Até aquele momento, ganhar dinheiro era a última preocupação da minha lista de prioridades profissionais.

– Pode voltar à Suíça para trabalhar onde tiver vontade, mas enquanto estivermos pagando a pensão, cuidar dessa criança é responsabilidade sua. E sempre será – concluiu minha mãe.

Ao voltar para a Suíça, Giggs me promoveu a *chef de partie*. Aos 21 anos, eu supervisionava 10 caras ao mesmo tempo e participava das reuniões matutinas de Stocker, sempre em alemão. Também assumi o cargo de supervisor geral, o que me fez empurrar Brigitta e a neném, que ela chamou de Zoe, para o mais recôndito da minha memória. Afinal, minha maior preocupação era o trabalho. Levantava custos para a minha seção, fazia pedidos para os vários fornecedores e avaliava os novos *commis*. Quem tinha o talento e quem não tinha? Eu era implacável nessas avaliações. Afinal, havia uma mulher e uma criança – minha filha – na Áustria que eram a prova do quanto eu estava disposto a me sacrificar pela carreira. Sempre tive ambição para dar e vender, mas a consciência de que eu agora era pai e de que havia uma garotinha que algum dia ia precisar de mim me tornou ainda mais ambicioso.

Herrn Richter – "Sr. Juiz" –, como Giggs passou a me chamar quando comecei a relatar o andamento do pessoal: Fulano de tal fazia corpo mole e sairia em uma semana, outro que pelo visto prometia e assim por diante.

No início da reunião matutina, o assistente de Stocker passava o cardápio do dia junto com a lista de eventos especiais. Numa dessas reuniões, eu estava no fundo da sala, quando vimos na folha que haveria um megaevento, o jantar de uma empresa – festa black-tie para 900 pessoas –, agendado para a semana seguinte. Para eventos daquele porte, a discussão acerca da escalação do staff girava em torno de quantos corredores seriam necessários. Os corredores eram o nível mais baixo na hierarquia do serviço de cozinha, composto por ajudantes de garçons, carregadores e *commis*.

– Vinte e um – calculou Stocker. – Vamos precisar de 21 *nègres*.

Nègres era a gíria usada na cozinha francesa para se referir aos subalternos. Traduzido literalmente, quer dizer "negros", o que também significava "crioulos".

Paralisei. Eu era o único *nègre* no recinto. Nem mesmo os tâmis de pele escura estavam representados na pequena sala de Stocker, nem sequer um italiano. Ninguém olhou para mim. Ser invisível era bom ou mau? Era realmente um elogio o fato de ninguém estabelecer uma relação entre o termo usado para designar um funcionário quase insignificante e o *chef de partie* recentemente promovido, ali no meio deles?

A gastronomia não era perfeita, mas era o meu trabalho, o lugar que eu havia escolhido para mim. Era justamente por causa de todos os seus defeitos que satisfazia boa parte das minhas necessidades. Provei a meu pai que podia ser alguém na vida por meus próprios méritos e, agora, aos 21 anos, estava livre da obrigatoriedade do serviço militar sueco. Apesar dos vários pequenos vacilos – e de um bem grande –, eu continuava progredindo. Continuaria a mandar cartas para restaurantes no mundo inteiro – havia virado uma obsessão –, mas, por enquanto, estava exatamente onde precisava e queria estar.

Depois que Christina terminou comigo – logo após a viagem à França –, minha vida social em Interlaken se resumia a Mannfred e os amigos dele. Em se tratando de esqui, eu sempre levava uma surra deles.

Felizmente, eu não ligava a mínima: sair da cidade e exercitar a musculatura de um corpo estressado já era ótimo. Num fim de semana, juntamos um grupo de sete e fomos para Zermatt esquiar pelo Matterhorn. Mannfred levou Sascha e Jorgen, dois velhos amigos dos tempos de escola. O restante era do Victoria: Martin, um garçom do Sudeste da Alemanha, e dois cozinheiros, Klaus e Giuseppe. Precisamos de dois carros para acomodar todo mundo. Giuseppe tinha um Fiat velho e Mannfred confiscou o carro novo da irmã. Saímos cedo numa quinta-feira de manhã e, em duas horas de viagem rumo ao sul, nos dirigimos a Zermatt, o pequeno vilarejo nas montanhas. O velho Fiat de Giuseppe começou a ratear assim que chegamos à cidade de Visp. Giuseppe então passou a controlar a embreagem nas curvas fechadas. Quando as estradas se reduziam a uma pista apenas, encostávamos na beirada da ribanceira e deixávamos o carro de trás passar. Tomei a sábia decisão de não olhar para baixo. Resolvi dar asas à imaginação, pensando aonde iria depois de sair do Victoria. Lamentei que o relacionamento com Christina houvesse terminado daquela forma depois de tanto tempo, mas estava feliz por ter retomado o rumo de minha carreira. Fiquei imaginando se meus pais estavam decepcionados comigo por causa do bebê e cheguei à conclusão de que o trabalho, com todo aquele estresse, era, no momento, a parte mais fácil da minha vida, o único lugar onde dava para esquecer de todas as outras preocupações e simplesmente aprender, provar e cozinhar.

Mannfred bateu em meu ombro.

– *Nicht mehr schlafen*, Samuelsson. Acorde. Chegamos.

Considerando os padrões suecos, até que eu não esquiava tão mal. Quando criança, tentara esquiar e acompanhara religiosamente as competições pela TV. Naquela época, um compatriota, Ingemar Stenmark, era considerado um dos melhores do mundo. Agora, lá estava eu, no pico da montanha que ele havia descido a toda velocidade e que, se na TV parecia íngreme, de perto parecia uma perfeita linha vertical. Meus companheiros, que cresceram perto de montanhas como aquela, decolavam em linha reta, enquanto eu só arriscava um cauteloso *slalom*. Mannfred ficou mais atrás esquiando comigo, sem me zombar nem provocar. Encontrávamos os outros no sopé e fazíamos o percurso todo de novo.

À noite, comíamos salsichas, tomávamos vinho barato ou cerveja gelada, e fazíamos *fondue*. Enquanto bebíamos, falávamos de trabalho: resolvemos que, um dia, Mannfred seria o chef do Victoria e que todos nós trabalharíamos para ele. (Só que, primeiro, ele e eu pediríamos a Giggs para nos levar para conhecer o mundo, fazendo *stage* num cruzeiro.) Discutimos sobre que *sous-chef* era o mais durão e especulamos as razões para o repentino fluxo de alemães vindos da antiga Alemanha Oriental no staff. Fizemos um levantamento de com quantas garçonetes Klaus havia saído e qual das estagiárias seria a próxima vítima. Todo dia, passávamos seis horas direto esquiando e, depois de mais algumas horas bebendo e relaxando, desmaiávamos na cama.

No domingo, voltando para casa, fui no banco da frente com Giuseppe, enquanto Klaus e Sascha seguiam no banco traseiro. Estávamos com pressa, pois precisávamos deixar o outro carro em Thun a tempo de pegar o trem para o Victoria. Além disso, os suíços haviam avisado que o horário dos trens aos domingos era inconstante. Descer a serra era tão difícil quanto subir, com o desafio adicional do gelo escorregadio, que fazia uma combinação perigosa com a velocidade da descida. Como Jorgen ganhara a partida de pôquer na noite anterior, o prêmio foi dirigir o carro da irmã de Mannfred. Nenhum de nós ligava para quem dirigiria o carro, mas Jorgen, que acabara de tirar habilitação, ficava eufórico toda vez que pegava no volante. Giuseppe ultrapassava Jorgen sempre que tinha uma oportunidade. Jorgen, por sua vez, aproveitava cada reta para dar o troco. A cada ultrapassagem, gritávamos e apontávamos. Paramos para abastecer. Enquanto enchíamos os tanques, uma garoa começou a cair, fazendo com que procurássemos abrigo na cobertura do posto. Giuseppe e Jorgen começaram uma disputa para ver se eram os italianos os melhores motoristas do mundo.

Com os tanques cheios, embarcamos de novo e retomamos a disputa. Sentei no banco da frente pensando como encarar o trabalho no dia seguinte, com o corpo todo dolorido. Giuseppe e eu tínhamos uma perfeita vista do carro da frente, quando Jorgen tentou nos ultrapassar e pegar a dianteira. Jorgen ainda fazia a ultrapassagem, quando um sedã gigantesco veio direto para cima de nós. Nenhum dos dois carros conseguiu parar ou reduzir a velocidade naquela fração de segundo. O sedã acertou em cheio o carro novo de Mannfred, que estava sem o cinto de segurança, e com o impacto voou pela janela lateral. O carro rodopiou três vezes antes de parar à beira do precipício. Vi quando Mannfred caiu no chão, todo torto, o corpo marcando a neve como se fosse um pedaço de giz negro. Estava ferido. Era grave, mas estava vivo.

A ambulância levou 30 longos e angustiantes minutos para chegar. Cada minuto era uma bomba-relógio cujo tique-taque marcava vagarosamente o ritmo de nossas vidas, explodindo e recomeçando sua lenta batida. Ajoelhei-me junto a Mannfred enquanto aguardávamos a chegada da ambulância. Ele estava paralisado, falando com dificuldade, a respiração ofegante.

Gritávamos por socorro e chorávamos. Havia sangue e vidro por todo lado. Martin, que estava no banco de trás, saiu do carro cambaleando e em estado de choque. Teria de levar muitos pontos, mas pelo menos não sofrera nenhuma fratura. Jorgen não voltaria a andar. O motorista do outro carro morreu no impacto. Mannfred morreu na ambulância.

Voltei para Interlaken às duas da madrugada e, não sei como, adormeci imediatamente. Acordei ao meio-dia e, pelo que me lembro, não havia sol. Estava tudo um breu. Fui procurar Stocker em sua sala, onde me sentei para conversar. Pela primeira e única vez na vida, tivemos uma longa conversa que praticamente não envolvia trabalho. Falamos sobre o acidente e sobre Mannfred.

– Chegou a hora de eu ir embora – anunciei ao final da conversa. Stocker não contra-argumentou.

– Tire uns dias de folga por conta do enterro. Depois, retorne para terminar o estágio. Sinto muito por tudo o que aconteceu, Marcus.

Eu não fazia a menor ideia de que ele sabia meu primeiro nome.

Catorze – Nova York

O avião aterrissou no Aeroporto Internacional John F. Kennedy. Quando pisei no terminal, a primeira coisa que notei foram os negros. Estavam por toda parte. Agentes de embarque, comissários de bordo, carregadores de malas, caixas, taxistas. Havia negros por todos os lados. A segunda coisa que percebi foi que ninguém me olhava de banda. Ou melhor, ninguém sequer olhava para mim!
Naquele exato momento, tive a certeza de ter ido para o lugar certo.
Nas semanas que seguiram à minha dolorosa partida da Suíça, penei para arrumar emprego em outro restaurante. Ainda queria ir para a França, mas, enquanto procurava vaga num hotel três estrelas, precisava continuar a viver, sem falar do dinheiro para me manter. Candidatei-me a todas as vagas, com exceção das que me prenderiam à Suécia. Por ironia do destino, o estágio que consegui foi justamente num restaurante sueco... Em Nova York. Na verdade, o menu de lá era mais sueco do que qualquer outro em que trabalhei. O Aquavit, que funcionava numa antiga mansão dos Rockefeller, foi inaugurado em 1987, quando eu ainda estudava na Mosesson. A ideia do restaurante foi concebida por um empresário sueco apaixonado por gastronomia. Håkan Swahn, que se mudara feliz para Nova York alguns anos antes, sentia saudades dos sabores de sua terra natal. Com a colaboração do famoso chef sueco Tore Wretman, Håkan abriu o restaurante que viria a ser o primeiro nos

Estados Unidos a servir mais do que *smorgarbord* e almôndegas. O Aquavit encontrou receptividade numa clientela ousada, que apreciava a combinação de azedo, doce e salgado, que, se de um lado, era levemente exótica, do outro, era produzida com ingredientes familiares ao paladar europeu.

Consegui o emprego no Aquavit graças a meu velho amigo Peter, que trabalhara como *commis* no Belle Avenue. Por conta de seu bom desempenho, Peter agora era *sous-chef* no Aquavit. Convenceu o chef executivo, Christer Larsson, a me oferecer um estágio de nove meses. Por isso, lá estava eu no aeroporto, com nada mais do que um número de telefone e um endereço.

Joguei as duas sacolas de viagem dentro do bagageiro do ônibus, entreguei a passagem ao motorista negro e passei todo espremido por uma negra que balançava a cabeça no compasso de alguma coisa que ouvia pelos fones de ouvido. Finalmente, sentei à janela. Havia viajado mais do que a média da garotada sueca graças aos estágios e ao futebol, mas nunca estivera num lugar tão exótico. Durante a meia hora que levei a partir do Queens, comecei a me dar conta da imensidão da cidade. Havia simplesmente mais... de tudo. Mais congestionamento, mais carros, mais gente, mais prédios na paisagem, mais lixo. Acho que só pisquei os olhos quando o ônibus esvaziou-se na Grand Central.

Meu primeiro apartamento ficava na parte oeste da ilha, esquina da rua 52 com a Terceira Avenida. Peter não era apenas meu chefe imediato. Era com quem eu dividia o apartamento. Gentilmente permitiu que eu morasse com ele e seu irmão, Magnus, no apartamento que ficava no segundo andar de um prédio sem elevador. Magnus fazia um curso de massagem terapêutica no Swedish Institute College of Health Sciences. Oficialmente, o apartamento ficava em Midtown, mas, na verdade, não fazia jus ao rótulo que aludia ao centro empresarial. Estávamos mais ou menos no fim do mundo, num apartamento alugado tão pequeno que eu dormia na mesa de massagem, armada no meio da sala.

– Pode ficar o tempo que quiser – ofereceu Peter.

Apesar da sincera generosidade, eu sabia que era preciso achar um canto para mim o quanto antes.

O apartamento de Peter não ficava longe do restaurante, a meio quarteirão a oeste da Quinta Avenida, entre o Central Park e o Museu de Arte Moderna, dois inconfundíveis pontos de referência. No entanto, mesmo com tantas direções claras e do planejamento urbano tão lógico, eu me perdi no primeiro dia. Acabei me distraindo, porque tudo me chamava a atenção. Principalmente os sem-teto. Em Gotemburgo, havia um só homem que morava na rua. Todo mundo o conhecia e sabia que era rico – dormia na rua porque *queria*. Naquele meu primeiro dia em Nova York, vi moradores de rua em cada quarteirão, alojados na porta de caixas eletrônicos e supermercados, alguns segurando copos descartáveis, outros caídos inconscientes em entradas e becos. Vi gente fumando escondido, o que, para mim, era sinal de que não se tratava de cigarro comum. Na Suécia, havia drogas, mas ninguém as usava assim em público. Fiquei tão chocado e confuso naquele primeiro dia que, apesar de ter saído de casa depois do almoço e do fato de o restaurante ficar a apenas 20 minutos de distância, cheguei atrasado para o turno que começava às três da tarde. Mau começo.

O Aquavit tinha dois pavimentos. No térreo, um café junto ao bar e um restaurante formal no subsolo. O restaurante parecia mais um solarium: era o pátio interno da casa, que fora cercado por paredes de vidro; sua atração principal era uma fonte em estilo zen que, jorrando de uma parede, mantinha a atmosfera calma e relaxante.

Eu nunca havia trabalhado em uma cozinha tão pequena: uma dúzia de cozinheiros espremidos feito sardinhas em lata, um ao lado do outro, com prateleiras de potes de mantimentos percorrendo toda a extensão das paredes. O metro quadrado em Manhattan era caro demais para se desperdiçar nos fundos de um imóvel; não havia espaço suficiente para uma cozinha dividida em estações ou que contasse com o sistema tradicional de *chef de partie*. O chef Christer e mais dois *sous-chefs*, que, na verdade, eram cozinheiros, supervisionavam o serviço. Outra diferença era o cheiro, completamente diferente do que eu sentira em qualquer outra cozinha. Por mais que nos esmerássemos na limpeza, um cheiro característico persistia: o de spray mata-barata.

Por diversas razões, o Aquavit foi um dos melhores ambientes de trabalho que já tive. Agora, com experiência suficiente para fazer a maior parte do trabalho de forma automática, eu tinha tempo para observar o ritmo da cozinha, a maneira como o chef Christer checava o estoque de uma semana, colocando um salmão dourado no forno com panquecas de batata no cardápio de segunda-feira e, na sexta, um salmão defumado tandoori. O idioma da cozinha era o inglês, com pitadas de sueco; a mistura sociocultural era sueca e americana, uma combinação de familiaridade e descontração; o paladar estava nas minhas entranhas. O café informal se limitava ao trivial sueco: almôndegas com purê de batatas e lingonberry; blinis recheados com queijo, acompanhados de verdura e pãezinhos da região Norte da Suécia. No restaurante mais formal, empregávamos as tradicionais técnicas francesas, com Christer aplicando a brilhante filosofia de Tore Wretman de sofisticar especialidades regionais. Preparávamos carne de veado do mesmo jeito que minha mãe e o pessoal de Skåne, mas, em vez de defumá-la, assávamos na panela com azeite, aquavit, tomilho, alho, pimenta e zimbro. Em vez de servir com os tradicionais molhos cremosos, deixávamos a receita mais leve com um chutney de frutas vermelhas. Em outra especialidade da casa, Christer combinava abacate e lagosta, uma fusão de dois mundos que funcionava tão bem que é difícil imaginar que ninguém tenha feito isso antes. Trabalhando na linha de frente, consegui ter um bom desempenho desde o primeiro dia. Era mais preciso e provavelmente melhor cozinheiro do que a maioria ali, mas os outros eram mais rápidos e eu precisava melhorar meu ritmo. Preparávamos, a toque de caixa, 90 pratos para o pessoal a caminho do teatro, coisa que eu nunca tinha visto antes. Em Gotemburgo, o Belle Avenue era praticamente ao lado da sala de concertos e do teatro da cidade, mas nenhum sueco que se prezasse jamais consideraria a possibilidade de comer antes do espetáculo. No Aquavit, num intervalo inferior a uma hora, recebíamos o público que ia ao teatro e, em seguida, servíamos mais outros 90 clientes. Nas primeiras vezes em que trabalhei no turno que antecedia a sessão de teatro, pensei: "Puta merda." Estava me dando mal, sempre atrás, sempre correndo para alcançar os outros. E daí se eu era mais escrupuloso? Era a rapidez que contava.

Durante o expediente, minha dedicação ao Aquavit era exclusiva, mas, quando estava de folga, dedicava integralmente meu tempo para estudar Nova York. A princípio, tudo o que sempre quis estava ali. No início, para esticar o salário semanal de 250 dólares, comprei uma bicicleta de segunda mão para me deslocar. Não demorou para que a roubassem, o que me levou à minha primeira compra americana importante: um par de patins. Depois disso, praticamente parei de andar de metrô. A energia de Nova York era contagiante. Por isso, corria a cidade inteira de patins, exceto quando chovia ou nevava muito. Andar de patins era uma forma de economizar e de satisfazer o vício de uma vida inteira de prática esportiva, mas também era uma forma de conhecer a cidade, sua arquitetura, sua topografia, seus bairros e, o mais empolgante de tudo, sua culinária. Havia dias em que, para chegar ao trabalho, eu ia primeiro à região de Uptown e depois cruzava o Central Park, deslizando pelos aromas que exalavam das carrocinhas de castanhas torradas, de cachorro-quente e de *shawarma*, do açúcar derretido dos vendedores de amendoins e castanhas-de-caju. Em outros dias, enfiava-me pela rua 34 e adjacências, só para passar de patins por Koreatown e sentir o aroma do *kimchi* e dos bares modestos que servem churrasco à sombra do Empire State Building. Finalmente eu estava colhendo os frutos de todos aqueles anos jogando hóquei em lagos congelados.

 Quando trabalhava no primeiro turno, saía depois de servido o almoço e ia de patins para o lado leste da ilha, parando no mercadinho indiano para passear pelas gôndolas de temperos. De vez em quando me dava o luxo de experimentar algo diferente, como a picante e viscosa assafétida, que, depois de cozida, perdia o fedor censurável e passava a recender uma mistura de alho com alho-poró. Numa semana, experimentava sushi *yellowtail* no East Village, e, na outra, economizava dinheiro para provar rolinhos de caranguejo com molho de tamarindo do Vong.

 De todos os locais onde se vendia comida típica, no entanto, Chinatown era o meu favorito. Manhattan era a maior região que eu já tinha visto (pelo menos até me aventurar para além dos limites da ilha e descobrir os bairros dos sul-asiáticos em Jackson Heights, no Queens). A primeira vez em que comi *dim sum* foi no Golden Unicorn, um restaurante de dois andares, duas ruas depois do canal. Era tão grande e vivia tão cheio que muito provavelmente vai sobreviver por muito mais tempo do que qualquer outro na ilha. As barraquinhas que beiravam o meio-fio das calçadas de Chinatown me lembravam os peixeiros na Feskekörka de Gotemburgo, ao longo da Bryggan até o final da ilha de Smögen. Em Chinatown, não havia apenas escargot, mas cinco tipos diferentes, classificados em três tamanhos cada. Reconheci algumas espécies de peixe, mas os vendedores não sabiam ou não se incomodavam em escrever as placas em inglês – além disso, os clientes apressados diziam que a língua não era barreira para os negócios. Fui a supermercados subterrâneos na Mott Street, onde vi gôndolas inteiras de cogumelos desidratados e variedades de ingredientes que jamais imaginei existirem em tantas versões. Era o caso do sal marinho, que achei em pacotes de diferentes tipos de grãos – fino, grosso e em flocos – nas cores branca, rosa e preta.

    Meu antigo chefe Paul Giggs me acompanhou em muitas dessas aventuras – pelo menos em minha imaginação. Eu parava no setor de louças, observando as graciosas curvas dos bules e os milhares de designs de hashi, e me lembrava de suas recomendações para que desenhássemos os pratos e que estudássemos pedras preciosas em Berna.

    – Comida não é apenas sabor – ensinava. – Possui uma infinidade de dimensões, e a visual é uma delas. Que *aspecto* você quer que ela tenha? O que você quer que o cliente *veja*? Seu trabalho é servir a todos os sentidos, não só às papilas gustativas, OK?

Nos corredores do Kalustyan – mercado de temperos na Lexington Avenue, que continua sendo um dos mais especializados em comida exótica de Nova York e onde se achava de tudo, de *farro* até folha de lima de Kaffir – eu levava até o nariz diferentes folhas secas de curry, memorizando seus diversos matizes aromáticos, mas lembrando também que só demonstrariam todo o seu potencial quando levadas ao fogo.

– Tostem os temperos numa panela primeiro, ou então esqueçam – dizia Giggs enquanto preparava curry para a refeição dos funcionários do Victoria Jungfrau.

Num dia, durante a primavera, passei de patins por um verdureiro em Chinatown, a um quarteirão do Bowery, onde havia uma miríade de lojas: de iluminação, armazéns de suprimentos para restaurante, com candelabros e coifas saltando sobre a calçada. A fila de clientes insolitamente pacientes e organizados me fez parar. Todos observavam a mulher, com uma faca enorme, de pé em frente a um balcão improvisado sobre engradados. Com luvas grossas, ela retirou, de uma pilha ao lado, um objeto verde e redondo, ou cheio de espinhos, do tamanho de uma bola de futebol; cortou-o ao meio e fatiou, deslizando a faca por entre a casca espinhosa e a polpa leitosa e carnuda. Num só golpe, deixou cair a polpa dentro de um saco plástico, que amarrava e trocava por dinheiro. Isso feito, começava o processo de novo.

Fiquei ali observando durante alguns minutos, tentando achar alguma pista que me dissesse o que era aquilo que mais parecia uma arma medieval. Nada. Seria um melão? Uma abóbora? Parado na direção contrária ao vento, de vez em quando leves aragens de algo entravam por minhas narinas. Era um cheiro fétido, mas lembrava nozes, repulsivo e estranhamente atraente. Eu não conseguia me afastar. Finalmente, resolvi bater no ombro do último da fila, uma jovem que levava uma criança pela mão. Pareciam mãe e filho. Na outra mão, um "buquê" de sacolas plásticas coloridas, rosa, verdes, azuis, cheias de verduras e embrulhos de papel. Sem saber se ela falava inglês, combinei movimento de sobrancelha, dedo apontado e linguagem verbal.

– O que é aquilo? – perguntei.

– Durian – respondeu num inglês bem menos marcado pelo sotaque estrangeiro do que o meu. – Durian verde. Chegou esta semana mesmo. Gosta do cheiro? – perguntou sorrindo. Apesar da careta que fez, percebi que ela não estava disposta a sair da fila.

Mais uma vez, ouvi a voz de Giggs falando comigo.

– Mijo de gato – dissera ele uma vez, descrevendo durian, uma fruta popular na Ásia, que ele provara em Cingapura. – Parece mijo de gato com alho, mas a textura é um veludo e, se conseguir prender a respiração, o sabor é sublime!

Enfiei a mão no bolso e chequei se tinha dinheiro. Depois, continuei na fila, atrás da jovem mãe.

Quanto mais eu andava por Nova York e conhecia mais gente, mais compreendia a diferença entre ser internacional e ser diverso. Interlaken era internacional e eu adorava estar cercado por tantas culturas e idiomas. Mas, em algum momento, todos voltavam para seus países de origem: os garçons norte-americanos voltavam para Los Angeles depois de vários invernos de rachar; os lavadores de prato portugueses conseguiam um visto de trabalho só enquanto a Suíça precisasse de seus serviços; os *hôteliers* e chefs em treinamento, como eu, aprendiam a fazer *fondue* e *röschti* e depois arrumavam emprego em outro lugar, numa cozinha que ostentasse mais estrelas ou tivesse um chef executivo mais famoso. Nova York era diferente. Havia divisões de raça e classe social, mas, se por um lado, os suíços eram donos da Suíça e os suecos, da Suécia, todo mundo em Nova York tinha direito ao seu quinhão. Talvez fosse necessário haver um lugar gigantesco onde coubessem centenas de Nova Yorks, uma do lado da outra, mas boa parte das pessoas que conheci tinha senso de pertencimento. Nova York também era a sua cidade, doesse a quem doesse.

Tive um amigo ítalo-americano chamado Anthony, um pouco mais novo do que eu, que conheci na Suíça. Anthony era um cara legal, que aprontava; meio riquinho, filho de um *hotelier* original de Garden City, tradicional bairro residencial de Long Island. Às vezes eu ia visitá-lo num dia de folga, o que parecia uma viagem de volta à tranquilidade de Partille ou de qualquer bairro sueco, só que ainda mais afastado do centro. Anthony e seus amigos só andavam de carro, as garotas usavam tênis Reebok e spray para manter a franja no lugar, e, quando não estavam ouvindo Taylor Dayne, ouviam black music, mesmo sem ter sequer um amigo negro. Anthony gostava mesmo de mim – durante todo o tempo em que trabalhamos para Stocker, eu o protegi –, mas certamente eu era uma espécie de troféu que ele exibia aos amigos para mostrar que era um cara bacana. Quase nenhum dos amigos de Anthony conhecia bem o centro de Nova York – exceto uns poucos aventureiros que davam uma escapulida para passear sob as luzes de Times Square.

No geral, o Aquavit foi para mim o melhor trampolim para os Estados Unidos. Meu amigo Peter cuidava de mim. O chef Christer era legal comigo. O trabalho, a comida, a cultura familiar e as línguas mais fáceis me colocaram numa zona de conforto, mas eu tinha ido para a América para estar com americanos e não com suecos. Ainda planejava ir para a França, mas pressentia que viria morar nos Estados Unidos um dia. Aquela era a minha chance de ter certeza do que queria.

Pelo visto, eu deixava transparecer minha empolgação e curiosidade, pois sempre fazia amigos que, de imediato, se prontificavam a me mostrar suas próprias versões da cidade. Um dos que mais exerceram influência sobre mim foi Casey, cozinheiro do Aquavit, o único afrodescendente da equipe. Era de origem humilde e, durante o verão, me levava para participar de almoços em família. Seus pais moravam em White Plains, cidade ao norte, a poucos minutos de trem, partindo da Grand Central Station. Tive a sensação de estar entrando num estúdio da MTV quando vi aquela mesa posta no quintal, com frango frito e saladas de repolho e de batatas. Os caras da minha idade sabiam de cor a letra de todas as músicas dos mixes que tocavam no estéreo. Quando Mary J. Blige, a garota do Mt. Vernon, começou a cantar, todo mundo cantou junto: *"What's the 411?/ What's the 411?/ I got it goin' on..."*

Todas as experiências que tive com Casey foram da pesada! Ele me levou a bailes de hip-hop tarde da noite nos cantões do Queens. Trocávamos de trem umas três vezes só para ver todas as apresentações, de desconhecidos a Run-DMC. Naquela época, Nova York não era tão sofisticada como é hoje e aquelas viagens de trem às três da madrugada pareciam cenas do filme *Os selvagens da noite*, em que uma gangue pega metrô atrás de metrô para chegar a Coney Island. Alguns amigos de Casey temiam que eu fosse policial, enquanto outros se divertiam comigo: eu era negro, mas não era negro. Eu jogava futebol, e eles, basquete. A cor da minha pele era mais escura que a deles, mas eu não dominava a gíria, sem falar no meu estilo destoante:

minha calça Levis era apertada demais, minhas botas Doc Martens não eram Tims, e levei muito tempo para mudar o cabelo, do estilão afro *à la* Jimy Hendrix para o corte discreto que adotei até o fim da minha estada.

Quanto mais tempo passava com Casey, mais eu percebia o quanto minha educação havia sido fora dos padrões. Olhando de fora, eu ficava fascinado com o fato de que aqueles caras – nenhum dos quais era bandido, muito menos ferrado de grana – se identificavam tanto com o universo do hip-hop, em que todo mundo, além de desempregado, estava fugindo de alguma coisa. Os amigos de Casey mantinham uma relação estreita com aquele universo com a mesma união que vi entre os alunos em faculdades e fraternidades para negros.

Íamos a bairros mais distantes ouvir música e jogar basquete.

– A gente podia jogar basquete em Manhattan também – eu sugeria.

Só que eles nunca queriam jogar lá. Manhattan era onde trabalhavam. Chamavam-na de "Manhattan ganha-pão". Além disso, não conheciam ninguém que morasse por lá, a não ser, talvez, no Harlem. Quando íamos às festas no Harlem, percebia que aquele mundo era negro. Talvez houvesse um ou outro porto-riquenho, mas, tirando isso, eram todos afrodescendentes. Por um lado, era o oposto do mundo em que cresci. Por outro lado, nada poderia ser mais homogêneo.

Casey passou a ser minha ponte para experiências afro-americanas e eu estava muito feliz por ter sido convidado. Fora para isso que eu tinha vindo para os Estados Unidos. Às vezes, parecia um teste cultural: o que seria necessário para eu sentir que pertencia àquele lugar? Bastava a cor da minha pele?

Casey também tinha seu lado sério e sabia muito mais sobre o movimento dos Panteras Negras do que qualquer outra pessoa que eu tivesse conhecido. Tínhamos sérias discussões sobre como lutar por igualdade racial – MLK ou Malcolm; o Malcolm do início do movimento ou o do fim; violento ou pacífico. Casey tinha curiosidade sobre a Suécia e ouvia minhas histórias como se eu contasse sobre a vida em Marte. Percebi que o universo de Casey era muito rico em certos aspectos, mas, em outros, era tão isolado e alienado do restante do mundo como o de meu amigo Anthony. Apesar de parecerem cosmopolitas, Casey e seus amigos eram isolados. Estávamos em 1993 e não havia internet; eles não tinham notícias de negros em ascensão social fora dos tradicionais ramos do entretenimento ou do esporte. Havia poucas oportunidades em se tratando de carreiras de destaque. As exceções eram Biggie Smalls e Tupac Shakur, homens que, mal ou bem, tinham uma imagem de poder e independência.

Por intermédio do Aquavit, conheci uma outra Nova York: a Nova York do Central Park. Isso graças a Carlos, o guatemalteco responsável pelas frituras, que tinha dedos de amianto e tirava da fritadeira iscas de peixe sem se queimar. Carlos era um senhor jogador de futebol. Muitos dos caras que trabalhavam na cozinha do Aquavit vinham de países que cultuavam o futebol. Torciam para algum time e tinham opinião sobre quem jogava e quem era perna de pau, embora nem todos jogassem com regularidade. Carlos jogava bem.

– Vou te mostrar onde dá pra jogar – anunciou.

No dia seguinte, nós dois de folga, ele saiu de seu apartamento em Red Hook, bairro onde morava próximo a 20 ou 30 conterrâneos de Guate, Cidade da Guatemala, e pegou o trem para Manhattan.

– Lá no Brooklyn, temos times melhores, mas esse é mais fácil pra você.

Nós nos encontramos num campo dentro do Central Park, pouco acima da transversal da rua 97, na parte mais baixa de North Meadow. Era um complexo de campos, todos em uso, com esquadrões de jogadores aguardando o término de uma partida para darem início a outra.

Eu era mais alto do que meus companheiros de time centro-americanos, situação prazerosa e oposta à que sempre vivi na Suécia. Embora não falasse uma palavra de espanhol e alguns deles nenhuma de inglês, éramos todos fluentes no idioma do esporte. Não fizemos feio jogando contra um time de brasileiros em excelente forma. Em seguida, massacramos uma equipe de yuppies norte-americanos, cuja prática não era páreo para alguns de nós, nascidos para o esporte.

Depois das partidas, ficamos, meus companheiros e eu, jogando conversa fora, um sacaneando o outro por conta de erros cometidos, relembrando os passes e os gols. Fiquei tão furioso por causa de um vacilo que comecei a xingar em sueco:

– *Värsta* fucking *domare någonsin. Du måste vara jävla blind att ha missat det!* – Pior vacilo do mundo! Tinha de ser muito cego para perder aquele gol!

Vi um grupo de negros vindo em minha direção. O mais baixo, um de pele mais clara e cabeça raspada, olhou dentro dos meus olhos.

– *Svenne?* – Você é sueco?

– Sou – respondi em inglês. – Você também?

Teddy me contou que era etíope, mas criado na Suécia e em Israel; seus companheiros também eram estrangeiros, alguns suecos, outros somalis. O mais alto, um cara chamado Mesfin, era de uma família etíope que tinha ido morar em Estocolmo.

Mes estava em Nova York porque queria ser fotógrafo. À época, trabalhava numa cafeteria e também era ajudante num sofisticado estúdio fotográfico no West Village. Logo, Teddy, Mes e eu começamos a andar juntos. Em se tratando de herança cultural e experiência de vida, eram mais parecidos comigo do que qualquer outra pessoa que conheci. Além disso, conheciam muito bem a cidade. Mes tinha um colega na cafeteria, um sujeito boa-pinta, meio somali, meio sueco, chamado Sam. Num acordo esquisito, Sam e Mes dividiam apartamento com uma amiga modelo: ela os deixava ficar no apartamento sem pagar nada durante suas temporadas em Paris e Londres. Sozinhos, os dois jamais conseguiriam morar em um imóvel daquele nível: um quarto e sala, num edifício com porteiro, na esquina da 25 com a Park. A essa altura eu já havia deixado o apartamento de Peter e Magnus para morar em uma série de apartamentos sem contrato formal, onde eu não conhecia os caras com quem dividia o espaço e meus pertences – aliás, os poucos que tinha – viviam sumindo. Quando Mes perguntou se eu queria ir morar com ele e Sam, nem pensei duas vezes: arrumei as trouxas e fui!

Para dormir, fazíamos rodízio: um dormia no sofá e os outros dois dividiam a cama. A princípio, desconfiamos que o porteiro soubesse que não éramos os verdadeiros inquilinos. Ele, porém, não ligava e abria a porta para nós como abria para as senhoras idosas e seus cães igualmente idosos. Aquele apartamento foi minha primeira residência em Nova York, onde meu dialeto sueco-inglês era o idioma comum.

Meus novos amigos me trouxeram para seu universo, que era tão inusitado quanto minhas aventuras pelo Queens. Vivíamos a era das supermodelos e no estúdio onde Mes trabalhava sempre apareciam Christy Turlington e Naomi Campbell para fotografar. Num dia, estaria lá Eddy Murphy, no outro, TLC. Era comum celebrar o fim de uma sessão de fotos com festa. Assim, disfarçado de funcionário, eu ia para o bar servir café e cerveja. Quando não tínhamos nenhuma festa de bacana para entrar de penetra, íamos jogar sinuca num bar do Village, onde a cerveja e uma sessão de sete músicas na jukebox custavam 1 dólar cada. Eu adorava andar com eles e nós três tínhamos charme suficiente para entrar em qualquer lugar. Naquela época, em Manhattan, havia uma festa *underground*, toda terça e quinta, chamada Soul Kitchen, em que se tocava soul e que acontecia cada dia em um lugar. Um de nós sempre descobria onde a festa ia ser. Íamos ao Nell's, na rua 14, um clube onde se tocava música ao vivo no andar de cima e hip-hop no de baixo. Era um lugar em que se entrava não por estar de terno, como muitos hoje em dia, mas por ter atitude.

Nenhum de nós falava sobre o assunto – éramos homens, no fim das contas –, mas nos sentíamos muito mais livres em Nova York do que em nossas cidades de origem. Já não éramos mais os esquisitões. Todos tínhamos outros amigos negros ou de pele escura, e cada um tinha sua vida. Tudo o que nos levou a Nova York estava acontecendo: diversidade, música, agitação, criatividade.

Nem tudo saiu como eu havia planejado em Nova York, é claro, e algumas decepções foram maiores do que outras. Dentre os menores fracassos, estavam minhas investidas amorosas ao estilo norte-americano: nenhuma deu em nada. Quando cheguei, botei na cabeça que namoraria uma típica garota americana (fosse lá o que isso significasse). Não sabia exatamente o que queria; só sabia que precisava sair um pouco daquele ciclo de garotas suecas de intercâmbio, às quais era apresentado pelos colegas de trabalho. Obviamente, foi Casey quem me apresentou às americanas – eu não teria tido outro acesso àquele universo.

Desde o começo, tudo estava contra mim, já que eu não entendia nada de namoro, muito menos nos Estados Unidos. Na Suécia, saíamos em grupo, e mesmo aqueles que arrumavam namorada também andavam com o grupo. Quem estivesse com dinheiro, pagava; não havia expectativas e ninguém ficava monitorando nada. Desde que cheguei aos Estados Unidos, meu amigo Anthony, de Golden City, me explicou tudo sobre bailes de formatura, do sujeito convidando a garota, do ramalhete de flores, da limusine, de a cor da gravata-borboleta ter de combinar com a cor do vestido.

– Isso tudo para um simples *baile de formatura*? – indagava, incrédulo.

Quando conheci minha primeira namorada americana, uma afrodescendente alguns anos mais jovem do que eu, ela parecia a fim de aventura.

– Vamos dar uma volta – ela sugeriu. Legal, pensei, e segui para a estação de metrô mais próxima.

– Ah, não vai dar. – Ela olhou para o salto alto. – Não com isso.

Então, pegamos um táxi até o Village para tomar um drinque e beliscar alguma coisa num pé-sujo na rua Bleecker. Depois, ela quis ir ao Shark Bar, no Uptown. Então, pegamos outro táxi em direção ao Upper West Side e tomamos outro drinque. Em seguida, ela quis voltar ao centro e curtir um desses shows que rolam na madrugada. Quando saltamos na Sétima Avenida, fui pegar a grana para tomar o terceiro táxi e percebi que só tinha 8 dólares no bolso. Fiquei nervoso e em seguida puto. "Ah, quer saber? Foda-se!"

– Olha, foi bem legal – menti –, mas preciso levantar cedo amanhã.

Não é da minha natureza desistir logo de cara. Conheci outra garota e bolei um plano que considerei infalível. Um dos garçons brasileiros do Acquavit tinha ido ao Rio de férias e me pediu para cuidar de seu apartamento. Como o espaço era bem bacaninha, pensei: em vez de levar a garota a um restaurante caído, vou convidá-la para conhecer o apê e daí cozinho para ela. Assim, mostro meu talento e, para completar, comemos melhor e eu gasto menos do que em qualquer restaurante dentro das minhas condições. Liguei e propus o jantar.

– Como assim? – ela perguntou, como se eu fosse maluco.

Para mim não havia nada de esquisito em convidar alguém e preparar um jantar. Ela finalmente concordou em ir – desde que pudesse levar uma amiga/guarda-costas.

– Tudo bem – concordei.

Preparei um jantar bacana, com direito a entrada, *consommé* e batatas recheadas com salmão. As garotas se deliciaram com cada prato. Achei ter deixado minha garota-alvo à vontade, mas, assim que terminou o jantar, perguntei se ela estava a fim de dar uma esticada, mas ambas responderam que precisavam partir. Acho que pensaram em jantar comigo e sair com os caras considerados bons partidos, com bala na agulha para bancar um vinho e jantar bacana.

Aquilo não era para mim. Meu salário não aumentaria de uma hora para outra. Por isso eu precisava bolar um jeito de me divertir com a pouca grana que tinha e conhecer garotas que encarassem isso numa boa. No final do meu estágio de nove meses, eu já havia descoberto a melhor barraquinha de cachorro-quente da cidade, para onde eu levaria uma garota. Depois, se ela ainda não tivesse desistido de mim, eu a convidaria para dar uma volta no Central Park. É de espantar a quantidade de nova-iorquinos que nunca *estiveram* no Central Park – ou, se já estiveram, há tempos não vão lá.

Amo o Central Park, uma paixão que só o imigrante tem. É uma obra-prima americana. Explorei cada recanto: ia de patins até a Centésima e a Quinta e sentava no jardim de rosas; ou então ficava pela Plaza do East Side, onde patinadores de todos os tipos passavam o dia dançando. Era gente namorando, fazendo piquenique, correndo. Uma variedade de cores e etnias. Naquela época, viam-se também muitos veteranos do Vietnã, que, à margem da sociedade, fizeram do Central Park sua morada. Havia dias em que eu batia bola com alguns dos melhores jogadores que conhecia ali. Em outros dias, jogava contra algum desocupado, que saía do jogo para fumar um baseado e depois voltava. Ninguém dava a mínima. Ninguém estava ali para julgar.

Não ter grana e morar numa cidade como Nova York não era problema, tão logo percebi que havia um monte de coisas para fazer. Era só saber onde encontrar. Se fosse sair e tivesse 50 dólares para gastar, pegava o calendário de eventos do Village Voice, fuçando o que fosse barato ou de graça – concerto no parque, boate sem consumação, espetáculos off-off-Broadway que precisavam de plateia. Passei a encarar aquilo como uma modalidade de arte: como se divertir com 49 dólares ou menos.

O melhor lugar para começar a busca era Chinatown, cheia de gente e energia, com calçadas ricas em visual e aromas, sem falar na exótica trilha sonora. Encontrei lugares onde se podia levar uma garota para saborear um bom prato a 5 dólares por pessoa, desde que se soubesse o que pedir. E, na qualidade de cozinheiro, eu sempre fazia os pedidos. Nós nos deliciávamos com macarrão, bolinhos de massa cozida, bolinhos cozidos no vapor, costelinhas na brasa, sopa oriental fumegante e um prato de massa pela "fortuna" de 10 dólares. Tudo regado a um terrível vinho de ameixas e a gorjeta: 16 dólares e você está pronto para partir! Para mim, o melhor prato era o bolinho adocicado de carne de porco, uma nova combinação de texturas e sabores. Os bolinhos brancos e grandes eram leves e aerados, com uma casca ligeiramente estufada devido ao processo de cozimento. Eu ficava observando os cozinheiros encherem de bolinhos aquelas panelas de bambu de cozimento a vapor. Eles as tampavam e as levavam a uma chama bem mais forte do que a que usávamos no Aquavit. No bolinho, um recheio de carne de porco assada e um molho doce.

Acompanhando, à parte, vinha molho de soja, a que eu adicionava todos os condimentos que havia na mesa: mostarda, molho de pimenta e um pouquinho de vinagre de pimenta. Mergulhávamos os bolinhos no molho e dávamos a primeira mordida obrigatória – só massa. A segunda dentada, alucinante, combinava massa e recheio. Ainda é um dos meus pratos favoritos. Fico imaginando quem o criou, como teria surgido a ideia.

Eu achava aquela experiência no restaurante chinês tão instigante que não me importava com a grosseria dos atendentes, tampouco com a espera. A iluminação era de lâmpadas fluorescentes, o chão de linóleo e a baixa qualidade do atendimento seria motivo de expulsão da escola de gastronomia. Mas se alguém tivesse a sorte de ver a cozinha, mesmo que fosse uma espiadela pelo vaivém das portas, veria a intensa atividade, os cozinheiros trabalhando a pleno vapor, liberando quantidade e qualidade impressionantes. Aquela ética profissional, somada ao preço acessível, me fez cliente cativo.

Chinatown era apenas um dos destinos gastronômicos que descobri e meu desejo de continuar em Nova York crescia a cada dia. Estava fascinado pelo que via em termos de gastronomia nos Estados Unidos. Era clara a origem na tradição europeia, mas a culinária norte-americana não estava condicionada a ela. Os europeus com quem trabalhei faziam pouco caso dos americanos, alegando que tudo se limitava a hambúrguer. Sabia que era mentira. Eu vivia uma aventura gastronômica atrás da outra e não estava disposto a parar.

Em Nova York, eu estava cercado de gente em busca de um lugar ao sol. Também era o meu caso, mas o universo gastronômico de Nova York não era tão fácil de penetrar quanto o Aquavit tinha sido. Embora eu aguardasse uma resposta dos lugares na França para onde eu mandara currículo, era burrice não explorar algumas das opções norte-americanas enquanto estivesse por lá. Eu sonhava alto. Jean-Georges Vongerichten estava no Lafayette, e Daniel Boulud, no Le Cirque. Embora fossem verdadeiros gênios, não estavam sob os holofotes. Naquele momento, sob os holofotes estava David Bouley, um chef de Connecticut que se tornou conhecido na cidade depois de tocar a cozinha do Montrachet, um restaurante em TriBeCa que pertencia ao então inexperiente *restaurateur* Drew Nieporent. Bouley foi muito elogiado por ter recheado repolho com *foie gras* numa noite e combinado pargo vermelho com massa ao molho de tomate e coentro na outra. Tanto Bouley quanto Nieporent estavam prestes a fundar uma dinastia gastronômica, mas, devido à incompatibilidade de gênios, não juntos. Em 1987, Bouley abriu seu próprio restaurante – o Bouley – na esquina da West Broadway com a Duane, praticamente em frente ao Montrachet. Fez enorme sucesso, ganhando quatro estrelas do *The New York Times*, ocupando por várias vezes seguidas o primeiro lugar no *Guia de Restaurantes Zagat Survey*, e ganhando prêmios da James Beard Foundation, a grande referência na área. Para saborear as pequenas batatas cultivadas no local ou o salmão ao forno com gergelim em água de tomate, o cliente precisava fazer a reserva com meses de antecedência.

Eu queria trabalhar para David Bouley.

Numa bela tarde, tomei o metrô em direção à Canal Street para ver se conseguia um *stage* com ele. Tinha quase certeza de que Christer Larsson me dispensaria por algumas semanas; era uma espécie de acordo de cavalheiros entre chefs deixar que funcionários mais dedicados treinassem com outro profissional quando surgisse a oportunidade.

A primeira coisa que notei no restaurante foi um engradado de maçãs na calçada, aguardando ser carregado para dentro. Ao me encaminhar para a cozinha, reconheci em cada detalhe – a decoração do restaurante em si, o frescor das verduras sendo picadas por um concentrado *commis*, a seriedade silenciosa da equipe – o mesmo nível de comprometimento que presenciara no Victoria Jungfrau. Encontrei o *sous-chef*, um alemão que, anos mais tarde, abriria um bem-sucedido restaurante no West Village. Contei-lhe minha história e perguntei se eles me admitiriam para um *stage*.

– Não – respondeu.

Percebi, então, que ele nem me havia olhado direito, que sequer fez um esforço para ir além do julgamento precipitado de achar que não valia a pena perder tempo comigo. Foi o olhar. O mesmo que vi de Gotemburgo a Nice.

– Que tal me dar uma chance antes de tomar uma decisão? – sugeri, motivado pelo sucesso que vinha fazendo no Aquavit.

Eu estava oferecendo uma semana inteiramente grátis de trabalho qualificado. Se me deixassem trabalhar apenas um turno, veriam do que eu era capaz.

– Acho que não – disse, virando as costas.

Será que já haviam empregado algum cozinheiro negro naquela cozinha?

Ficava cada vez mais claro para mim que os negros, de forma deliberada, eram praticamente excluídos do cenário da alta gastronomia. Em Nova York, só ouvi falar de um negro que conseguira conquistar esse espaço: Patrick Clark, uma segunda geração de chefs de Carnasie, Brooklyn. Em 1980, com apenas 25 anos, Clark introduziu em TriBeCa a *novelle cuisine* via Odeon, e ganhou duas estrelas do *The New York Times* logo na primeira resenha sobre o restaurante. Clark fez alguns trabalhos em Los Angeles e Washington, recusou o convite para ser chef da Casa Branca durante o governo de Bill Clinton, mas acabou nomeado chef executivo do emblemático restaurante Tavern on the Green, no Central Park.

Às vezes, quando Christer Larsson me levava a algum evento gastronômico requintado, eu encontrava Clark lá. Parecia um cara bacana, de personalidade marcante, fisicamente forte, como um lutador de boxe. Um pugilista bem alimentado. Era sempre, sem exceção, o único negro em meio aos colegas de profissão. No entanto, parecia confortável em qualquer ambiente, certo de que merecia estar onde estava, em pé de igualdade com outras estrelas do universo gastronômico que me deixavam encantado quando as encontrava, como o David Burke, do Park Avenue Café, e Charlie Palmer, do Aureole. Clark parecia sempre acompanhado de pessoas de cor, gente que jamais estaria ali sem ele.

Naquela época, como negro no mundo da alta gastronomia, Patrick Clark era decididamente uma exceção. Seus pratos eram consistentes e bem executados, sua paixão e personalidade eram grandiosas, mas, apesar de tudo isso, sempre ganhava, no máximo, duas estrelas. Eu queria mais. Queria quatro estrelas. O alto escalão da gastronomia ainda estava reservado aos brancos, mas no fundo do coração eu sabia que aquilo podia mudar. Eu era o Leão de Judá, como os etíopes às vezes se referiam a si mesmos, nascido de uma das mais antigas e orgulhosas civilizações do planeta. Fui criado na verdade da igualdade; meus pais, brancos, expressavam sua crença na igualdade racial pelo amor, pela proteção e pelo apoio. Confiava no meu taco. Precisava apenas que me abrissem as portas. Sabia que a chave era possuir a credencial que contava mais do que qualquer outra: a França. Se conseguisse ir para a França, não haveria *sous-chef* babaca que me ignorasse.

Quinze – França

Eu precisava ir para a França. Era para onde qualquer um que quisesse saber o que significava grandiosidade tinha de ir. Tudo bem que eu achava a comida francesa pesada demais, rigorosa e, às vezes, cheia de frescuras, executada com uma técnica que ofuscava o sabor, mas, sem dúvida alguma, era o ícone de excelência, história e arte – três qualidades que me atraíam. Além disso, eu precisava daquele *pedigree*.

Desde a época do Belle Avenue, e depois, sempre que voltava à Suécia, entre um emprego e outro, eu ia até a biblioteca para consultar o catálogo de restaurantes franceses. O meu francês nem era tão bom a ponto de escrever cartas pedindo emprego; eu precisava arrumar alguém para me ajudar.

Muitos dos estabelecimentos nem se davam ao trabalho de responder, muitos diziam "não" e o primeiro a mandar uma resposta positiva foi a filial parisiense de uma cadeia suíça de hotéis, certamente impressionada com minha temporada no Victoria Jungfrau.

– Aceite o emprego – aconselhou meu pai, fiel adepto da teoria do mais vale um pássaro na mão do que dois voando. Eu queria um lugar top de linha, que ostentasse três estrelas no *Guia Michelin*.

– Nem pensar – respondi.

– Marcus – retrucou, num tom que tentava apelar ao meu bom senso –, não interessa se tem uma ou nenhuma estrela, aceite o emprego. Pelo menos você estará na *França*.

Ele tinha razão, mas eu estava irredutível. Se eu insistisse em minha ideia, um dia ia conseguir.

No verão de 1993, dois fatos concorreram para catapultar a minha carreira. O primeiro, depois de 30 educadas recusas às cartas que enviei para restaurantes três estrelas na França, finalmente um disse sim. O restaurante da família Georges Blanc, em Vonnas, cidade entre Dijon e Lyon, me ofereceu uma vaga de estagiário no mês de maio seguinte. Se tudo desse certo, eu ficaria por nove meses. Ofereciam comida e moradia, mas, como era praxe entre restaurantes-escola, quanto mais alto o nível, menor a remuneração. No Georges Blanc, eu ia ganhar uma ninharia. Teria de economizar para bancar transporte e despesas pessoais. Se não tivesse de pagar pensão a minha filha, talvez o salário fosse suficiente.

O segundo fato, que acabou sendo uma solução para as questões impostas pelo primeiro, aconteceu num dia quente de agosto, durante o intervalo entre o almoço e o jantar, quando Paul Giggs entrou no Aquavit. Meu ex-chefe havia saído do Victoria Jungfrau e voltado a trabalhar em cruzeiros, desta vez num famoso e imponente navio norueguês. A embarcação ancorara em Nova York, e Giggs resolvera me procurar. Ao sair da cozinha e me deparar com aquela figura empoleirada no banco do bar, pensei olhar duas vezes para me certificar de que era mesmo Giggs. Viera realmente em visita, mas também estava precisando de um cozinheiro e queria saber se eu estava interessado.

– O trabalho é duro – avisou. – Não tem folga.

Giggs viera me procurar no momento perfeito. Meu contrato com o Aquavit estava prestes a expirar e os cruzeiros pagavam bem mais do que eu já recebera na vida. Concordei em assinar o contrato por um período de quatro meses, numa viagem que me levaria de Fort Lauderdale até a América do Sul. Era a viagem que eu e Mannfred havíamos planejado tantas vezes em Interlaken. Embarcar nessa aventura seria como fazer um tributo ao amigo que perdi.

Acabei trabalhando duas temporadas seguidas para Paul, ocupando os meses que haveria entre Nova York e a França e enviando todo o salário para que minha mãe guardasse no banco para mim. Finalmente, havia conseguido ganhar o bastante para pagar o que devia a meus pais, seis meses de pensão alimentícia para Zoe, e ainda poupar uma boa quantia para bancar a mudança para a França. Também consegui conhecer o mundo, apesar de ter sido em doses de quatro e cinco horas, quando ancorávamos em portos entre a Venezuela e São Petersburgo.

Em termos de criatividade, trabalhar em um navio de cruzeiro não foi desafiador, tampouco gratificante. Paul fazia o que os clientes queriam: nada muito complexo. Todo santo dia servíamos casquinhas de siri sobre um "feixe" de alho-poró frito, bifes à minuta, galinha assada no alho e no limão. O que interessava era consistência e serviço bem prestado, agradar aos passageiros que haviam pago diárias de mil dólares para estar naquele navio. Era um pouco parecido com o trabalho de ator num show da Broadway: ser pontual e arrebentar seis dias por semana, só que no nosso caso eram sete. Servíamos, diariamente, café da manhã, almoço e jantar para 200 passageiros. Aprendi a acelerar o ritmo. Lembro-me de imaginar que, se precisasse voltar a preparar o jantar para a multidão que aparecia antes dos eventos teatrais, conseguiria fazer de olhos fechados.

Em geral, os hóspedes faziam cruzeiros de uma semana e, ao final da viagem, avaliavam a comida: Paul ficava maluco quando não ganhávamos a nota máxima. Felizmente, era raro não ganharmos.

Ele era justo e reconhecia os talentosos, mas, quando alguém pisava na bola, não perdoava. O pior momento que vivi no cruzeiro foi perto de Acapulco. Havia pouco que eu convencera Paul a contratar minha amiga Susan, uma sueca que trabalhara comigo no Aquavit.

– Trazer mulher para trabalhar a bordo... não sei não – hesitou.

Contudo insisti, dei força, argumentando que Susan era superdedicada e talentosa. Conclusão: Paul a aceitou na hora. Infelizmente, seja por ter comido alguma coisa ou por ter nadado na costa, Susan adoeceu feio. Restavam apenas duas opções: ou cobríamos seu trabalho ou ela teria de voltar para casa.

– Tudo bem. Vamos cobri-la – assumi o compromisso.

Porém acabei descobrindo que assumir o lugar de uma segunda pessoa numa cozinha onde trabalham oito é complicado. Fiquei com a seção de peixes *e* com a grelha. Foi quando comecei a me enrolar. O cordeiro era malpassado ou ao ponto? Quantos filés eram mesmo? Era coisa demais para mim. Comecei a deixar cair a produção. Marcel, o cozinheiro suíço responsável pela seção de *entremetier*, precisou vir me acudir com o peixe, enquanto eu dava duro na grelha. Comecei a dar ordens aos berros, totalmente descontrolado. Quando Paul me viu completamente perdido, começou a gritar ainda mais alto, me dando bronca durante todo o serviço.

– Seu escroto de merda! – reclamava, toda vez que um bife bem passado voltava da mesa de um cliente que pedira malpassado.

Naquela noite, tive a sensação de que o turno havia durado uma eternidade, embora soubesse que durara o tempo de sempre. Mais tarde, saí do navio o mais rápido que pude e fui a um bar em Acapulco para beber alguma coisa. Sentei no terraço que dava para a imensa curva da baía, curtindo a cerveja, ora lamentando o que acontecera comigo – eu só estava tentando ajudar uma amiga –, ora xingando Giggs por ter sido tão insensível. Foi como numa véspera de Ano-Novo no Victoria Jungfrau. Pisei na bola várias vezes, atrasei milhares de pratos e acabei afetando o ritmo de toda a cozinha. Das duas, uma: ou pedia as contas ou deixava Paul me mandar embora, mas, pedindo demissão, eu daria a vitória a ele. E não seria eu o primeiro a jogar a toalha.

Nem sei por que Paul não me demitiu. Talvez eu tivesse levado meus erros mais a sério do que ele. Talvez ele tenha me mantido na equipe porque Susan voltou ao trabalho no dia seguinte e ele sabia que eu não estava em posição confortável para fazer merda de novo. Deu empate.

Para mim, a privacidade da cama de solteiro do navio se resumia a pôr um headphone e ouvir lições de francês. O Georges Blanc não seria como o Victoria Jungfrau, onde tive um período de adaptação para melhorar o alemão. Eu precisava me apressar. Também continuei a sonhar nas páginas do meu diário. Para fazer progresso, senti que precisava desenvolver pratos novos, pegar tudo o que estava vendo e provando e criar algo que fosse *meu*. Paul era muito comprometido com a excelência, mas nunca o vi investir energia nenhuma para desenvolver receitas próprias. Sua atitude era meio que "Ah, dane-se! Só vou fazer comida italiana para os clientes italianos". Tornara-se a extensão do braço da clientela.

Não era aquilo que eu queria para mim. Sabia que não era a minha praia. Talvez fosse a de outros caras, mas certamente eu não estava nem um pouco a fim de tomar aquele caminho. Queria descobrir sabores. Queria dar uma sacudida nas coisas e ver no que dava. Algo como vejamos como fica se eu pegar rodovalho, jogar parmesão por cima, colocar no fogareiro para derreter o queijo mais depressa e depois finalizar com chutney de laranja. Eu não sabia se a mistura de peixe francês com queijo italiano e sabores caribenhos daria bom resultado, mas queria tentar.

Eram essas as ideias que eu registrava no diário, tudo o que eu tinha provado ou queria experimentar. Escrevia uma ideia e, se não funcionasse nem no papel, esquecia. Eu era meu próprio guardião; precisava me apaixonar pela ideia antes de investir 20 minutos para testá-la. Primeiro, 20 minutos era um tempo precioso em qualquer cozinha, sobretudo dentro de um navio de cruzeiro. Podia levar semanas até aparecer a chance de se experimentar uma receita, mas, quando dava, a gente aproveitava, pois não se sabia quando pintaria outra.

– Bem – dizia Paul numa reunião de manhã. – Quero uma entrada nova para hoje à noite.

– Deixe comigo – eu respondia, oferecendo uma das minhas mais recentes invenções, uma que já tivesse testado no papel e na cozinha. Depois de um tempo, sempre que queria preencher um buraco no cardápio, era automático: Paul recorria logo a mim.

– Marcus, o que você tem de novo? – ele perguntava.

A vida no navio mostrou como uma equipe de culinária pode ser dividida em facções. Cozinheiro sentava com cozinheiro, claro, e oficial com oficial. Mesmo sendo o único negro na cozinha, eu era visto como europeu. Por isso fui agraciado com uma posição hierárquica mediana. Os noruegueses estavam no topo da pirâmide, e os filipinos, que faziam a limpeza e, na verdade, carregavam a cozinha nas costas, estavam na base.

Muitos namoros rolavam a bordo, mas ficava implícito que um lavador de pratos filipino não poderia jamais tocar numa camareira sueca. Quatro filipinos dividiam o mesmo quarto e, se europeus e americanos achavam que uma temporada de cinco meses sem descanso era dureza, não era nada comparada com a deles: 18 meses sem um dia de folga, nem um segundo de privacidade sequer. O que era aquilo? Os sujeitos eram trabalhadores. O único benefício naquele mundo dividido e desigual do navio era que havia dois cardápios, um para eles e outro para nós. Eu sempre pedia o deles. A comida filipina guardava traços histórico-culturais do país: sua localização geográfica na Ásia, a colonização espanhola e sua importância como rota comercial europeia e árabe. Como resultado, era uma comida mais rica, mais picante e mais saborosa do que qualquer outra do cardápio. Eu ficaria feliz em comer guisado de galinha temperado com adobo e arroz todo dia. Mas meu prato favorito era uma espécie de bife enrolado chamado *morcon*, recheado com uma combinação inusitada, mas saborosa, de ovos cozidos, queijo, linguiça e fatias de bacon, tudo amarrado com um barbante e cozido em molho vinagrete.

    Era de sabores novos que eu andava atrás. Em cada porto, eu experimentava odores e sabores que jamais havia provado. Dispunha de quatro horas para passar em terra e, a menos que Paul ou Susan quisessem me acompanhar, eu ia sozinho. Em geral, os portos são os lugares mais perigosos de uma cidade. Por isso o capitão vivia advertindo a tripulação para ter cuidado. Pelo menos uma vez, a cor da minha pele impediu que eu me destacasse. Em muitas de nossas paradas, só os companheiros louros é que recebiam olhares. Sob a proteção de minha pele, eu passava despercebido, o que me permitia observar e curtir o mais belo traço da cultura portuária: a comida de rua.

É engraçado quando se imagina o gosto de uma comida, e então se experimenta seu real sabor. Num mercado em Acapulco, pedi quatro tacos: dois de porco, um de peixe e um de frango. Observei uma mulher morena, baixa, de longas tranças negras preparar tortilhas bem na minha frente, achatando a massa em pequenos círculos, bem menores do que eu imaginava. A carne de porco era simplesmente assada e desfiada. O peixe era uma versão de garoupa passada na panela e selada com um pouquinho de óleo e coentro picado – só os talos, sem as folhas. O frango era coxa desfiada e refogada com pimenta, tomates e cebola roxa. Meu conhecimento de comida mexicana não ia além de Doritos. Por isso, minhas expectativas foram todas construídas em cima de imagens estereotipadas que eu havia adquirido sabe-se lá como. Imaginei que os tacos viriam envoltos em massa de tortilha crocante. Mas eles eram pequenas pirâmides com camadas de ingredientes dispostas sobre panquecas macias. Para decorar, rodelas de cebola roxa e jalapeños, pedaços de limão-galego e, do lado, molho de pimenta-verde e vermelha e um prato de arroz com açafrão. Entupi os tacos de arroz com açafrão e molho de pimenta, espremi limão-galego por cima e devorei tudo. Fantástico!

    Por outro lado, o presunto *pata negra* que provei na Espanha não foi amor à primeira mordida. Achei o sabor da gordura do presunto muito acentuado. Mas o sabor singular dos porcos negros da península Ibérica, submetidos a uma severa dieta à base de avelãs, chamou a minha atenção. Era um sabor característico que eu sabia que provaria mais uma vez. Na Espanha, o que se comia no café da manhã era tomate maduro, que, depois de descascado e espremido, era servido com torradas e uma pitada de pimenta-negra. Que ideia brilhante! Ainda faço sanduíches com aquele recheio, quase 20 anos depois.

Na Jamaica, comi um sanduíche de peixe grelhado na praia; seu preparo era pra lá de simples, mas o peixe fresco tinha tudo a ver com o lugar. Foi o melhor sanduíche que comi na vida. Em Porto Rico, ao colocar na minha frente os *camarones de mofongo* que eu havia pedido, a garçonete viu minha cara de espanto. Muito provavelmente eu não era o primeiro estrangeiro a se decepcionar com aquele prato de mingau acinzentado. Ela, no entanto, sugeriu que eu metesse a colher. Debaixo daquele purê aveludado de banana-da-terra, achei uma mistura picante de camarão picado e carne de porco. Agora que conheço as cozinhas africanas, vejo o prato como uma mistura da banana-da-terra africana com tempero do Caribe, mas, na época, tudo o que eu sabia era que era delicioso e deixava qualquer um satisfeito. O paladar do *borscht*, na Rússia, ficou mais apurado depois que passei uma tarde andando de patins pela praça do palácio de São Petersburgo, sob a sombra daqueles prédios imensos que foram importantes na Revolução Russa; mas, sejamos francos: não há como o *borscht* ficar com melhor sabor.

Quando meu segundo contrato com Paul me levou à Ásia, todos os sabores dos pratos que ele preparava para o staff no Victoria passaram do preto e branco para o *technicolor*. Provei leite de coco com capim-limão preparado de várias maneiras, todas doces e saborosas. Foi, então, que pensei: "É isso. Esta comida tem tanta integridade e consistência quanto qualquer outra francesa que já tenha provado." Por que se importava mostarda de Dijon, quando se poderia fazer a própria mostarda, mais fresca e melhor? Comecei a me perguntar: Quem mentiu? Quem inventou que a França tem a melhor comida do mundo? Essa questão me ocorria sempre que eu provava alguma coisa nova que mudasse meu conceito de "boa comida". Depois, essa questão foi substituída por outra: quem ia fazer com que as pessoas percebessem que os pratos desprezados pela alta gastronomia como "típicos" ou "étnicos" podiam ser produzidos com a mesma sofisticação das sagradas *bouillabaisses* e *veloutés?*

Não foram apenas os sabores que me acertaram em cheio. Foi ver gente diferente manuseando, preparando e servindo os pratos. Às vezes, os chefs não estavam de dólmã branco. E também não eram só homens: eram mulheres, crianças, todo mundo. Havia gente de todas as etnias: indianos, negros, coreanos, mestiços. O dia em que eu tiver meu próprio restaurante, pensei, jamais deixarei de contratar alguém por conta de raça, sexo ou nacionalidade. E não agiria assim para ser igualitário, mas porque excluir gente significa excluir talentos e oportunidades, gente que poderia contribuir para a culinária muito mais do que eu poderia imaginar. Tive a sensação de estar embarcando num novo trem gastronômico, do qual, até o momento, ainda não desembarquei.

Dezesseis – **O preço**

Véspera de Natal. Eu estava na cozinha do navio, na costa da Venezuela, quando recebi um telegrama que trazia a notícia da morte de Helga, minha avó, em razão de um AVC. Bem de acordo com sua personalidade, aconteceu quando ela cortava uma árvore com um serrote. Foi o tesoureiro que deu a notícia a Paul, que hesitou antes de me contar. Estávamos prestes a servir o jantar e Paul temeu que a notícia me afetasse durante o turno. Não que ele fosse insensível. Eu teria tido a mesma preocupação. Acabou decidindo me contar. Recebi a notícia e continuei o serviço, mantendo o mesmo ritmo de qualquer outro dia. *Mormor* era uma das pessoas mais importantes do mundo para mim. Estava triste, mas também satisfeito por ter conseguido terminar aquele dia de trabalho. Embora eu nem tivesse condições financeiras para ligar para ela durante os meus muitos estágios, sempre tinha a sensação de que suas mãos cobriam as minhas na cozinha – *Mormor* tinha o instinto, e eu, a técnica; juntos, éramos imbatíveis.

Ninguém no trabalho tinha a mais vaga ideia sobre Zoe, minha filha. Por um lado, eu não queria que achassem que eu não passava de um clichê: o pai negro ausente. Por outro lado, tinha medo de que, de alguma forma, aquilo me impedisse de progredir ou limitasse as oportunidades. Ou que, de algum modo, não só me prejudicasse, como dificultasse que eu assumisse a pequena responsabilidade financeira que minha mãe me impusera. Disse a mim mesmo que, quando chegasse a hora – o que, para mim, seria apenas depois de alcançar o que desejava profissionalmente –, eu me faria presente na vida de Zoe. "Ano que vem estarei melhor", dizia a mim mesmo. "Ano que vem, terei mais tempo." Na primavera de 1993, fui fazer meu *stage* no Georges Blanc, que era o nome do chef e do restaurante. Blanc tinha praticamente tomado a vila de Vonnas, perto da Suíça, na faixa de terra fértil do vale, onde se produzem os vinhos Beaujolais, Borgonha e Rhônes. Dentre os chefs da minha geração, Georges Blanc era uma referência. Pertencente a uma quarta geração de *restaurateurs*, ele foi o responsável pela promoção do restaurante da família, também chamado Georges Blanc, de respeitabilíssimo duas estrelas para três no *Guia Michelin*. Era um figurão, o primeiro chef mundialmente conhecido com quem eu teria contato. Tinha um heliponto nos fundos do restaurante para que pudesse preparar um almoço em Amsterdã antes de embarcar para Dubai, Cingapura ou o Japão. Eu nunca tinha visto um "chef celebridade". Aliás, sequer ouvira a expressão antes. Se, por um lado, Stocker era sério e dedicado, Georges Blanc tinha charme francês e faro para oportunidades. Turistas e hóspedes adoravam encontrá-lo: tinha riso fácil e beijava a mão das mulheres. Levava os clientes para fazerem um tour pela cozinha e revelava-se um guia envolvente e generoso. O restaurante era famoso entre os americanos, que sempre vinham para um jantar romântico ou de negócios; sem falar nos japoneses endinheirados que chegavam em ônibus lotados. Muitos desses japoneses viam o Georges Blanc como parada obrigatória no roteiro de restaurantes três estrelas da região. Na terça-feira, tem de ser o Alain Chapel. Na quarta, é o Georges Blanc.

Quando comecei a trabalhar com Blanc, ele estava com 50 anos e no auge do sucesso. Para chefs em início de carreira como eu, Blanc era um dos poucos considerados os melhores do mundo. Outro era Paul Bocuse, quase 20 anos mais velho que Blanc. Bocuse era o suprassumo da gastronomia do século XX, considerado o responsável por transformar a gastronomia arrogante em *nouvelle cuisine*. Havia um dos alunos de Bocuse, o austríaco Eckart Witzigmann. Havia Jöel Robuchon, em Paris, e Frédy Girardet, na Suíça. Os irmãos Roux, Albert e Michel, atuavam em Londres, mudando a reputação da culinária da cidade. Havia também Marc Haeberlin, que estava lançando seu L'Auberge de l'Ill, na Alsácia, um império de dimensões globais. Era flagrante a ausência de americanos na lista. Ou de italianos. Era a França que estabelecia os padrões mundiais e, naquela época, observando-se os restaurantes, todos faziam mais ou menos a mesma coisa: execução perfeita da cozinha francesa, alguns modernizados ou mais leves, mas, em termos de paladar, todos falavam a mesma língua.

Eu sabia que traçaria outra trajetória – as viagens no navio de cruzeiro haviam confirmado isso –, mas respeitava aquele idioma tal como um compositor moderno deveria respeitar Bach. Quanto mais o dominasse, mais liberdade eu teria para criar minha própria linguagem.

Em plena luz do dia, vi que a cidade de Vonnas pertencia a Georges Blanc. Quase literalmente. Ele havia comprado boa parte dos prédios da praça da cidade. Sem falar no luxuoso e singular hotel/restaurante, construído com vigas de madeira, para o qual eu me dirigia, Blanc havia criado um espaço de preços mais acessíveis, chamado L'Ancienne Auberge. Alguns anos antes, ele também tinha montado sua própria vinícola, próxima à cidade, e transformara a fachada de muitas casas em lojas especializadas, fazendo de Vonnas o paraíso dos amantes da gastronomia.

Na manhã seguinte, encarei o batente com nervosismo de estreante. Troquei o All Star pelas botas Doc Martens, minhas calças e jaqueta estavam limpas e impecavelmente passadas e, completando o visual, usava uma gravata simples de tom escuro. Finalmente, havia conseguido chegar à Primeira Divisão no mundo da gastronomia; era o nível mais alto. A Primeira Divisão é um clube exclusivo. Uma vez membro, o cara já se estabeleceu, o que não quer dizer que possa fazer corpo mole. Todo mundo no Georges Blanc trabalhava comprometido com a excelência. Todo mundo – do garoto que limpava as taças até a mulher que arrumava as flores – trabalhava em ritmo frenético, sem tempo para sentar, todos voltados para o objetivo comum de deixar o hóspede extasiado.

Vivíamos em constante competição: conosco mesmos, uns com os outros e com outros restaurantes três estrelas. Tínhamos de pisar em ovos o tempo todo. Não demorou muito para eu dar graças a Deus por não ter ido do Belle Avenue direto para a França. Quando saí de Gotemburgo, ainda estava em início de carreira. No Georges Blanc, era preciso matar um leão por dia. Minha persistência em ir para a França teria me custado muito caro.

Naquele primeiro dia, atravessei a praça perfeita, repleta de lojas, todas reformadas em estilo medieval, com fachada em gesso e estrutura em madeira aparente. Tive a sensação de estar num parque temático para gourmets, planejado com o maior refinamento. Pensei que estivesse apenas atravessando a praça a caminho do Georges Blanc, mas, ao chegar lá, o funcionário do departamento de RH puxou minha ficha, confrontou-a com uma lista e disse:

– *Boulangerie*.

Tornando a sair, fui até uma das lojas da praça, uma padaria, que seria minha casa nos próximos meses. Meu trabalho não seria na cozinha do restaurante propriamente, mas, mesmo assim, eu me sentia membro da equipe. Baixou a mesma sensação que tive na horta do Victoria Jungfrau: havia muito a aprender. Nunca havia provado um pão com aquele sabor. Um croissant saindo quentinho do forno é uma coisa linda de se ver. Agora sei como é feito, quanto de manteiga leva e o quanto ela precisa estar fresca para criar aquela leveza e aquela casca de aspecto flocado. Nossa loja também preparava lanches rápidos para viagem e refeições que os turistas poderiam levar para comer no caminho rumo ao interior, atravessando campos de milharais, visitando vinícolas e passeando pelas fazendas de criação de *poulets de Bresse*, uma espécie de frango típica da região, tão especial que ganhara o selo AOC, certificado de autenticidade conferido a produtos, como o queijo Roquefort e a lentilha Le Puy.

Dos pratos preparados na loja, o meu favorito era a lasanha de lagosta, completamente distinta de outras que eu já comera. Era preparada com lagosta fresca. E em quantidades generosas. Reservava-se o rabo para ser usado na cozinha e nós ficávamos com as patas, o corpo e as pernas. Extraíamos o máximo de carne possível e usávamos a casca para fazer o caldo. Depois preparávamos a lasanha, cujas camadas entremeávamos com espinafre cultivado em nossa própria horta, feito à *sautée*, com lagosta e tomates adocicados e secos no forno. O resultado era divino.

Eu mantinha a cabeça baixa e fazia o que me pediam, ciente de que, se executasse um bom trabalho, seria percebido e transferido para a cozinha. Era um acordo de benefício mútuo: eu

estava lá para aprender, mas também sabia que estavam passando um pente-fino pelos *commis*, à procura de alguém que pudessem somar à equipe. Um americano simpático com quem trabalhei lá, um grandalhão chamado Jeremy, tinha uma visão diferente. Ele estava na *boulangerie* havia mais de um mês e ainda não tinha sido transferido para a cozinha. Estava furioso:
– Por que não me deixam ir para a cozinha? Que besteira! Vou perguntar por quê.
– Não faça isso. Fique na sua. Sei que é uma droga, mas procure se manter o mais discreto possível.

Percebi que ele jamais iria para a cozinha. Seus dias estavam contados. Muitos americanos enfrentavam o mesmo problema em cozinhas na Europa. Não que não gostassem de cozinhar ou fossem inaptos. Pesquisaram, lutaram para chegar lá e trabalharam tanto quanto trabalhei para conseguir lugar em restaurantes como o Victoria Jungfrau e o Georges Blanc. Só que, para progredir nesse meio, é preciso dedicar-se de corpo e alma. Tempo, ego, família, relacionamentos, vida social, tudo isso é sacrificado. É a dose diária de humildade que muitos americanos acham difícil de engolir. Caras como Jeremy jamais conseguiriam reprimir o desejo de ser vistos ou escutados, de sobressair e deixar sua marca, de chamar a atenção do chef, falando "Só queria dizer oi e agradecer".

A questão é que ficar de conversa fiada com *commis* é o último item na lista de afazeres de um chef. Correção: nem está na lista.

Na época, muitos dos garotos europeus interessados em gastronomia vinham de famílias simples; alguns eram filhos de pequenos fazendeiros ou de donos de pousadas modestas. Eles sabiam exatamente o que era se dedicar de corpo e alma. Segundo a mentalidade europeia, se o garoto estivesse na cidade e visse o gerente-geral, devia atravessar a rua, sem ousar cumprimentá-lo. Se visse um maître vindo em sua direção, devia parar e esperar que ele passasse. Nada de errado tinha sido feito. Só era de praxe que se saísse do caminho. Nada de positivo viria de uma interação.

– Por que você acha que ele não gosta de mim? – Jeremy me perguntava, quando um dos *chefs de partie* entrava na loja e o ignorava.

– Não acredito que ele *conheça* você. Não creio que faça ideia de quem você seja. Deixe que as coisas permaneçam como estão. – Os americanos só percebiam os benefícios da invisibilidade quando já era tarde demais. Quando o sujeito começava a ser percebido, acabava no olho da rua.

O entregador de trufas estacionava a Mercedes-Benz e sentava a uma mesa com nosso chef; enquanto tomavam uma taça de vinho, fechavam negócios. Depois, seguia para outro três estrelas e fazia tudo de novo. O mesmo acontecia com o cara dos patos, com o das galinhas, com o dos queijos e com a mulher que nos vendia aspargos e vagens. Eu nunca tinha visto comida tão fresca e tratada com tanta reverência. Pela primeira vez, percebi o que faltava na Suécia. Lá os pescadores não iam direto ao restaurante e não havia uma produção agrícola que permitisse essa relação direta entre produtor e chef. No Belle Avenue, dependíamos de carregamentos de especialidades embaladas a vácuo ou congeladas, o que gerava uma separação crônica entre nosso produto e a sazonalidade. Passávamos o ano inteiro fazendo *foie gras* porque achávamos que um restaurante francês se resumia àquilo, mas em Vonnas usávamos a safra de aspargos que recebíamos em cinco pratos diferentes, todas as noites. Na seção de peixes, nunca abríamos as ostras durante a preparação, embora fosse necessário interromper o trabalho para abri-las para cada prato. Era uma questão de escolha, mas Blanc fazia questão de mantê-las frescas até o último minuto. As ostras que servíamos no restaurante chegavam vivas e dentro das conchas. Por isso, nem se comparavam às que chegavam ao Belle Avenue em potes. Cozinhar uma e outra era uma experiência completamente diferente: as ostras frescas eram mais secas, o que tornava o processo de caramelização muito mais rápido. Levava apenas alguns segundos para cozinhá-las; se não prestássemos atenção, passavam do ponto.

No Georges Blanc, seguíamos tudo passo a passo, sem atalhos. Os animais chegavam inteiros e a única coisa que não fazíamos era matá-los. Levei um tempo para aprender a limpar um pato selvagem. Se demorar demais, a gordura do bicho adquire a temperatura ambiente, e, ao depená-lo, é possível que se fure a pele, consequentemente estragando-se a carne. Para limpar as trufas, usávamos um palito e uma escova de dentes para remover a terra. Água, jamais. Armazenávamos as trufas em arroz seco e, depois que elas eram utilizadas, cozinhávamos o arroz. Era o acompanhamento mais aromático da face da Terra. Quando Blanc cozinhava alguma verdura no micro-ondas, não era para poupar tempo, como Stocker fazia em Interlaken. Era porque, diminuindo-se o tempo de cozimento, retinha-se o paladar.

A etapa que se pulava era aquela pouco compreendida, a etapa que incluía a gastronomia do restante do mundo, de forma que era desconhecida ou considerada inferior. Se tivéssemos forçado a barra e incluído esses sabores no cardápio, acredito que poderiam ter criado algo muito melhor.

Ao longo de gerações, o restaurante ficara conhecido por oferecer pratos impecáveis no cardápio. Éramos famosos pelo nosso *poulet mère Blanc*: frango guisado no creme. Para prepará-lo, só usávamos frangos locais e selecionados, cujo peso nem chegava a um quilo e meio. Depenávamos e escaldávamos um por um, retirando a pele. Depois os partíamos em pedaços, separando o peito para cozinhar em fogo brando e as partes mais escuras deixávamos de molho em caldo de galinha e creme até que as pernas e as coxas ficassem macias e o peito, ainda úmido. Deixávamos descansando naquele molho de um dia para outro. Depois retirávamos a carne e, com as sobras do molho, fazíamos outro, ainda mais encorpado e maravilhoso. O trabalho que dava para preparar aquele prato fazia dele um dos mais caros que eu já tinha visto. E a galinha também mostrava que, se fosse tratada com respeito e elegância, se habilitava a dividir espaço no menu com lagosta, trufa e outros ingredientes.

Na seção mais (ligeiramente) leve do cardápio, Georges Blanc refogava escarola em mel e manteiga, depois colocava lagosta cozida no vapor por cima e finalizava com manteiga, mostarda e limão. Talvez não pareça tão leve, mas a ausência de molho cremoso era praticamente revolucionária.

George Blanc estabeleceu sua culinária baseada em três princípios: preservar a herança rústica e genuína de seus antepassados, manter o padrão de qualidade que lhe havia rendido sua terceira estrela no *Guia Michelin* e, por último, um terceiro mais distante, que era olhar para o futuro, investigando novas técnicas e ingredientes.

Um prato que exemplificava essa última categoria era um antepasto feito com perna de rã ao curry e purê de ervilhas. Quando as pernas de rã eram entregues no restaurante, tínhamos de limpá-las, remover a pele e cortá-las em filetes reluzentes. Depois os refogávamos com alho e cebola até que a carne, pálida, adquirisse um tom marrom-dourado. Em seguida, a desossávamos com a ponta da faca, tomando o cuidado para não deixar que se desfizesse e virasse mingau. Servíamos com purê de ervilhas. Para o preparo do purê, usávamos curry indiano em pó, já processado, que vinha numa lata grande de cor amarelo-alaranjada. Depois misturávamos os ossos das pernas da rã com alho, sal e manteiga, caldo de galinha, vinho branco, creme e ervilhas. Assim que dispúnhamos o purê no prato, arrumávamos as pernas das rãs e cobríamos com espuma de curry.

Aquele prato era famoso e, de certa forma, uma surpresa de se encontrar em Vonnas. Era uma prova de que Georges Blanc mantinha-se atento durante as viagens que o levavam para fora de seu universo, procurando introduzir aqueles sabores em sua cozinha desde que pudesse estabelecer alguma conexão entre eles e as tradições culinárias francesas. Seu exemplo teve um valor inestimável para mim quando assumi a cozinha do Aquavit um ano mais tarde. No Aquavit, descobri que não precisava negar o interesse pelos sabores que havia provado durante minhas viagens ao redor do mundo. No entanto, tinha a obrigação – e um sincero desejo – de preservar a identidade sueca do restaurante. Georges Blanc me mostrou como manter o equilíbrio entre esses dois objetivos conflitantes.

Quando cheguei ao Blanc, já havia abandonado o ritual de vomitar antes de um evento importante. Ainda tinha dores de estômago, mas, mesmo no universo competitivo e exigente daquela cozinha, cheguei a um ponto em que sentia que merecia estar ali. Queria aprender, mas também contribuir, provar que haviam feito a escolha certa ao me convidar. Estava tão determinado a fazer um bom trabalho que recusava convites para sair com a equipe, e até para jogar futebol na liga inter-restaurantes. Por mais que adorasse futebol, não queria transformar minha ida à França numa viagem futebolística. Não queria me destacar por qualquer outra razão que não fosse meu trabalho como chef.

Em Nova York, tive o prazer de fazer amizade com negros. Na França, porém, raramente conversava com o outro negro da equipe, um lavador de pratos africano. Nosso único contato era quando eu lhe passava panelas sujas. Para ser honesto, eu temia quaisquer excessos de intimidade e estereótipos. Não queria que ele se virasse para mim e dissesse: "Ei, irmão africano", o que acabaria nos metendo em confusão por perder tempo. A verdade é que eu não conversava com ninguém, embora me incomodasse o fato de não falar com ele. No fim das contas, pertencíamos à mesma subclasse, vítimas de um tipo de preconceito que se fazia presente na linguagem comum da cozinha. Assim como na Suíça, o termo francês para designar os profissionais da camada mais baixa da hierarquia era *negre*, cuja tradução é "negro". Ouvi o termo ser usado inúmeras vezes por gente politicamente correta, que se acha cosmopolita e livre de preconceitos, mas lá estava a palavra desgraçada e, sempre que a escutava, ela soava mais do que uma mera palavra: era mais um obstáculo que eu precisava transpor.

Precisava criar minhas próprias válvulas de escape. Eu era careta demais para recorrer a drogas ou ao álcool, como faziam muitos cozinheiros que eu conhecia. Resolvi correr. Alguns dos meus melhores momentos na França eram quando eu tirava folga e ia correr pelos milharais e vinhedos. Para todo canto que olhava eu via a origem da comida que preparávamos. Os agricultores levavam uma vida simples, em contato direto com a terra; os homens usavam calção e botas, e as mulheres, muito parecidas com minha avó, usavam vestido estampado com flores e avental. A corrida liberava em meu cérebro altas doses de serotonina, mas grande parte de minha alegria era pelo simples fato de estar ali, naquele momento. Foi uma época sem grana, sem mulher e de muito trabalho, mas sabia que era sorte minha estar vivendo tudo aquilo.

Georges Blanc e a mulher, Jacqueline, que trabalhava no salão do restaurante, sempre levavam clientes privilegiados para visitar a cozinha. Na qualidade de funcionários, nunca fazíamos contato visual; sabíamos que devíamos nos comportar com reverência e falar – apenas o estritamente necessário – em voz baixa. Quando Georges Blanc percebeu minha disposição para o trabalho, minha competência para realizar tarefas e meu domínio do inglês, passei a acompanhar as demonstrações de preparo. Blanc não era do tipo que deixava de notar um potencial. Na maioria das demonstrações, eu ficava do lado e traduzia para o chef que estava de fato cozinhando. Ou então era escalado para um serviço de *catering* na vinícola de Blanc, quando ele sabia que haveria muitos falantes de língua inglesa. Eu não estava simplesmente traduzindo pedidos de omelete, como fizera na Suíça; agora era responsável por explicar conceitos, estabelecendo uma real interação.

Quando a situação ficava difícil, eu sempre pensava em Mannfred. Lembrava-me de seu talento em seguir adiante. Tentava fazer o mesmo e não levar nada para o lado pessoal, a enxergar oportunidade em qualquer situação. E se tivesse de cozinhar para o cachorro de Georges Blanc? *Stage* é *stage* e eu dava o meu melhor. Aquele retriever velho e mal-humorado comia melhor do que qualquer pessoa: eu pegava um pedaço de filé, temperava com sal e pimenta, dava uma rápida selada e às vezes colocava um pouco de mostarda. O resultado final me fazia lembrar o filé à Rydberg, um clássico sueco que servíamos no Aquavit. O cachorro não ligava muito para a procedência do prato: devorava tudo no instante em que a tigela tocava o chão.

Também era de responsabilidade dos *commis* o preparo das refeições vespertinas da equipe. Não recebíamos instruções nem receitas e desconfiei que aquela era a chance que os chefões nos davam para brilhar. Se fazíamos um bom trabalho, eles nos avisavam.

Às vezes, numa panela de ferro, eu preparava *röschti*, uma comidinha caseira suíça. O prato me fazia lembrar do Victoria – Mannfred, Giggs, Stocker –, o lugar onde passei de *commis* a chef júnior em ascensão. Outros preparavam pratos mais sofisticados, mas aprendi a proporcionar paladar genuíno, com sabor caseiro. Eu desenvolvia lentamente os aromas, atento ao fato de que o bacon libera sal e a maçã e o caldo caramelizado adocicam a receita. Quando servia, todos faziam sinais universais de aprovação: estalar de lábios, beijo nos dedos, brandir de garfos e gemidos. Aqueles caras entendiam de comida e de sabor. Assim, quando me diziam que o prato estava bom, sabia que estavam sendo sinceros. Eu sabia que tinha talento. Alguns dos pratos que preparei para a equipe em Vonnas aterrissaram anos mais tarde no cardápio do Aquavit.

Quando Georges Blanc me ofereceu emprego em tempo integral, percebi que era hora de ir. Para mim, aquele convite equivalia a um diploma, prova de que havia me saído bem, mas eu queria partir para outras fronteiras, lugares com sabores mais ousados, a serem elaborados e consumidos por um número de pessoas que refletissem uma parcela maior da população mundial, na qual eu me incluía.

O convite de Blanc era tentador; eu havia me apaixonado pela atmosfera do lugar, pelo trabalho com ingredientes orgânicos e sazonais, antes mesmo que se tornassem uma tendência.

No dia em que ele me fez o convite, entretanto, eu estava no frigorífico com um chef que tinha resolvido dar uma bronca no *commis* japonês. O chef era alguns anos mais novo do que o *commis*, que, como a maioria dos japoneses que foram trabalhar no Blanc, era excelente profissional, meticuloso e rápido. O chef era um cara metido a besta que gostava de demonstrar poder. Não satisfeito em chamar o *commis* de idiota e amador, destruiu seu *mise en place*, o frigorífico deixando uma bagunça. Quando os berros não foram suficientes para ele canalizar sua raiva, deu um soco no estômago do *commis*. Bem na minha frente.

O *commis* não disse sequer uma palavra. Como reflexo, antecipando o golpe, flexionou o tronco, quase quebrando a mão do chef. O *commis* ia ficar bem, mas lembro-me de que naquele instante pensei: "OK! Já aprendi tudo o que tinha para aprender aqui. Hora de dar o fora."

Aquele era o lado obscuro da tradição francesa. Todos os chefs haviam passado por aquele sistema violento, em que só o alto escalão tinha alguma estabilidade no emprego. Nem os *chefs de partie* sabiam se levariam um soco ou se seriam demitidos no dia seguinte. Além disso, quando se coloca um monte de caras num recinto, é briga na certa. Pergunte a qualquer dos grandes chefs e ele vai lhe dizer que já presenciou violência na cozinha. Não é o que faço. Não é assim que trato as pessoas, mas não posso negar que era assim. No final da década de 1990, graças à competitividade no mundo da gastronomia, esse absurdo começou a desaparecer. É difícil encontrar bons cozinheiros: hoje, eles têm muitas opções e, se forem tratados dessa forma, vão embora. Graças a Deus os tempos mudaram.

Mesmo tendo recusado o convite de Blanc, a minha saída foi tranquila. Como sei que a saída aconteceu sem problema?

Porque, mais tarde, eu mesmo enviei alguns funcionários meus para fazerem *stage* lá. Um deles foi um rapaz negro, cujo caminho tenho orgulho de ter ajudado a trilhar. E Georges Blanc finalmente ousou ao contratar um *negre*, e o *negre* acabou se mostrando muito talentoso.

Dezessete – Mais um copo de aquavit

Quando minha temporada no Georges Blanc chegou ao fim, sentei e escrevi três cartas. A primeira foi para o apresentador de um programa de entrevistas a que eu costumava assistir na época do estágio no Aquavit. O cara era todo elétrico, engraçado e, acima de tudo, inteligente.

"Caro Senhor Letterman", escrevi. "Já considerou a possibilidade de se aventurar pelo mundo da gastronomia?"

Escrevi carta semelhante para Oprah Winfrey, que já era muito mais do que uma personalidade do mundo da TV e certamente enxergaria a grande sacada de entrar em sociedade comigo.

"Cara Senhorita Winfrey", comecei. "Não pode haver acompanhamento melhor para seus papos diários do que um restaurante..."

Só para garantir, escrevi também para o fundador do Aquavit, Håkan Swahn.

"Se me contratar", prometi, "vou fazer do Aquavit um dos melhores restaurantes da cidade."

Só Håkan respondeu.

Eu tinha 24 anos e não sabia o que estava dizendo. Não sabia como o sistema norte-americano de avaliação funcionava, tampouco a diferença entre *Gourmet* e *Bon Appetit*. A única coisa que sabia era que, de todos os lugares onde havia morado, Nova York fora onde melhor me adaptara e estava disposto a fazer de tudo para voltar para lá.

O Aquavit foi inaugurado em 1987, ano em que entrei para o Tidbloms, em Gotemburgo, como estudante de gastronomia. Håkan Swahn e o chef Tore Wretman logo se destacaram das casas de *smorgarbord* que, por muito tempo, representaram a comida sueca nos Estados Unidos. Embora reverenciassem a alma e os ingredientes da cozinha sueca, tinham plena consciência de que estavam em Nova York, onde clientes sofisticados valorizavam ousadia no sabor e insumos frescos. Ao longo dos anos, o Aquavit teve dificuldade em encontrar quem assumisse a direção da cozinha. Todos os que Swahn escolheu para chef executivo eram suecos, mas isso não era garantia de que conseguiriam manter o nível de excelência que ele almejava. Um cumpria com rigor o preparo dos pratos suecos clássicos, mas não tinha iniciativa para criar; outro era sueco *demais* e não prestava atenção às preferências do cliente norte-americano. No mês de agosto anterior ao meu retorno, Swahn fez uma jogada arriscada ao contratar um *sous-chef* do Bobby Flay. Foi anos antes de Bobby ficar famoso com seu programa de TV, *Throwdown!*, antes do *Iron Chef* e do *Boy Meets Grill*. No entanto, ele já construíra sua marca com dois restaurantes, Mesa Grill e Bolo, além de ter ganho o prêmio Rising Star of the Year, conferido pela James Beard Foundation. Apesar de nova-iorquino e pertencente a uma quarta geração de americanos de origem irlandesa, Flay se apaixonara pela culinária do sudoeste e pela cajun, que foram, e ainda são, seu diferencial. Talvez pelo fato de sua história ser tão heterodoxa, Bobby não via problema algum em contratar Jan Sendel, um jovem sueco que fora para Nova York tentar carreira de ator e jamais havia passado por nenhum curso de culinária. Bobby ocupou-se inteiramente de Jan, cuja paixão era uma bênção e uma maldição. Jan adorava gastronomia e era um aluno de-

dicadíssimo, mas também se entediava num estalar de dedos. Mesmo assim, depois de 18 meses de um bom trabalho em dupla, Bobby o promoveu a *sous-chef*.
 O mundo da alta gastronomia de Nova York é pequeno e Håkan acabou por saber do desempenho impressionante de Jan no Mesa. Quando precisou de um novo chef para renovar e incrementar o cardápio do Aquavit, ele convidou Jan. Foi uma atitude ousada, uma vez que Jan tinha apenas 32 anos e nunca administrara uma cozinha na vida. Mas Håkan não teve medo de apostar todas as fichas no rapaz que esbanjava talento. Jan, por sua vez, não conseguiu resistir ao convite de se tornar chef executivo. Foi para o Aquavit em agosto e, quando comecei lá, cinco meses mais tarde, ele já havia começado a mudar as coisas.

No dia 31 de dezembro de 1994, saí de uma festa de Ano-Novo em Gotemburgo antes da meia-noite. Minha mãe me levou até o aeroporto. Dormi durante o voo e só fui acordar em Nova York no dia 1º de janeiro. Era um dia morto, como provavelmente é em qualquer lugar do mundo, mas eu não estava nem aí: tinha 300 dólares em cheques de viagem e uma nova etapa de vida pela frente.
 Comecei no Aquavit no dia seguinte. No minuto em que pus os pés na cozinha, que ficava no subsolo, senti uma vibração nova. Havia menos suecos na equipe e o rádio estava nas alturas. Chris Larsson fora um chefe tranquilo, mas Jan era o extremo oposto. De cabeça raspada e botas Doc Martens de cano alto, batia com a aliança de casamento sobre a superfície de metal do balcão sempre que queria chamar a atenção de um garçom. Quando algum garçom fazia merda, Jan xingava

e berrava até ficar rouco. Adorava os holofotes e, se não houvesse nenhum voltado para ele, certamente tratava de criá-lo.

Os suecos, que anteriormente formaram a maioria da equipe, haviam sido substituídos pelos rapazes do Mesa Grill, de forma que a influência de Bobby rondava o ambiente e determinava como as coisas deveriam ser feitas.

Nenhum dos caras do Mesa Grill criticava mais Jan do que Larry Manheim, seu *sous-chef* e braço direito, um quarentão nascido no Bronx. Larry era bom cozinheiro, mas também atuava como uma espécie de gerente da cozinha: na hora de botar o lixo para fora, sempre arrumava alguém para fazer o serviço. Quando o cara do peixe vinha, era Larry que falava com ele. Assim, Jan ficava livre para criar novos pratos. O burburinho na cidade sobre o novo chef do Aquavit começou a renovar as esperanças da equipe.

Fui contratado para integrar aquele balaio de gatos, porque Håkan teve a sabedoria de perceber algo além do ingênuo tom de bravata no texto da minha carta. Obviamente, eu falava besteira, mas pelo menos meus objetivos se alinhavam com os dele, minha paixão pela cidade era patente e, o mais importante de tudo, eu já havia demonstrado, durante o estágio do ano anterior, minha capacidade em contribuir. Agora, com a experiência nos navios de cruzeiro e na França, eu só tinha mais a somar. E a temporada passada na Europa era algo que nem Jan nem Larry poderiam oferecer.

A formação profissional de Jan não tinha por referência a alta gastronomia e ele não dava a mínima para a França. Seus referenciais eram a América Latina, o sudoeste e, num segundo plano, a Ásia. Não preparava caldos clássicos; como erva básica, usava o coentro, em vez de tomilho. Abacate era de praxe. Se era num pote que estava o sabor desejado, era ao pote que

Jan recorria. Se fosse possível reproduzir o Mesa Grill com uma verve sueca, ele o teria feito. O problema era que havia uma enorme distância entre aqueles sabores. Havia pratos em que era possível combiná-los, como a panqueca de milho-azul com gravlax, mas o equilíbrio que ele buscava era um desafio a ser vencido.

O que eu adorava na culinária de Jan era sua incessante busca pelo paladar. Podia até nunca ter estado na França, mas o lado positivo disso era que ele não se prendia à tradição. Confiava no próprio paladar, que, aliás, era de inigualável excelência. Adorava as pimentas picantes do sudoeste, mas também era adepto de sabores asiáticos, como o missô e o galangal, que pareciam combinar naturalmente com ingredientes suecos. Por ter estado nos países de origem daqueles produtos durante o tempo em que trabalhei nos navios de cruzeiro, tinha a sensação de uma maior intimidade com aqueles sabores do que ele. No entanto, eu não estava lá para desafiá-lo e sim para trabalhar para ele. Chegava cedo, trabalhava com afinco e mantinha a boca fechada.

Jan gostou de mim logo de cara. Talvez pelo fato de eu ser negro. Antes de terminarmos nossa primeira conversa, fez questão de me dizer que era casado com uma americana afrodescendente. Sorri por educação, mas pensei: "E daí?" Que importância tem isso? Cansei de ouvir aquele tipo de papo. O que realmente me impressionou em relação à mulher dele não foi a cor, mas as vitrines que ela fazia para a Bergdorf Goodman. Da primeira vez que morei em Nova York, passava pela porta da loja todos os dias. Para um cara duro, mas com senso estético, a Bergdorf era uma espécie de ilha da fantasia. Conhecia cada centímetro daquelas vitrines e, a cada mudança de estação, observava a troca de tecidos, cores e estilos. Um dia, vou entrar aí, pensava.

Talvez Jan gostasse de mim porque percebia que eu estava completamente à vontade exercendo função de apoio. Na maior parte do tempo, era disso que ele precisava: apoio. Jan ainda não era famoso, o que dificultava a contratação de cozinheiros experientes. À exceção de Larry, Jan e alguns amigos do Mesa Grill, a equipe do Aquavit contava mesmo era com recém-formados em escolas de gastronomia, jovens que um dia talvez viessem a ser bons cozinheiros, mas que chegaram ao restaurante com pouca experiência.

Durante as primeiras semanas, recebi vários convites de Jan para acompanhá-lo em suas saídas com o pessoal do Aquavit:

– Vamos lá, Marcus. Venha tomar uma rodada com a gente.

Saí com eles algumas vezes, quando ainda mal sabia o nome das pessoas, mas logo parei. Gostava do pessoal com quem trabalhava, mas não estava muito a fim do champanhe caro e da cocaína que sempre os acompanhava madrugada afora. Eu queria ser levado a sério, e frequentar bares, clubes, puteiros e ficar doidão parecia o jeito perfeito para se acabar em uma situação nada profissional. Além disso, a última coisa de que eu precisava era fazer papel de babaca na frente do chefe. Para mim, era uma loucura garçom e cozinheiro saírem com Jan e ficarem chapados. Aquilo só tinha a dar errado. Quando eu saía, era com a turma de sempre: Mes, Sam e Teddy. Não haveria problema se eu fizesse besteira, pois não eram eles que pagavam meu salário.

Ainda bem que estabeleci esse limite. Só veio a facilitar as coisas. Eu gostava do rumo que Jan estava trilhando com sua culinária. Conversávamos muito sobre que adaptações fazer no cardápio durante a primavera e que pratos incluir em março. Minha formação clássica em gastronomia era de muita utilidade ao planejarmos um novo prato e ele estava sempre disposto a testar uma receita que eu havia inventado.

– Mostre aquele pato de que você estava falando – disse-me ele um dia depois do expediente.

– Amanhã vou preparar para você.

Na manhã seguinte, mergulhei dois peitos de pato na água com sal e os mantive submersos com a ajuda de um prato, exatamente do jeito que minha avó me ensinou a curar carne e peixe. Seis horas depois, retirei um dos peitos da salmoura e salteei no mel e no shoyu. Servi uma fatia a Jan. Ele mastigou de olhos fechados e cenho ligeiramente franzido.

– Bom, mas vamos adicionar mais ingredientes – sugeriu.

Então, salteamos o segundo peito, dessa vez adicionando capim-limão e folha de combava Kaffir. Ficou fantástico.

– Vou incluir no cardápio – decidiu.

As coisas caminhavam bem para todos nós. Jan fixava cada artigo sobre o Aquavit no quadro de avisos perto do vestiário. Eram todos muito elogiosos. Naquele ano, o Dia dos Namorados caiu numa terça-feira. Mesmo assim, o restaurante estava lotado, o que animou a todos. Dois dias mais tarde, Jan entrou na cozinha com uma folha de fax enrolada.

– Olhe isso aqui, cara – falou, passando o papel para mim.

Era a prévia de um artigo sobre Jan e sobre o restaurante, que seria publicado numa revista de *Nova York*. O texto elogiava Jan por seu espírito de liderança em apenas seis meses à frente do Aquavit. Seu carisma também transparecera para o jornalista, que o chamou de chef "estilo MTV". Jan vibrava.

Naquele sábado, à noite, o restaurante foi tomado pelo pessoal que jantaria antes do teatro, e, na última hora, o cozinheiro da seção mediana ligou avisando que faltaria porque estava doente. Que problemão!

A seção mediana é também conhecida como *friturier*, ou "fritura". Só que ele não se ocupava só disso, mas também ajudava os caras das seções próximas, normalmente as que lidam com carne e peixe. Jan substituiu o cozinheiro pelo jovem Allen, estudante de gastronomia que fazia estágio conosco. Devia ter uns 19 anos e, num bom dia se trabalhasse na seção *garde manger*, seria auxiliar de terceiro nível. É provável que ele tenha considerado aquela como sua grande chance. Além disso, como poderia recusar?

– Não vá me fazer merda – advertiu Jan. – Hoje não!

– Sim senhor, chef – respondeu ele, um tanto afoito. – Sim senhor.

Allen não segurou a onda. Era novo e inexperiente demais para encarar tudo aquilo. Ele se enrolou e fez bobagens logo de saída. Não deixara preparada uma quantidade suficiente de ingredientes, de forma que começou a ficar sem insumos. Enquanto isso os clientes começaram a temer não conseguir chegar ao teatro antes do início do espetáculo. Allen se enrolou com os pedidos e, se parasse de cozinhar para separar ingredientes, o prato que um cozinheiro experiente levaria três minutos para preparar levaria 15. Eram 12 minutos que não poderíamos nos dar ao luxo de perder. Os cozinheiros responsáveis pelas seções de carne e peixe desistiram de pedir ajuda a Allen e o restante da equipe tentou ajudá-lo, mas não adiantou. Ficamos meia hora sem conseguir liberar um pedido sequer. Os clientes reclamaram; irritadíssimos, os garçons traziam de volta os pratos mal preparados, devolvidos pelos fregueses. Quando aquela leva de clientes foi embora, tivemos um intervalo de meia hora antes que o movimento regular aquecesse novamente. Foi quando Jan deu um ataque.

– Você está querendo me foder, porra? – Jan vociferou para Allen, que, de ombros encolhidos, na frente do frigorífico, procurava ocupar o mínimo de espaço possível.

Jan deu um chute na porta do frigorífico com um de seus Doc Martens. A maçaneta soltou da porta e caiu no chão, provocando uma nova torrente de palavrões, alguns em sueco, arrematados pelos punhos de Jan agarrando Allen pela camisa e o arremessando contra a porta de aço do frigorífico.

– Por que o chef simplesmente não demite o cara? – resmungou um dos cozinheiros da seção de carnes. – Seria muito menos sofrido para todo mundo.

O restante do turno não foi menos desastroso. Quando finalmente terminamos de destruir a cozinha naquela noite, eu estava mais do que pronto para bater o cartão e ir embora. Nosso chef e a galera de sempre saíram para tomar um drinque, e eu, educadamente, recusei o convite. Fui dormir.

– Até segunda – disse a Jan na saída.

Foi minha folga no domingo e, na segunda, voltei ao trabalho como sempre. O Aquavit ficava em frente ao hotel Península. Quando entrei, cumprimentei meu camarada Joey, o porteiro.

– *Yo*, Marcus. Ouvi dizer que houve um acidente no Aquavit – comentou quando passei.

Não lhe dei muita atenção, passei pela porta e registrei minha entrada. Dois cozinheiros deixaram o elevador de serviço em direção à saída – a direção oposta a que deviam estar tomando.

– Aonde estão indo, seus palhaços?

– Jan morreu, cara. O restaurante está fechado.

Morreu? Não consegui digerir a notícia. Continuei caminhando. Entrei no elevador, desci um andar e atravessei o restaurante feito um zumbi. O átrio de sete andares estava lindo como sempre, com água escorrendo pela superfície de cobre esculpido que cobria uma das paredes e o gigantesco móbile suspenso, uma variedade de pipas coloridas emprestadas do

Museu de Arte Moderna. Quando entrei no subsolo, avistei Adam, o gerente do restaurante e um dos melhores amigos de Jan, sentado em um banco, sozinho. Adam não era de ficar parado, mas lá estava ele, segurando com as duas mãos um copo de café, as lágrimas descendo pelo rosto. Foi aí que caiu a ficha. Jan havia morrido.

Dezoito – **Vida após a morte**

– *Vi sitter alla i en knepig plats här* – falou Håkan, quando sentamos no restaurante vazio. "Estamos todos numa situação difícil aqui." Ainda não havia anoitecido, mas a tristeza e a escuridão do inverno tomavam conta do lugar. Alguém trouxera uma cesta com torradas suecas e um ramekin cheio de pasta de caviar. Håkan mergulhou uma faca nas ovas amareladas e espalhou sobre uma torrada, mas deixou-a no prato, intocada. Puxei o guardanapo à minha frente e comecei a dobrá-lo e desdobrá-lo.

Håkan foi curto e grosso: ninguém ali estava em condições de assumir o restaurante. Já fora arriscado demais ter apostado em Jan, um novato de 32 anos. Assim, Håkan iria para a Suécia procurar alguém para substituí-lo. Será que eu ia aguentar um novo chefe?

– Sim.

Enquanto isso, Larry assumiria o comando. Era mais velho e um gerente nato. Quanto a mim: dias antes de morrer, Jan tinha dito a Håkan que me queria como *sous-chef*. Eles ainda não tinham me dado a notícia, mas chegara a hora. Eu poderia assumir a posição, desde que estivesse disposto a receber ordens de Larry.

– Sem problema.

Reabrimos no dia seguinte. Larry, provavelmente o melhor amigo de Jan, se esforçou para deixar o sentimento de lado e trabalhar, como se nada tivesse acontecido. Organizando a escala dos turnos, encomendando produtos e mostrando que a vida seguia, Larry manteve a equipe unida. Nos primeiros dias após a morte de Jan, estava todo mundo ainda em estado de choque, desconcentrado, desmotivado, o que tinha impacto sobre os pratos.

– Controlem-se! Temos clientes para atender! – vociferava Larry.

Honestamente, não acredito que o restaurante tivesse sobrevivido se Larry não tivesse tomado as rédeas. Seu autocontrole era tamanho que Håkan, temendo que se tratasse de um estado doentio de negação, sugeriu que tirasse alguns dias de folga, do contrário ele acabaria tendo um colapso nervoso. Larry não aceitou a sugestão, alegando que quem vinha da periferia, como ele, estava acostumado a tragédias.

– Olhe, a maioria dos meus amigos de infância já morreu, alguns ainda crianças. É horrível, mas já me acostumei. Preciso continuar meu trabalho.

Larry era uma rocha, mas não havia como esquecer por completo a perda do amigo carismático e talentoso. Sem Jan no comando, os outros caras do Mesa começaram a ir para os restaurantes de Bobby – a princípio aos poucos, depois como ratos abandonando um navio a pique. Toda semana, perdíamos um funcionário, e como não éramos assim tão famosos, não havia uma fila de gente querendo trabalhar conosco. A equipe ficava cada vez menor, o que fez com que acabássemos por transformar os lavadores de pratos e os auxiliares de serviços gerais em cozinheiros. Gastei um tempo enorme ensinando o pessoal a picar cebola sem se cortar.

A quem visitasse a cozinha do restaurante nos meses seguintes, pareceria que Larry estava tocando o barco tendo a mim como seu braço direito. Mas havia três à frente da cozinha, sendo o terceiro o espírito de Jan. Estivéssemos preparando o cardápio de primavera ou tentando traçar o fluxograma, alguém sempre trazia seu nome para as discussões.

– Mas Jan nunca...
– Não acho que Jan faria isso...
– Jan não gostava de...

Larry administrava a cozinha, falava com a imprensa, com o cara do peixe e com os lavadores de pratos; eu elaborava o cardápio e atuava onde Larry julgasse que eu fosse necessário. Acabamos nos entrosando, mas, mesmo nutrindo um enorme respeito por ele, às vezes eu sentia que Larry não entendia nada da cozinha sueca. Na verdade, ele nunca estivera na Suécia, o que dificultava a criação de novos pratos. Anos mais tarde, Larry construiu uma grande carreira em Las Vegas, mas nada que tivesse a ver com a Suécia. A Suécia não estava nele.

O referencial de Larry era Nova York. Depois de mais ou menos um mês, foi inevitável que ele voltasse a trabalhar com seu conterrâneo, o nova-iorquino Bobby Flay. Larry informou que ficaria conosco, mas só até Håkan encontrar outro cara. Isso acontecendo, ele sairia. Eu também poderia ter ido embora, mas não queria deixar um lugar que havia sido tão bom para mim. Além do mais, para onde eu voltaria? Como ainda não tinha o *green card*, teria de voltar para a Suécia. Uma vez aqui, por que não fazer a coisa andar? Håkan tinha um enorme tino para negócios, era louco pelo restaurante e eu queria ver quem ele poria para substituir Jan. Continuei dando duro, trabalhando com os cozinheiros mais jovens, elaborando o cardápio com Larry e resolvendo os problemas que surgiam.

Por volta do fim de abril, Larry resolveu que não podia mais esperar e deixou o Aquavit para voltar a trabalhar com Bobby. Håkan ainda não havia encontrado o substituto de Jan.

– Conseguiria segurar as pontas por mais um mês, mesmo sem Larry? – perguntou-me Håkan.
– Sim – respondi, mesmo sem saber como daria conta daquilo.

Håkan foi para a Suécia, Larry partiu e eu continuei a tocar a cozinha, contando apenas com a ajuda de dois rapazes, Nicholas e um outro Marcus. De um jeito ou de outro, conseguimos impedir que a vaca fosse para o brejo.

Ao voltar, Håkan me chamou à sua sala.
– Encontrou o novo chef? – perguntei.
– Acho que sim.
– Quem é?
– Você, Marcus. Quero que seja o novo chef executivo do Aquavit.

Nunca revelamos à imprensa, mas a morte de Jan estava relacionada às drogas. O cara enfartou aos 32 anos. Em muitos restaurantes de Nova York, a década de 1990 ainda tinha muito da de 1980. A turma de Jan pegava pesado na farra.

Tanto na Suíça quanto na França, saíamos para beber depois do expediente, mas nada perto do que aqueles caras faziam. Giggs não admitia que não estivéssemos sóbrios no dia seguinte. Mas com Jan e alguns dos sujeitos que ele contratava, as noitadas regadas a droga trouxeram as inevitáveis consequências: as alterações de humor, faltas, esquecimentos; às vezes, um cara se esquecia completamente de qual era o prato do dia. Por isso, precisei não apenas reorganizar a cozinha, mas deixar claro que o Aquavit não era mais lugar de farra.

Para aceitar o cargo, fiz apenas uma exigência: o *sous-chef* seria alguém da minha escolha. Listei todo mundo com quem havia trabalhado, pensei onde poderia encontrá-los e imaginei se conseguiriam se integrar à caótica realidade do Aquavit. No fim, só um deles estava apto a preencher a vaga: um sueco chamado Nils Norén. Era alguns anos mais velho do que eu e chef em ascensão em Estocolmo. Trabalhava num excelente restaurante, chamado KB, primeira casa sueca a receber um *macaron* Michelin. Nils fizera um *stage* no Aquavit no início daquele ano e, nas duas semanas que passou em Nova York, nos entrosamos inusitadamente bem. Sabia que conseguiríamos trabalhar juntos. Além de termos a Suécia em comum, éramos de formação clássica. Nils tinha a França como parâmetro, mas sabia que não podia se limitar a ela. Também dividíamos a mesma frustração pela forma como a Suécia encarava a alta gastronomia, limitando-se ao básico das cozinhas francesa e sueca.

Normalmente, o *stage* envolve observação e execução lenta e desajeitada desses estagiários. Só que o Aquavit, à época, passava por carência de funcionários, o que levava Jan a alocar Nils na seção mediana, bem em frente a mim, que estava responsável pela seção de peixes. Essa proximidade permitiu que observássemos um ao outro trabalhando sob pressão. Nils era controlado, preciso no que fazia e extremamente dedicado, mas não tinha nada de convencional; ouvia reggae e conhecia vários lugares, incluindo a Ásia e a África do Sul. Enfim, o histórico de Nils afinava com o meu. Por isso, assim que Håkan me deu o OK, tratei logo de ligar para ele. Eu esperava que Nils me desse uma resposta cuidadosa, no melhor estilo sueco. Imaginei que me agradecesse, dizendo que ia analisar o convite, retornando logo em seguida. No entanto, sua resposta se resumiu a uma palavra: "Certamente."

Foi a minha primeira contratação, excelente por sinal. Trabalhamos juntos por 10 anos. Jamais brigamos. Nils também tinha o desejo de levar para o restaurante novos sabores. No entanto, nós dois sabíamos que precisávamos inovar sem assustar Håkan ou a clientela costumeira. Um dos problemas de assumir a cozinha foi que o Aquavit era famoso por servir vários pratos tradicionais suecos: arenque, gravlax e almôndegas nunca sairiam do cardápio. Desde o Belle Avenue, eu não preparava um prato típico sueco, mas, à medida que passei mais tempo preparando-os, meu gosto por eles voltou. Também senti necessidade de atualizá-los.

A vantagem de estarmos em Nova York era que nossos clientes habituais não tinham grande conhecimento da culinária tradicional sueca: só conheciam os pratos de que gostavam. Vi aí a oportunidade de dar uma repaginada no cardápio. Poderia fazer o arenque com menos sal; apimentar o salmão defumado; mesmo no *hovmästarsås* – um molho adocicado à base de mostarda e endro, servido com gravlax e quase sagrado na Suécia –, fiz ajustes, dando-lhe um sabor mais encorpado, acentuando o toque de nozes. Usar nozes de verdade seria oneroso e constituiria um desafio em termos de textura. Por isso, resolvi substituí-las por café expresso. Comecei testando o molho nos pratos especiais e a reação foi positiva. Acabamos por usá-lo como molho tanto para o arenque quanto para o gravlax. Mais tarde, até aboli o endro picado que sempre fora de praxe no prato. Senti que era clichê.

Por maior que fosse minha ânsia em devolver ao restaurante o antigo status, sabia que não daria para fazer tudo de uma só vez. Havia duas cozinhas para administrar: a do café, no andar de cima, que tinha muito movimento na hora do almoço, e a do restaurante, que enchia mais à noite. Resolvi, pelo menos naquele momento, não me ocupar do café. Transferi todos os cozinheiros suecos para o andar de cima, porque sabiam como produzir o sabor que deu fama ao café e por conhecerem bem a rotina.

Quanto ao restaurante, eu e Nils canalizamos toda a nossa criatividade para desenvolver pratos novos. Comecei consultando meus antigos diários, recordando os sabores, as combinações, os preparos de todos os lugares onde eu havia trabalhado, todos os cantos por onde passara: queria encontrar maneiras de combinar, com sotaque sueco, a eficiência dos suíços, a alma dos austríacos e o respeito pelos ingredientes que aprendera com os franceses. O segredo era deixar os frutos do mar como carro-chefe do cardápio. Mantive alguns dos pratos desenvolvidos por Jan, como a lagosta envolta em fatias de pera, e adicionei os que eu ia criando, testando e aprimorando assim que conseguia desenvolvê-los. Criamos uma rotina de sentar juntos depois do almoço, discutir as ideias e depois, separadamente, testá-las. Cada ideia passava por um teste criterioso – além de especularmos sobre sabor final, observávamos outros aspectos, como o visual, a temperatura ideal para servir e a textura desejada.

Nossa inspiração ia além da comida, o que foi fundamental. Eu desenvolvia uma receita imaginando, por exemplo, estar num barco no mar de Smögen; Nils, por sua vez, lia um livro sobre arquitetura e desenvolvia um conceito baseado na forma. Cada um tomava a liderança na elaboração de certos pratos; outros eram pura colaboração. Nils criou um maravilhoso contraponto para nossos pratos salgados e picantes com frutos do mar: *parfait* de queijo de cabra. Eu envolvia o salmão em papel vegetal e servia com molho de laranja e erva-doce. Preparei um tartar de salmão com salmão levemente defumado e o servi com torrada sueca e uma mostarda que desenvolvemos. Eu já sabia que queria fazer uma sopa de tomates com siri no meio. Então, assava em fogo baixo os tomates com sal, açúcar, pimenta-negra e alho. Depois recheava os tomates com salada de siri e os colocava no centro de uma tigela rasa com uma concha de sopa de tomates, com toque de gengibre e notas cítricas de capim-limão. Sabia que aquela combinação de sabores daria certo, e deu.

Eu e Nils dedicávamos todo e qualquer tempo livre à conquista de novos territórios, tendo o sabor como objetivo. Certa vez, por exemplo, em que desmistifiquei o deus do *hovmästarsas*, abriram-se as portas para novas experiências. Em meus passeios de patins, descobri as lojas paquistanesas e indianas entre a rua 27 e a Lex, onde encontrava óleo e sementes de mostarda roxa ou preta. Quando queria fazer um sorvete de jaca, pegava o trem D até a Grand Street, fazia uma compra rápida e corria de volta para o restaurante com as coisas dentro da mochila. Experimentava tudo o que me chamava a atenção; por não se tratar de ingredientes franceses sofisticados, eu não gastava muito. O melão amargo mais parecia um cruzamento de quiabo com pepino, mas, definitivamente, não era nem uma coisa nem outra. A lichia, quando descascada, parecia um ovo transparente; a raiz fatiada da flor de lótus me fazia lembrar as capinhas que *Mormor* colocava no encosto das cadeiras para proteger o estofamento. Algumas coisas eu reconhecia de um mercado em Cingapura ou de uma barraquinha em Hong Kong. Mas quando se tratava de artigos mais exóticos, comprava o que o vendedor garantisse que não ia me matar.

Sempre que eu ia a Chinatown, principalmente de manhã bem cedinho, a beleza e a loucura do bairro me seduziam. No verão, as ruas lotadas cheiravam mal, mesmo que as calçadas tivessem acabado de ser lavadas. Num carrinho, eu comprava cinco bolos por 1 dólar. Numa barraca de peixe, comprava camarões gigantes. Em pracinhas, via idosos de roupa de passeio praticando tai chi chuan, imitando os movimentos vagarosos de um sujeito segurando uma espada com berloques vermelhos pendendo do cabo. Na maioria dos meus contatos não havia uma língua falada comum nem nada de extraordinário. Era tudo direto e franco: eu apontava, pagava, metia a compra na bolsa e ia embora. Numa semana, eu voltava a Uptown e tentava fazer sorvete de jaca; na outra, fazia experiências com crepes de wantan. Chinatown era, e ainda é, uma fonte de inspiração para mim.

Quando eu e Nils descobríamos um jeito de usar um ingrediente, o próximo passo era criar um rótulo. Sabia que Håkan ficaria maluco com uma palavra como *galangal* no cardápio. Por isso, precisávamos arrumar um disfarce. Preparávamos um salmão com missô e o envolvíamos em manjericão tailandês. Depois, servíamos com erva-doce e um caldo feito com folhas de lima Kaffir, capim-limão, *galangal* e uma fruta cítrica japonesa chamada *yuzu*. Mas no cardápio chamávamos de salmão crocante com molho de laranja e erva-doce grelhada. Wasabi era raiz-forte; ponzu, vinagrete cítrico. O segredo era apresentar tudo aquilo em termos acessíveis, inteligíveis, mantendo o cliente em sua zona de conforto. Era responsabilidade minha não deixar o cliente confuso, mas minha responsabilidade maior era melhorar o cardápio, um equilíbrio delicado.

Ao mesmo tempo que tentava recriar os pratos, eu estava me desenvolvendo como chef e já tinha minha cota de fracassos. Na época, era possível cometer um erro sem afundar. Os críticos iam ao restaurante mais de uma vez antes de escreverem. Os blogueiros de gastronomia – que verificam a pulsação de um restaurante de 30 em 30 segundos e decretam sua morte, caso não gostem da textura do guardanapo – nem existiam ainda. Um dos meus mais famosos fracassos foi um prato de filé-mignon. Como não é e nunca será especialidade do Aquavit, pensei que poderia substituir o filé grelhado nova-iorquino sem graça e comum que oferecíamos por algo mais sofisticado e delicado. Cozinhei a carne no leite e servi com batatas e azedinha, uma hortaliça que parecia cair como uma luva para a época, final de primavera e começo de verão. É um prato e tanto, desde que você tenha uma equipe top de linha. Não era o nosso caso. Para início de conversa, cozinhar à moda pochê é um processo bem mais delicado do que grelhar. Passa-se do ponto facilmente e a carne acaba ressecada. Quando se grelha, por outro lado, a textura e o sabor que se obtêm assando na brasa acabam encobrindo uma série de defeitos. Eu queria achar algo mais feminino, mas o processo requer muita atenção e checagem periódica – ou seja, um tanto sofisticado demais para uma noite de sábado agitada e uma equipe de rapazes com 21 anos. Depois de uma semana de terríveis erros sucessivos, eu e Nils resolvemos voltar ao filé nova-iorquino.

Passamos o verão inteiro dedicados à criação. Eu tinha tantas ideias que lancei cardápios experimentais de seis e sete pratos, trocados quase todo dia. Era algo ambicioso, para não dizer levemente insano, para um restaurante com insuficiência de funcionários. No entanto, foi assim que procedemos a maior parte do ano, até sentirmos que a rotatividade de pratos dava certo. Percebi também que seria injusto esperar que os garçons fossem compreender e assimilar todas as mudanças bruscas. Håkan sabia que não podíamos e nem devíamos sustentar tantas alterações, mas também entendia que o restaurante precisava de energia positiva. Não lamento o fato de ter exigido tanto de mim, pois lá no fundo eu sabia que aquele era o meu momento. A trágica morte de Jan me proporcionou a incrível oportunidade de demonstrar os sabores pelos quais era apaixonado.

Eu e Nils ultrapassávamos os limites porque estávamos lá para arrebentar, e quem não entrava na mesma onda saía por livre e espontânea vontade ou por livre e espontânea pressão. Além disso, Håkan nos deu todo o apoio para que concentrássemos esforços no sentido de revolucionar o Aquavit: reformou o interior do restaurante, trouxe para a equipe um consultor e contratou uma empresa nova-iorquina de relações públicas voltada para a gastronomia, líder no mercado, a mesma que representava chefs renomados, como Alfred Portale e Bobby Flay. Eu me sentia interrogado pelo consultor, pelos assessores de imprensa e pela própria imprensa: "Qual é a sua filosofia?", "Qual é o seu mantra gastronômico?", "Qual é a sua visão?", "De onde vem a sua inspiração?"

Minha vontade era responder: "Estou apenas trabalhando", mas, é claro, isso não bastava. Eu havia realizado o sonho de me tornar *koksmastare*, o responsável pela cozinha, e tinha que aceitar o lado corporativo da função, que fazia parte do pacote. A partir do trabalho deles, comecei a desenvolver maneiras de falar sobre a minha culinária – que eu gostava da comida bem temperada, que as minhas referências eram a Suécia, a França e o restante do mundo, e que queria criar algo *diferente*.

A notícia começou a se espalhar. Editores da *Food & Wine* vieram conferir de perto o nosso cardápio, assim como Charlie

Trotter, o grande chef de Chicago, que gostou do nosso trabalho logo de cara e tornou-se parceiro e amigo. Graças aos nossos consultores, que ligaram para seus contatos mais importantes no cenário gastronômico norte-americano, sediamos as reuniões da sociedade enológica mais importante da cidade, nos unimos a James Beard House num evento filantrópico, participamos de um projeto fantástico de combate à fome chamado *Taste of the Nation*. Era Håkan quem recebia a clientela, mas sempre me apresentava a alguém ou a algum grupo para bater um papo. Aos poucos, criou-se o burburinho.

Nenhum restaurante ganha fama por conta apenas do talento do chef. É necessário um bom modelo comercial, alguém que mantenha sob rígido controle o gerenciamento e os custos de material. Era aí que entrava o talento de Håkan. Ele e o consultor, Richard Lavin, que atuava como gerente-geral do restaurante, ensinaram-me a ser responsável nesses quesitos. Durante nossas reuniões nas manhãs de quinta-feira, sentávamos na muito bem mobiliada sala de Håkan e conversávamos sobre nossas metas de curto e longo prazos. Na primeira reunião, cheguei sem papel nem caneta, mas nunca mais cometi esse erro. Quando o linho estava caro, discutíamos por quê. Se eu queria comprar pratos novos, víamos onde economizar para poder ter aquele gasto. Se tínhamos um desafio, não bastava dizer "eu encaro". Eu precisava explicar como ia encarar.

Depois de tanto insistirmos, um belo dia, no fim de setembro, descobrimos que o Aquavit seria assunto da coluna de Ruth Reichl, a respeitada crítica do *The New York Times*. Na noite anterior, parte da equipe foi ao apartamento de Håkan para assistir a um canal de notícias local que apresentaria uma prévia da crítica. Na hora em que se anunciou que Rachel nos dera três estrelas, Håkan e meus colegas, aos berros, pularam da cadeira. Eu já teria ficado radiante com duas estrelas: três superava nossas expectativas. Houve brindes, tapinhas nas costas e punhos erguidos no ar. Estava feliz por vê-los felizes, mas não assimilei a importância da crítica.

Por acaso, na noite seguinte, sediamos uma das reuniões da sociedade enológica. O presidente da sociedade se levantou para fazer o discurso de abertura e, depois de pronunciar as notas da entidade, comentou as três estrelas:

– Quando conheci Marcus, sabia que ele seria o cara. Ao escolher este lugar para a realização de nossos jantares, senti que havia magia no ar.

Então, pensei: "Está tudo muito bonito, mas vamos voltar ao trabalho." Mas a verdade foi que, assim que a avaliação saiu, *havia* magia no ar. Sonhara com esse sucesso por muito tempo. Pulara de restaurante em restaurante, do Belle Avenue para o Victoria, do Victoria para o Georges, porque sabia que poderia fazer ainda melhor.

Mas a verdade é que eu não fazia ideia de como seria ou que sabor teria o sucesso.

O chef de um restaurante sueco relativamente modesto ganhar, aos 24 anos, três estrelas do *The New York Times* é o mesmo que um filme indiano ir para o Sundance, arrebatar todos os prêmios e de lambuja ainda faturar um baita contrato de distribuição. O mundo deu uma guinada. Em dois dias, nossas reservas dobraram. Os cartões de felicitações, os telefonemas, as flores não paravam de chegar. Tudo se abriu de várias maneiras. Antes eu brigava com o peixeiro por nossas encomendas serem sempre as últimas em sua lista de entregas; agora, além de chegar às nove da manhã, o peixe era sempre o melhor. As brigas com os fornecedores acabaram; aliás, eles começaram a mandar produtos novos para que eu experimentasse, de graça.

Choveram convites para eu participar de todo tipo de eventos gastronômicos, assim como reservas nas melhores mesas dos restaurantes da cidade. Começamos a receber telefonemas de cozinheiros da Suécia que queriam trabalhar conosco. "Uau!", pensei. É para ser assim mesmo!

Dezenove – **Três estrelas**

– **V**art du vill åka – disse Håkan. Aonde você quiser ir.

Håkan resolveu que devíamos comemorar a avaliação de três estrelas de maneira apropriada. Assim, levou a mim e Adam, o gerente do Aquavit, para jantar. Além da minha avó, nunca vi ninguém tão mão de vaca quanto Håkan, mas, quando era para comer bem, ele não economizava. Nos anos que se seguiram, viajamos juntos pelo mundo para conhecer restaurantes. Fomos a Paris algumas vezes e comemos no Ducasse e no Taillevent. Também fomos à Espanha para experimentar o delicioso cardápio experimental com 35 pratos no El Bulli, o templo da gastronomia molecular.

Como ainda estava me acostumando à função de chef executivo, devo ter demonstrado insegurança quando ele me pediu para escolher o local.

– Falo sério – disse Håkan. – A ocasião merece o melhor.

Escolhi o Lespinasse, o restaurante quatro estrelas no hotel St. Regis, sobre o qual já vinha lendo. Era chefiado por Gray Kunz, criado em Cingapura, filho de mãe irlandesa e pai suíço. Kunz era meu tipo de chef: construíra sua marca pela busca por novos sabores, sem se limitar a uma grade de ingredientes que refletisse a sua formação multinacional, mas conhecendo muito bem as propriedades de cada um, o que lhe permitia combiná-los de maneiras inovadoras.

Eu estava louco para experimentar a comida, mas havia diversos problemas relacionados àquela noite: primeiro, eu, que não tinha nenhum terno, estava indo jantar no restaurante mais chique da cidade com meu bem-arrumadíssimo chefe/colega. Na verdade, todas as minhas calças eram jeans. Dei uma saída e comprei calças pretas. No fundo do armário eu tinha um paletó esverdeado que provavelmente serviria, uma camisa branca que também ficaria legal, desde que eu a passasse e não tirasse o paletó. O sapato eu ia ter de pegar emprestado.

Às 7:25 daquela noite, eu, Adam e Håkan entramos pela porta do St. Regis, o principal de uma série de hotéis de luxo construídos por um dos Astor. A família Astor era o que mais se aproximava, em Nova York, do conceito de realeza. O hotel, embora planejado para fazer com que os hóspedes se sentissem em casa, era decorado com requinte palaciano, a começar pela caixa de correio instalada no saguão, feita em vidro e ouro e ornada com uma águia no topo.

Fomos para o bar, um espaço suntuoso, à meia-luz, que teria deixado o rei da Suécia constrangido. Agora, imagine um *blatte* sueco de sapatos emprestados. Pedi o mesmo que Håkan e Adam: martíni seco com gelo. Tomei um gole grande e comecei a tossir. Håkan e Adam riram; era evidente que eu nunca havia tomado um martíni. Antes de tomar um segundo e mais cuidadoso gole, deixei o gelo derreter um pouco e acabei confirmando que nunca mais pediria martínis.

Embora tenha odiado a decoração exagerada e constatado que aquele negócio de coquetel não era para mim, nunca vou esquecer aquele jantar. Nunca! Os pratos foram todos clássicos – salmão, filé-mignon, pato –, mas os sabores, os temperos e o preparo eram diferentes de tudo o que eu já havia provado. A experiência pessoal de Kunz na fusão Oriente-Ocidente refletia-se no uso dos sabores asiáticos pelos quais eu me apaixonara: o galangal, o capim-limão e o curry vermelho, que ele envolvia na elegância da tradição francesa. No banco de reservas da cozinha, Kanz tinha um elenco de jovens chefs que ganhariam fama no futuro próximo: Troy Dupuy como *sous-chef* executivo, Rocco DiSpirito, Floyd Cardoz e Andrew Carmellini. Era como um reator nuclear de talentos que produzia uma incrível experiência gastronômica: vinhos franceses, serviço francês, mas sabores de Cingapura. Foi então que pensei: é isso! Dispenso a decoração de mausoléu, mas é *esta* a direção que quero tomar.

Depois do jantar, fomos convidados a um tour. A cozinha era imaculada, como se toda noite um exército a limpasse com escovas de dentes. Os equipamentos eram todos de ponta, diferentes daqueles do Victoria Jungfrau. Mais tarde, Håkan estimou que houvesse ali um investimento de 4 milhões de dólares em obras e equipamentos. Tudo era tão limpo que chegava a reluzir. Não havia barulho, mas o zumbido de gente que trabalhava contida, com muita intensidade.

Passando pelo corredor central, tendo a grelha à direita e a seção de saladas à esquerda, lembrei-me das visitas à cozinha do Georges Blanc. Lá, eu mantinha os olhos baixos o tempo inteiro. Agora, podia olhar para onde e para quem quisesse. Fomos a todo canto, incluindo o frigorífico e a despensa. Era um ritual que havia começado quando os juízes do *Guia Michelin* passaram a inspecionar as cozinhas. Um ótimo restaurante deve ter orgulho de mostrar o que acontece em seu interior, o que era claramente o caso do Lespinasse.

Passar a noite no Lespinasse, apreciando um jantar que custava mais de mil dólares e depois voltar para um apartamento caído, de aluguel barato, era comum para mim. Todo mundo falava que meu bairro, o Hell's Kitchen, ia se tornar um point, mas enquanto morei lá as ruas ainda estavam repletas de viciados e prostitutas. Em meu prédio, não havia porteiro e sim um viciado em heroína que passava dia e noite na entrada. No estacionamento do outro lado da rua, ouviam-se brigas o tempo todo e, é claro, onde há viciados e prostitutas há também cafetões, traficantes e criminalidade. No entanto, se ninguém mexesse com eles, não mexiam com ninguém.

Os amigos que vinham da Suécia e se hospedavam lá em casa – o apartamento virou mais ou menos um albergue para *blattes* – ficavam chocados com o que viam na rua.

– Continuem andando e não deem importância – aconselhava.

As malandragens não se limitavam ao pessoal na rua. Eu dividia o aluguel do apartamento com Magnus, o massagista sueco com quem morei na primeira estada em Nova York. Era um grande companheiro e a única razão por que nos separamos foi porque ele queria que Jake, seu namorado americano, viesse morar conosco. O problema de Magnus era que ele estava nos Estados Unidos com visto de estudante. A solução que encontrou foi casar com a irmã de Jake. Em todo grupo a que pertenci, sempre havia, fosse entre meus amigos *blattes* ou entre colegas do restaurante, algum tipo de malandragem: *green card* ilegal, pagamento de um ano de aluguel adiantado e em dinheiro, viver sem abrir uma conta-corrente ou sem um número de seguro social. Ninguém julgava ninguém. Éramos todos trabalhadores, fazendo o que era necessário.

Eu era um dos sortudos. Primeiro, era imigrante por opção e não refugiado. Além de viver no país por escolha própria, Håkan estava ajudando em meu processo de imigração. Por ter um determinado talento e ser um chef sueco a serviço de um restaurante sueco, passei a ter prioridade na fila do processo de cidadania americana. Mesmo assim, ainda teria de aguardar mais de um ano para os documentos serem expedidos e, durante esse período, não poderia sair do país. Mas contava com o apoio de meus pais e havíamos chegado à conclusão de que deixar de passar alguns feriados em família não era um preço alto a pagar. Minha situação era relativamente estável, mas muitos amigos estavam na pior.

Lembro-me de que, certa vez, já tarde da noite, fui até o Bronx com alguns dos africanos que conheci jogando futebol no Central Park. Um deles ia pagar 200 dólares por um *green card* falso. Recebera um telefonema dizendo que já estava pronto. Pegamos o expresso na Sétima Avenida e fomos até o Bronx. De lá, fomos até Grand Concourse, onde fizemos baldeação. Quando chegamos, já eram 10 horas da noite. Seguimos as coordenadas que nos levaram até uma vendinha com uma placa vermelha e lâmpadas amarelas do lado de fora. O cara responsável dirigiu-se a um recinto nos fundos. Fiquei pelo balcão, onde uma velha porto-riquenha, de rabo de cavalo, sentada num banquinho, folheava uma versão hispânica do *National Enquirer*.

Na ponta do balcão, havia uma vitrine térmica com três prateleiras internas. Na de cima, havia uma bandeja com salgados de massa folhada em formato de meia-lua.

– Com licença. – Apontei para os folhados, levantando as sobrancelhas.

– *Empanadillas* – respondeu ela. Pequenos folhados de carne.

Na segunda prateleira, havia uma bandeja com algo parecido com torresmo. Apontei para eles.

– *Chicharrones* – respondeu. Pele de porco frita.

Na última prateleira, ombro de porco assado, visivelmente carregado no tempero. A pele apresentava um aspecto crocante e enormes pedaços haviam sido cortados e dispostos ao lado do restante do porco ainda inteiro. A carne parecia macia a ponto de desmanchar na boca.

– *Pernil* – continuou. Leitão assado.

– *Por favor* – pedi, movendo a cabeça na direção do assado.

Meti a mão no bolso, tirei uma nota de 5 dólares e paguei. Ela pegou um recipiente de isopor e, com a ajuda de um garfo, começou a remexer na bandeja. Pelo que pude entender, ela estava selecionando os pedaços: partes iguais de pele crocante e carne no meio, alguns pedaços com gordura, outras magras. Notei que partes do tempero haviam sido enfiadas dentro da carne. Ao terminar a cuidadosa seleção, a mulher pegou uma sacola.

– Não, não – falei, fazendo mímica e fingindo que levava um garfo à boca.

Pela primeira vez, ela sorriu. Em seguida, enfiou a mão numa bacia cinza, de onde retirou um garfo de plástico branco.

Sabe-se lá quanto tempo aquele leitão ficou na vitrine térmica. Eu não ligava a mínima. A pele ainda estava crocante. A carne, macia e úmida, desmanchou em minha boca e instintivamente comecei a distinguir os sabores envolvidos: alho, é claro, era o carro-chefe, coentro, pimenta, tomate, e o que mais?

– *Que?* – perguntei, apontando para os pequenos depósitos de tempero que haviam se formado em meio aos nacos de carne.

– *Sofrito* – respondeu. Depois, apontou para si mesma, apresentando-se como a chef. – *Mi sofrito*.

* * *

O ano que se seguiu à avaliação do *The Times* foi repleto de lições, mas nenhuma tão árdua quanto montar uma equipe. Não tinha seguidores como David Bouley ou Daniel Boulud; os alunos do Culinary Institute of America não faziam fila na minha porta, implorando por uma vaga para trabalhar no Aquavit. Para falar a verdade, ninguém fazia fila na minha porta. Para piorar, o ritmo que eu e Nils imprimimos era rápido demais para alguns funcionários já na casa. Durante seis meses, toda sexta-feira era dia de mandar embora alguém que não conseguia acompanhar. Um estereótipo mostrou-se verdadeiro, do ponto de vista étnico: nunca despedi nenhum dos latinos que integravam minha equipe; os caras ralavam muito, mais até do que eu.

Os que eu botava para correr eram aqueles que tinham chancela de escolas de gastronomia e que se achavam no direito de escolher tarefa. A exceção era Paulie, de Bensonhurst, Brooklyn, um jovem ítalo-americano que andava com enormes joias de ouro, e xingava em italiano com sotaque do Brooklyn. Enfim, mais estereotipado, impossível. Paulie, no entanto, tinha paixão por culinária. Era muito focado; quando todo o pessoal já estava deixando cair o rendimento, ele seguia em frente, sem se perder. Paulie se colocou à disposição para trabalhar todos os dias da semana e deixou transparecer que preferia o trabalho na cozinha do restaurante do que os "negócios da família". Depois de se prontificar a trabalhar dois turnos seguidos, ele me confidenciou:

– Se não estiver trabalhando aqui, vou ter de trabalhar no açougue do meu tio, que não vende muita carne, se é que me entende.

Outro garoto que eu respeitava era Nelly, de Saint Lucia. Alguns de seus irmãos eram traficantes. No entanto, Nelly não era usuário e trabalhava como burro de carga. Para esses garotos, o trabalho era um alívio e um refúgio. Eu entendia. Embora não tivesse crescido em um ambiente marginal, de certa forma achava a vida em Gotemburgo sufocante. É difícil escolher rumo próprio na vida quando se cresce em um lugar onde a maioria faz exatamente a mesma coisa que o pai e os irmãos fizeram.

Com o tempo, mais suecos vieram se juntar à nossa equipe. Em se tratando de ética profissional, nunca tive problema com eles. Eram chefs talentosos e ávidos por ultrapassar as barreiras da limitada alta gastronomia sueca, e por isso sempre dispostos a fazer o que eu e Nils pedíssemos. Assim como eu, alguns eram filhos de acadêmicos, mas o que para eles significava o rompimento de uma tradição familiar, para mim era uma tentativa de ser um homem como meu pai, um homem em busca de sua maior paixão. Apenas um entre os *Svenkar* poderia ser considerado como a maçã podre do cesto. Era um garoto de Estocolmo que havia cruzado o Atlântico em busca da maior farra do mundo. Seguindo o exemplo de Paul Giggs, mandei-o logo embora. O restante aspirava ser alguém na vida, aproveitando aquela experiência quando voltasse para casa. Muitos trilharam excelentes carreiras mundo afora. Alguns abriram restaurantes na Suécia, outros trabalham na cozinha de importantes hotéis em toda a Europa.

Nossa equipe acabou sendo formada por desajustados que, provavelmente, não teriam se adaptado a nenhum outro lugar. Era isso que nos unia tanto.

No verão do ano seguinte, eu começava a me sentir bem estabelecido. A equipe era sólida e os negócios iam bem. Nos últimos seis meses, Paulie havia trabalhado muito. Como recompensa, resolvi mandá-lo fazer um *stage*. Entre as tradições do mundo da gastronomia, os *stages* são a minha predileta. Primeiro, porque boa parte do que somos como chefs é um reflexo dos chefs que vieram antes de nós. Logo, o *stage* mostra respeito pela sabedoria. Segundo, o fato de o chef enviar alguém para fazer um *stage* como reconhecimento a um bom desempenho é, para mim, um dos gestos mais generosos de que já ouvi falar. No caso de um escritório de advocacia, o funcionário é premiado com um bônus ou um tempo de folga. Mas no mundo da culinária o cozinheiro sério sabe que não existe nada mais importante do que aprender algo novo.

– Que tal passar um tempo trabalhando para Bobby Flay? – perguntei a Paulie.

– Tá de sacanagem?

Tomei aquilo como um "sim".

Liguei para Bobby e disse que tinha na equipe um jovem que era muito bom. Perguntei então se haveria algum problema se Paulie passasse uma semana estagiando com ele.

– Preciso pensar antes de responder.

Alguns dias depois, obtive a resposta: não.

Chocado, desliguei o telefone. Pensei que tivesse influência. Que nada! E o pior: tinha de explicar a Paulie o quanto de influência me faltava. Levei algum tempo para entender que uma avaliação positiva de Ruth Reichl sinalizava tão só que eu era um talento no qual valia a pena ficar de olho. Para me estabelecer como uma figura na cena gastronômica nova-iorquina, poder ligar para um cara como Bobby Flay e lhe pedir um favor, eu precisava mostrar perseverança. Tanto assim que, um ano depois, quando Felicia Lee escreveu uma nota elogiosa sobre mim no *The New York Times*, Bobby foi o primeiro a ligar para me dar os parabéns. Segundo ele, eu tinha garantido lugar cativo no *métier*. Foi só a partir daí que outros chefs começaram a se aproximar de mim em eventos – incluindo Patrick Clark, que, antes da publicação do artigo, sempre parecera me evitar. Bobby foi o primeiríssimo.

– É isso, rapaz! Você veio para ficar! – disse ele.

Desde então, conheci melhor Bobby, que é um dos chefs mais bacanas e mais talentosos de Nova York. Sua culinária é honestíssima, ama o que faz e sua orientação tem sido fundamental para a minha carreira. Não posso culpá-lo por pensar, naquela época, que eu não merecia ter aquilo que estava pleiteando.

Isso foi antes da febre dos megarrestaurantes de Las Vegas, onde os chefs locais, com apoio do mundo corporativo e de clientes com bala na agulha, arregaçaram as mangas no deserto de Nevada. Bobby só tinha alguns restaurantes em Manhattan. David Bouley só tinha o restaurante de TriBeCa. Não falo isso para minimizar o talento dos caras. Só estou querendo mostrar que o mundo era menor e, de certa forma, a concorrência era acirrada. Fazer sucesso em Nova York era O Máximo, com letras maiúsculas. E, assim como qualquer um, precisava trabalhar muito para ser alguém.

Cheguei ao máximo de onde dava para crescer com Bobby, mas tinha feito uma promessa a Paulie e pretendia cumpri-la. A única alternativa era tentar uma cartada final: Georges Blanc. Escrevi uma carta, mandei e, para minha surpresa, eles concordaram. Só havia um pequeno problema: o pai de Paulie não queria que ele fosse. Não estava nem um pouco disposto a desembolsar 3 mil dólares para o filho aprender a escaldar galinha. Foi então que tomei as rédeas da situação: resolvi captar recursos. Assumi a direção de um restaurante etíope em que havia estado por diversas vezes e promovi um jantar de degustação a 40 dólares: salada de pato assado com batata-doce; geleia e vinagrete de avelã; salmão crocante com erva-doce, laranja assada e espinafre roxo; de sobremesa, bolo de chocolate quente com sorvete balsâmico e doce de noz-pecã. Não vou dizer que me vali da minha posição como chef para convencer a equipe do Aquavit a comparecer, mas o incentivo foi *grande*. O local ficou apinhado de gente e a renda foi toda revertida para Paulie.

Vinte – **Os enterros a que não vamos**

No dia 11 de agosto de 1996, meu pai, Lennart Samuelsson, faleceu. Ele estava em casa, em Gotemburgo, e eu, trabalhando em Nova York. Ele vinha lutando contra as sequelas de um AVC, mas não resistiu e se foi. Se deixasse os Estados Unidos para ir ao enterro, poria em risco minha situação como imigrante. Minha mãe disse que compreendia, minhas irmãs disseram o mesmo, mas, honestamente, levou anos para eu entender minha própria escolha. Tudo o que sei é que agi naturalmente: guardei toda a minha dor e todo o meu medo dentro de uma caixinha até ter condições de lidar com eles. Disse a mim mesmo que não havia tempo para inventar um prato com tanto sofrimento. Nada podia atrapalhar minha culinária.

Naquela noite, peguei uma cópia da carta que meu pai enviou ao Departamento de Adoção antes mesmo de me conhecer:

3 de abril de 1972

Caro Maj-Britt!

O Departamento de Adoção de Estocolmo, que vem nos ajudando com o processo de adoção de Fantaye e Kassahun, pediu que escrevêssemos a você para informar a respeito de nossa família e nossas condições de vida. É o que agora estamos fazendo com a ajuda de fotos. Mas primeiro gostaria de parabenizá-lo por seu trabalho e desejar-lhe sucesso.

Nossa família é composta de três pessoas. O pai, Lennart, nascido na ilha de Smögen, em Bohuslän, no ano de 1932, é professor por formação. Mais tarde, fez mestrado. Vem atuando como professor do ensino fundamental e médio, palestrante e, desde 1969, é geólogo e diretor do Departamento de Pesquisa Geológica da Suécia, na regional de Gotemburgo. Em 1971, durante três meses, representei a Unesco no Centro de Geologia Aplicada, em Jedá. Meu trabalho consiste em elaborar mapas geológicos e, nos próximos 10 anos, atuarei no Oeste da Suécia. Também leciono e promovo palestras na Universidade de Gotemburgo. Minha renda varia entre 5 mil e 6 mil coroas suecas por mês (US$ 1.041 – US$ 1.250).

A mãe, Anne Marie, nasceu em Hälsingborg, em 1928. Depois da escola técnica, trabalhou como atendente e caixa até 1964. Nessa época, compramos a nossa casa e desde então ela se tornou dona de casa.

Em dezembro de 1965, acolhemos em nosso lar a linda Anna, que, na época, tinha um ano e três meses. Hoje, está com sete anos e meio. O pai é negro e a mãe, sueca. Os dois moram na Suécia, mas separados. Nosso relacionamento com eles é bom, mas esporádico. Quisemos adotar Anna, mas a mãe biológica hesitou. Então, não insistimos. No entanto, os pais biológicos expressaram o desejo de que a menina crescesse conosco. Anna é uma criança saudável e feliz e está louca para ganhar irmãozinhos! Sempre teve muita facilidade em fazer amiguinhos.

Também fazem parte da família um cão (collie) e um gato: ambos carinhosos e receptivos com crianças.

Moramos em Puketorp, uma área residencial, com cerca de 300 famílias, local ideal para se criar um filho. É cercada por uma floresta, onde, no verão, fazemos caminhadas, e no inverno, esquiamos. Lá existem também pequenos lagos de água cristalina, onde nadamos e andamos de patins. Puketorp pertence ao município de Partille, a menos de dois quilômetros a leste de Gotemburgo.

Nosso terreno possui cerca de 700 metros quadrados, sendo que boa parte dessa área consiste em um gramado com uma casa de bonecas e uma caixa de areia, de forma que a criançada vem sempre aqui para rolar, pular, brincar e jogar croqué.

A casa tem três quartos, hall, cozinha, banheiro + porão com dois cômodos, hall, um banheiro pequeno, lavanderia e compartimento para o boiler. Planejamos construir uma casa nova ano que vem, na região da floresta a 10 minutos daqui, descendo a estrada.

A avó paterna de Anna possui casas em Smögen. Por isso, sempre que queremos mudar de ares, vamos para o arquipélago para ficarmos mais perto do mar.

Os avós maternos moram na mesma área residencial que nós, a uns cinco minutos daqui. Além de terem muito jeito com crianças, estão aposentados, dispõem de muito tempo e nos ajudam com as crianças c os bichos, quando não podemos levá-los aonde vamos.

Não sei se estas informações são suficientes, mas, caso não sejam, avise, pois enviaremos outra mensagem.

Calorosas saudações.

Calorosas saudações. Aquela carta marcou o começo de nossa vida em comum – eu e meu pai. Não era justo, nem imaginável, que aquela jornada tivesse terminado antes de eu me tornar chef, com meu próprio restaurante, antes de provar a ele que eu conseguiria. Era para meu pai provar os sabores do mundo comigo. Queria levá-lo a Jackson Heights, no Queens, e lhe mostrar por que o bairro se chamava Curry Heights. Queria que ele provasse uma verdadeira galinha frita no Harlem. Queria me empanturrar de po'boys com ele em Nova Orleans. Havia imaginado nós dois saboreando cachorro-quente e tomando cerveja no estádio dos Yankees, e bolinhos de mexilhões na Flórida. Meu pai tinha 64 anos quando morreu. Talvez isso explique por que recebi a notícia de um modo que muita gente pode interpretar como fria: os números simplesmente não batiam. Pensei e desejei que tivéssemos tanto tempo no futuro quanto tivéramos no passado. Era inaceitável que não tivéssemos.

Quando *Mormor* morreu, foi fácil sentir a presença dela no trabalho. Qualquer cozinha poderia evocar o espírito de Helga; o cheiro da galinha assada, o cheiro de ervas frescas e o som da cebola fritando na panela conseguiam invocar minha avó e fazê-la presente. Meu pai, no entanto, era um acadêmico, com um quê autoritário, um sueco conservador que, no entanto, atravessara continentes para encontrar e amar um filho. Minha relação com meu pai era mais complicada e os momentos mais ternos – as pescarias na casa de veraneio em Smögen – pareciam tão distantes! Sua morte me tirou do prumo. A vida inteira pautei minha conduta por seu exemplo. Foi ele quem me ensinou a ler um mapa, a pôr isca no anzol, a fazer fogueira, a consertar bicicleta, a armar uma barraca. Ensinou-me, por meio de exemplos, que alguns princípios, mesmo que soem clichê, têm grande importância. O esforço *é* a própria recompensa. A integridade *não tem* preço. A arte *de fato* alimenta a alma.

Na manhã seguinte à sua morte, fui para o Aquavit trabalhar, sem contar nada a ninguém sobre o ocorrido. Tinha compromisso com o restaurante, com Håkan, com a equipe, com os clientes. É assim que funcionam os restaurantes. Independentemente do que ocorra ao longo do dia – morte, nascimento, comemoração, amor, falência –, o profissional tem de estar presente no próximo turno de trabalho. Para alguns, isso se torna um fardo, mas essa constância tem sido o meu ancoradouro. E foi com Lennart que aprendi essa lição.

Preocupado que a ausência de Lennart pudesse arrasar minha mãe, eu falava com ela a cada dois dias. Mas havia me enganado. Ela se mostrou bem mais forte do que eu supunha. Para ela, a vida seguiu; então, continuei tocando a minha vida. Por seis meses após a morte de meu pai, trabalhei sem parar. Para evitar lidar com os sentimentos, enfiei a cara no trabalho. Trabalhava 14, 15 horas por dia. Estava entorpecido. Por essa época, eu já tinha mudado de endereço. Continuava a morar em Hell's Kitchen, mas Magnus havia ido morar com o namorado – tecnicamente cunhado –, e fui morar com Mes. Certa vez, tarde da noite, cheguei do trabalho e encontrei Mes ainda acordado. Estava no sofá, assistindo à MTV. Estávamos jogando conversa fora e, de repente, surtei. Pela primeira vez depois da morte de meu pai, e pela primeira vez desde a minha infância, eu chorei. Mes ficou ali ouvindo cada conselho, cada passagem engraçada, cada lição de vida que meu pai me passou. Quando finalmente fui dormir, o dia já clareava.

* * *

Independentemente de quem seja, proprietário de uma cantina italiana numa cidadezinha ou um Iron Chef, o sonho é criar um prato que seja sua marca – um que, ao ser criado ou preparado, seja sempre associado a você. Todo chef imprime sua personalidade na comida que prepara, mas um prato que seja sua marca requer bem mais que uma simples personalização. Para mim, muitas das mudanças que promovi no Aquavit eram meros ajustes, fosse uma alteração no tamanho da almôndega, fosse aliviando a defumação do salmão ou modernizando o molho de mostarda ao adicionar o toque de noz com expresso. A verdade é que a maioria dos chefs jamais conseguirá criar um prato que seja sua marca, porque isso requer sorte, tempo e habilidade em encarar as coisas de forma inusitada.

Uma maneira de se desenvolver um prato desses é pegar algo famoso, como *coq au vin*, por exemplo, e prepará-lo tão bem que todo mundo o reconheça como seu. Outra é criar algo que de fato seja completamente novo. Esse é o caminho mais excitante, principalmente para chefs jovens. No meu caso, tomei o *foie gras* como base para meu primeiro prato-assinatura.

Não cresci comendo *foie gras*, mas sim o patê de fígado da minha avó: rústico, granulado, mas muito bom. A primeira vez que vi *foie gras* foi no Belle Avenue, e mesmo assim era enlatado. Foi só na Suíça e na França que comecei a lidar com o verdadeiro *foie gras* e nos dois países, a maior expressão desse ingrediente principal eram terrines que levavam dias para se preparar. Quando vim para os Estados Unidos, os chefs preparavam *foie gras* de outro modo. Usavam o *foie gras* produzido no país, no norte de Nova York – fiquei pasmo com o fato de ser americano, e ainda por cima produzido no estado –, punham numa panela e selavam rapidamente. Depois, serviam com torrada de brioche, geleia de figo ou uma fatia de manga. Adorei a combinação. Parecia mais *clean* e explicitava a diferença entre as cozinhas francesa (tradicional) e americana (ostentosa). O único problema era que estava todo mundo fazendo isso e eu não queria ser igual a todo mundo. Resolvi, então, concentrar-me na textura e na temperatura. Minha primeira ideia foi fazer blinis quentes de *foie gras*. As panquequinhas ficaram gostosas, porém massudas e ressecadas, roubando uma das características mais marcantes do *foie gras*: a textura aveludada. Foi então que pensei: o que aconteceria se eu levasse a massa do blini ao forno em banho-maria, como se fosse um pudim? A tática me devolveu o aspecto aveludado, mas a textura ficou uniforme demais. Fui testando uma versão atrás da outra. Ao longo do processo, em uma de nossas conversas depois do almoço, eu e Nils discutimos sobre qual deveria ser o objetivo final. Chegamos a uma sobremesa, extremamente popular naquela época: bolo de chocolate derretido. Eram bolinhos crocantes por fora, com recheio cremoso. Só um já satisfazia; na verdade, se comesse demais, ficava-se empanzinado. Com o modelo do bolo derretido na cabeça, desenvolvi ramekins individuais. Deixei a massa mais leve, reduzindo a quantidade de ovos, e, para obter a textura crocante, aboli o cozimento no vapor e optei pelo forno em temperatura alta. Foi o que proporcionou o contraste de texturas que eu queria. Senti que estava chegando perto, mas ainda não estava satisfeito com o gosto de farinha presente na massa. Então, resolvi substituir a farinha convencional pela de amêndoas. Também achava que o ramekin padrão – de 113 gramas – era grande demais. Por isso, saí catando até encontrar um lugar que vendia tigelas com a metade desse tamanho. Na França, cansei de ver clientes saírem do restaurante empanturrados, quase dizendo "Meu Deus, nunca mais vou comer!". Queria ver o cliente saindo do Aquavit dizendo "Meu Deus!

Espero repetir a dose amanhã!". É preciso ter cuidado quando um restaurante se coloca como luxuoso. É muito tênue a linha entre fazer o cliente se sentir bem e parecer sovina.

À medida que desenvolvia meu prato à base de *foie gras*, fui brincando com os temperos. Equilibrei a quantidade de manteiga – embora sempre usemos bastante –, de cebolinha, de pimenta-branca, de cravo-da-índia e de cardamomo. O *foie gras* cai bem com um bom vinho, de forma que reduzi a dose de vinho do Porto, aumentei a de estragão e adicionei essa redução à massa. Para apimentar, coloquei um pouco de *garam masala*, uma das minhas misturas de tempero favoritas na época.

Por fim, fiz uma fornada experimental. Nils estava lá para dar a primeira mordida, quando retirei a bandeja do forno. Às primeiras colheradas, nos entreolhamos e não precisamos dizer nada. Apenas sorrimos. Finalmente, havia conseguido: ganache de *foie gras*.

Ao longo dos anos, venho servindo versões diferentes desse mesmo prato, adicionando ouriço-do-mar ou milho, servindo com atum quente, direto do forno, ou com cubos gelados de melancia com sal. Já preparei esse prato mundo afora com tudo o que se possa imaginar, de geleia de laranja até sorvete trufado. O que não muda é a textura, a temperatura e a qualidade dos ingredientes. Depois que acertei, ou seja, depois que a criação satisfez todos os requisitos importantes para mim, percebi ter concebido o primeiro prato com a minha marca. Servi meu ganache a reis, a celebridades, a chefs três estrelas e a gente que simplesmente adora comer. Aonde quer que eu vá, o prato faz sucesso.

Meu sucesso em criar pratos exclusivos não se devia apenas ao que eu fazia, mas ao fato de haver um público interessado nos sabores que eu buscava criar; um público que também buscava tais sabores. Como chefs, definitivamente trabalhamos com a memória: criamos uma memória com ingredientes. Queria que meus clientes saíssem satisfeitos do restaurante, mas também curiosos em saber o que fez aquela experiência gastronômica tão fabulosa. Queria que, na volta para casa, dentro do táxi, comentassem e se perguntassem: "Cara, o que *foi* aquilo?"

Outro prato exclusivo nasceu durante uma viagem a Boston. Eu dirigia pela velha e pitoresca estrada que margeia a costa de Massachussets, passando, a cada cinco minutos, por barracas que prometiam o melhor rolinho de lagosta de todo o estado. Como nunca havia experimentado, encostei o carro e fui almoçar. Durante os meses seguintes, aquele sabor não me saiu da memória. Adorara a simplicidade do prato: lagosta fresca e maionese em um rolinho amanteigado e macio. É isso! Os suecos se referem à lagosta como "ouro negro", mas, no Belle Avenue, nós a mergulhávamos no Newburg e no Termidor, molhos franceses cheios de creme de leite.

Eu queria celebrar o sabor suntuoso da lagosta, não escondê-lo. Até mesmo a versão praiana norte-americana me pareceu exagerada pela quantidade de maionese usada para dar liga. Queria uma textura cremosa, mas sem aquela gordura toda. Por outro lado, não queria simplesmente despejar lagosta num prato e deixar por isso mesmo. Como eu poderia criar a experiência da descoberta? Sou fã incondicional do negligê, aquele tecido transparente que nos separa do nosso objeto de desejo. Queria criar a sensação do antes e do depois. Com a lagosta, precisava descobrir que tecido transparente usar. Como andava testando, no Aquavit, modos de filtrar a culinária pela Suécia, recorri ao sabor da conserva a fim de criar um contraponto para a suntuosidade e o adocicado daquele fruto do mar.

Assim como fiz com o ganache, segui o mesmo processo de tentativa e erro até acertar: lagosta envolta em finas fatias de ameixa japonesa em conserva, com maionese caseira ao lado, salpicada com cubinhos de bacon e caviar vermelho por cima. Esse prato e o ganache tornaram-se pratos fixos no cardápio do Aquavit. Acho que, se fossem retirados, haveria queixas, pelo menos entre os clientes cativos.

Vinte e um – **Pelo conteúdo do meu cardápio**

O que mais me atraiu a Nova York foi a possibilidade de integração, de não me destacar em razão da cor de minha pele. Na vida pessoal, encontrei uma família que me acolheu. No metrô e nas ruas americanos, encontrei minha comunidade em sua forma mais profunda e verdadeira. Continuei a jogar bola com outros expatriados suecos. Batizamos o time de Blatte United, pois formávamos uma tribo multicultural de rapazes que cresceram como forasteiros; nosso dialeto de sueco, inglês e gíria de futebol era, para mim, tão saboroso quanto uma cerveja gelada depois de uma longa e quente jornada de trabalho.

No campo profissional, porém, eu lutava para superar a constante questão racial. Não queria que o tema simplesmente deixasse de existir. A cor não está presente apenas no que vejo no espelho, mas também na maneira como cozinho e vivo. Inevitavelmente, porém, quando se traz a questão racial para a esfera profissional, a coisa nunca acontece da maneira rica, complexa e prazerosa como eu gostaria. Nunca se referiam a mim como *o chef do Aquavit*. Eu era *o sueco negro do Aquavit*. O que isso queria dizer, caramba?

Em 2000, três anos depois de adquirir a cidadania americana, eu já me tornara um pouco mais flexível quanto ao inevitável rótulo de "chef negro" ou "chef sueco negro", sobretudo por estar certo de que, com sucesso e exposição, eu acabaria fazendo com que a complexidade cultural de meu cardápio se sobrepusesse à minha condição racial. Comecei a evoluir nessa direção quando aconteceu algo muito importante: naquele mesmo ano, fui convidado pelo hotel Lanesborough, de Londres, para participar de um evento anual em que homenageavam os chefs em ascensão no mundo todo. Convidaram-me para representar os Estados Unidos. Senti que era o meu momento.

Aterrissei em Nova York, mas sempre estive de olho em Londres. Embora a expressão *"culinária inglesa"* ainda cause estranheza em alguns círculos, quando comecei minha carreira, a cena culinária de Londres explodia, com a influência das populações de imigrantes mostrando-se presente nos sabores. Atravessando a cidade, podia-se provar peixe chinês com molho de feijão-preto, uma variedade surpreendente de curries indianos, arroz caribenho com ervilhas, ou o delicioso *suya*, um *kebab* de carne nigeriano com amendoins e pimenta. Londres era a cidade em que cultura e gastronomia se associavam com muita força. Meses antes do evento, recebi ligações da mídia britânica. Alguns repórteres me perguntaram que chefs ingleses haviam me influenciado. Citei os irmãos Roux, Albert e Michael, e também mencionei Marco Pierre White, que, ao se tornar um roqueiro *bad boy* de avental, rompeu o paradigma da imagem do chef; aliás, citei-o bem mais por isso – pela identificação com a imagem – do que por sua culinária em si.

Cheguei a Londres para encontrar o restaurante do Lanesborough lotado todas as noites, e uma exitação partilhada por todos os participantes do evento. Eu me hospedei em um lugar elegante, de cara para o Hyde Park, fato de que tirei vantagem todas as manhãs, quando saía para dar longas caminhadas ao redor do Palácio de Buckingham.

Em meu segundo dia, estava cozinhando, quando recebi um telefonema. O chef executivo atendeu e, com uma expressão confusa, passou o fone para mim. Problema no Aquavit, deduzi. Levei o fone ao ouvido, esperando ouvir Håkan e seu familiar "*Hej, Marcus*".

No entanto, o que ouvi foram berros:
– Quer dizer que você vem à porra da minha cidade e acha que vai conseguir cozinhar sem ter feito referência ao meu nome, cacete!

Ouvi os desaforos por uns cinco minutos; fiquei tão estupefato que não consegui desligar.

– Vou fazer de tudo para que sua estada aqui seja insuportável. Esta cidade é minha, entendeu? Boa sorte, seu preto safado.
– Ele então desligou.

Alguns anos antes, eu havia cozinhado com Gordon Ramsay, em Chicago, em um evento promocional com Charlie Trotter. Vários chefs estavam lá, incluindo Daniel Boulud e Ferran Adrià. Gordon foi grosseiro e desagradável com todos eles. O jornal de Chicago entrevistou o grupo, mas Gordon interrompia sempre que alguém tentava responder, direcionando todos os holofotes para si. Quase senti vergonha por ele. Assim, ao ser indagado sobre quem me inspirava nas entrevistas que dei, achei melhor não mencioná-lo. Acho que ele se ofendeu por não ter sido citado.

Para ser honesto, apenas uma coisa me incomodou em seu destempero infantil: a expressão "preto safado". Na verdade, não ligava a mínima para o "safado". O que me irritou foi o "preto".

Em qualquer cozinha, sempre há um pouco da lei do playground: os grandes vão encarnar nos pequenos e os mais novos serão sempre sacaneados por aquilo que os diferencia dos outros. Se houver um ponto vulnerável, alguém vai descobrir. Até certo ponto, esse tipo de *bullying* se forma na hierarquia da cozinha; na condição de subordinado, ou se aprende a conviver com isso, ou se arruma outro emprego. Mas o que finalmente percebi em Londres era que eu não era mais um subalterno. Não tinha de aturar mais aquilo. Não precisava mais aguentar esse tipo de desaforo; não precisava mais tomar nenhuma atitude; não precisava tentar apaziguar as coisas com Gordon Ramsay e encerrar a história com um toque esotérico. Desde então, sempre que um amigo em comum leva Gordon ao meu restaurante, não vejo a menor necessidade de fazer sala, tampouco me esforço para ser amigo dele. Tenho mais o que fazer.

O chato é que há pouquíssimos chefs negros a quem eu poderia ter confidenciado o episódio, e que teriam entendido a situação. Para quem eu poderia ter ligado? Em Nova York, só me lembrei de uma pessoa: Patrick Clark, da segunda geração de chefs do Bronx, que, se não tivesse sido acometido por um problema cardíaco aos 42 anos, provavelmente hoje estaria administrando uma cadeia de restaurantes. Durante o pouco tempo em que o conheci, Patrick me ensinou muito sobre como conduzir a carreira sendo negro.

Em nossos primeiros contatos, sempre tive a sensação de que ele fazia questão de me ignorar. Lembro-me que, logo depois de ganharmos as três estrelas, Håkan me levou a um evento na James Beard House. Quando Patrick passou por mim, fingiu não me ver. Àquela altura, eu já havia aprendido alguns macetes da comunicação afro-americana: apenas um discreto aceno com a cabeça para qualquer negro com quem se encontrasse, sobretudo se houvesse poucos afrodescendentes no recinto. Um simples aceno de cabeça era suficiente; era a maneira de se dizer "estou vendo você, ainda que sejamos praticamente invisíveis aqui". Mas Patrick fez que não me viu. Fiquei aturdido, ainda mais porque ele era famoso por orientar chefs negros em início de carreira. Patrick também era engajado em causas humanitárias, muitas das quais eram especificamente voltadas a ajudar gente de cor: cozinhava para um fundo que subsidiava bolsas de estudo para chefs americanos negros e também para o Meals on Wheels. Ainda atuava como mentor no Careers through Culinary Arts Program (C-CAP), um programa desenvolvido em escolas públicas que submete a treinamento rigoroso alunos pertencentes a minorias com vistas ao mercado da culinária.

Patrick me ignorou pela mesma razão que Bobby Flay se recusou a me prestar o favor que pedi: eu era novato no ramo. Ainda não se sabia ao certo se aquela era mesmo a minha praia. No ano seguinte, depois que constatou que eu não estava de brincadeira, Patrick me acolheu, me convidou para acompanhá-lo a eventos, promoveu meu ingresso no C-CAP (de cuja diretoria hoje faço parte) e substituiu o discreto aceno de cabeça por um vigoroso aperto de mãos ou um abraço de urso, sua marca registrada.

– Chef! Como vai? – exclamava ele com um sorriso que se abria de orelha a orelha por baixo do bigodão.

Com o passar do tempo, vi que a esnobada de Patrick era a mesma que teria dado a qualquer chef novato branco. Antes da cor, ele estava levando em consideração a minha experiência, o que era um sinal de respeito.

Por ironia, o mundo gastronômico, de várias maneiras, sempre se destacou pela tolerância. Somos o ramo profissional menos homofóbico que existe. Dificilmente se encontram menos de dois idiomas falados em uma cozinha na cidade de Nova York. Misturamos religião, idade e ideologia política. No entanto, se olharmos para o topo da cadeia hierárquica, os negros, principalmente os americanos, não têm representatividade. Sem dúvida, podemos perceber algum progresso. Hoje, cada vez mais veem-se negros ingressando no cenário da alta gastronomia. Govind Armstrong, Marvin Woods, Roblé Ali, os Neely e Robert Gadsby contam com expressivas levas de seguidores. O *sommelier* Brian Duncan e o mestre em cerveja Garrett Oliver são presença frequente em festivais gastronômicos e cerimônias de gala. Mas ainda somos poucos, o que é uma situação diametralmente oposta no ramo de fast-food, onde nos encontramos de ambos os lados do balcão. Quando Gordon Ramsey me chamou de "preto safado", senti que ele queria que as coisas permanecessem do mesmo jeito.

No que se refere à história racial americana, minha condição de imigrante é indiscutível: venho de um país europeu e não tenho a sofisticação étnica de meus amigos americanos de nascimento; aprende-se muito assistindo à MTV. Mas estou aqui há 15 anos e, com o passar do tempo, já desenvolvi várias teorias sobre a predominância branca no cenário gastronômico.

A Teoria do Pé-de-Meia – O ramo de restaurante não é lá muito lucrativo; logo de cara, aprendi com Håkan que não dá para manter uma situação financeira estável se não se ficar atento a cada centavo. No entanto, para se adquirir um restaurante e virar patrão, é preciso muito dinheiro, mas muito dinheiro mesmo, principalmente se o sujeito está pensando em se estabelecer numa área sofisticada, onde o valor dos imóveis pode devorá-lo. O fato é que o negro, nos Estados Unidos, ainda não dispõe dos mesmos recursos financeiros que o branco e nem os jovens investidores negros de Wall Street, que fizeram fortuna, estão conseguindo manter o ritmo na corrida do ouro, que já dura mais de uma geração. Você acha que eles vão querer investir num negócio tão arriscado quanto um restaurante?

A *Teoria do "Eu não passei roupa para ver você fazendo hambúrguer"* – A maioria dos pais de meus amigos negros de classe média e classe média alta trabalhou no ramo de prestação de serviços ou bancou a faculdade dos filhos com o dinheiro suado que ganhou como domésticas, porteiros e zeladores. Era inconcebível a ideia de ver o filho voltando ao ramo de prestação de serviços depois de anos de trabalho árduo, de modo que esses pais mantiveram os filhos o mais longe possível desse caminho. Boas notícias: meu amigo Richard Grausman, fundador do C-CAP, começa a ver que essa atitude está perdendo força, sobretudo graças aos canais de TV especializados, como o Food Networks, que têm conferido visibilidade e respeito à profissão de chef. Ele não vai cometer o desatino de dizer que, desde o começo da década de 1990, quando fundou o C-CAP, todas as portas se abriram. No entanto, acredita piamente que houve mudanças.

A *Teoria do Custo da Integração* – Ninguém em sã consciência vai encarar a diminuição da segregação racial advinda do movimento pelos direitos civis como algo negativo, mas, quando converso com negros mais velhos, percebo que se perderam certas oportunidades quando estabelecimentos comerciais voltados exclusivamente a uma clientela negra e cujos donos também eram negros começaram a competir num mercado mais amplo. Fotos antigas do Harlem mostram a presença massiva de *diners*, barracas de comida típica, restaurantes de frutos do mar e churrascarias. Nas décadas de 1970 e 1980, as cadeias de restaurantes chegaram às comunidades negras, tornando muito difícil para aquelas famílias se manterem no mercado.

A *Teoria do Racismo Geográfico* – Em 2005, quando me mudei para o Harlem, percebi a quantidade de ônibus de turismo que chegava ao bairro. Rostos brancos olhavam pelas janelas, parando apenas no Sylvia's para saborear um prato típico gigantesco. A não ser pelo Sylvia's, o Harlem não é o destino para quem vai à Gramercy Tavern e ao Nobu. Consequentemente, é o cenário gastronômico que sai perdendo. Nunca vi ninguém pegar um táxi e percorrer 20 quarteirões até *Uptown* para um bom jantar. No entanto, não achariam nada demais em sair do Upper West Side para ir ao Village para comer. (Seguinte: quando vários mapas de Manhattan param na parte de cima do Central Park – literalmente nem se dando ao trabalho de mostrar o Harlem –, fica evidente que algo está desconexo. Não atribuo todo o problema ao racismo, mas seria ingênuo dizer que não é um fator a se considerar. De que outra forma pode-se explicar a invenção de um vocabulário – não apenas na culinária americana, mas também na francesa e na suíça – em que *schwarze* e *nègre* ainda são sinônimos de "peão"?)

A *Teoria da Comida Étnica* – Nas décadas de 1990 e 2000, dois restaurantes em Nova York levaram ao topo duas culinárias, a latina e a indiana, que, por muitos anos, haviam sido relegadas a um segundo plano "étnico" na esfera gastronômica. Os estabelecimentos sofreram com a crise financeira mundial, mas sobreviveram bastante tempo, deixando sua marca. No Patria, o chef Douglas Rodriguez consolidou o conceito de uma culinária Nuevo Latino que não se valia de temas de desenho animado ou de queijo derretido para atrair clientela. No Tabla, Floyd Cardoz fez algo parecido com a cozinha indiana, levando-a além das samosas e do curry. Vejo uma oportunidade semelhante de preservar, proteger e aprimorar a culinária afro-americana. Temos uma incrível diversidade regional na cozinha americana, boa parte da qual está ligada à comunidade negra, seja creole ou cajun, o churrasco de Mênfis ou o molho à base de vinagre da Carolina do Norte. Como nação, entretanto, não aproveitamos isso. Pelo menos não do jeito que deveríamos.

Quando comecei a ganhar visibilidade nos Estados Unidos, não sabia ao certo como lidar com o desejo das pessoas em me classificarem como chef negro. Aquilo me deixava incomodado, ofendido por ter de discutir o assunto e preocupado com a possibilidade de ser definido por isso. Recusei convites para eventos e propostas para entrevistas que pareciam dirigidas exclusivamente ao público negro. Entretanto, quanto mais eu viajava pelo país, mais percebia minha raça como oportunidade e não como um fardo. Parte dessa percepção veio dos encontros que tive com negros mais jovens que assistiam às demonstrações. Apareciam nos shoppings ou em noites de autógrafos de algum livro de receitas. Era visível que torciam por mim mesmo sem nunca terem provado nenhum prato meu. Senti que se orgulhavam de mim por estar num mercado dominado pelos brancos. Mesmo que no futuro meu nome não venha a ser famoso, jamais esquecerei do quanto meus primeiros fãs afro-americanos me incentivaram, do quanto me fizeram esperançoso em relação às possibilidades em minha vida.

 Hoje, com o poder, ainda que modesto, de influenciar uma opção de carreira para os jovens, compareço aos eventos e sempre sinto representar minha raça. Às vezes, a pressão de ser um dos poucos rostos negros no ramo é imensa; todo dia, digo a mim mesmo: "Não pise na bola." Não comecei ontem a trabalhar no ramo, de forma que estou preparado e sei que não decepcionarei ninguém no que se refere à culinária. Mas, ao mesmo tempo, também sei que estou sendo observado, o que pode me inibir. Minhas atitudes têm repercussões que fogem ao meu controle. Durante a campanha presidencial de Barack Obama, ouvi gente reclamando que ele devia ser mais agressivo e mais firme em suas posições. Entretanto, entendi muito bem que, ao menor sinal de extrema assertividade, poderiam acusá-lo de ser um "negro rancoroso", o que poria em risco sua mensagem. Numa proporção infinitamente menor, tive a mesma preocupação. Minha margem de erro é bem menor.

 Depois de atuar como meu braço direito no Aquavit por uma década, Nils Norén foi lecionar no French Culinary Institute, do qual hoje é vice-presidente de culinária e da arte da pastelaria; agora, voltou a trabalhar comigo e cumpre um papel central na equipe. Nem é preciso dizer que, sempre que ele me convida, vou na hora. Há muitos anos, eu fazia uma palestra para alunos dele, explicando como fiz uma carreira fundamentada na busca por sabores e como minhas viagens pelo mundo estão presentes em meus pratos. Os alunos estavam eufóricos e participativos e, quando chegou a hora das perguntas, dei a palavra a um rapaz negro que prendia os *dreads* sob uma enorme boina de tricô com listras vermelhas, verdes e pretas.

 – Quais são as novas tendências da culinária africana? – perguntou.

 Naquela hora, me deu um branco. Não tinha resposta. Mantive o sorriso no rosto, enquanto balbuciava algumas observações sem sentido – é, bem, estive no Marrocos várias vezes e, é... pelo que me lembro, mesmo os restaurantes mais famosos serviam só pratos tradicionais. Eu também conhecia a galinha guisada da Etiópia, a *doro wat*, que provei nas minhas idas com Mes a restaurantes etíopes em Nova York. O prato me era tão familiar quanto as almôndegas e o arenque que minha avó preparava. Enrolei, enrolei e continuei falando de tradição e... de tradição. Consegui sair pela tangente com minhas respostas e pelo menos o aluno não me colocou contra a parede. Mas senti como se tivesse levado uma bofetada. Fiquei incomodado. Por que conhecia tão pouco sobre a culinária africana? Por que era tão ignorante em relação à culinária da Etiópia, meu país de nascimento? Como, depois de uma década de busca por sabores, pude ignorar por completo um continente inteiro?

PARTE TRÊS – **HOMEM**

Vinte e dois – De volta à África

Numa tarde, Ruth Reichl, então redatora da revista *Gourmet*, ligou para mim.
– Marcus, acho que você não vai resistir ao que tenho para propor.

Estávamos em 1999 e um jovem jornalista chamado Lolis Eric Elie deu a seguinte ideia para a *Gourmet*: fazer uma matéria comigo sem que fosse a mesma ladainha sobre minha criação sueca e minha chegada ao Aquavit. Ele queria ir comigo à Etiópia para ver a culinária de lá através dos meus olhos, olhos que, por 30 anos, não viam o país.

Ruth tinha razão: a ideia era irresistível. Ficaria fora por quase um mês, a ausência mais longa desde que me tornei chef executivo.

– É claro que você vai!– exclamou Håkan, quando falei que ainda estava pensando se ia me ausentar por tanto tempo. – Você tem de ir.

Aterrissamos no Aeroporto Internacional Bole, na capital, Adis-Abeba, cidade onde minha mãe havia morrido e onde passei duas semanas me apaixonando várias vezes por dia. A Etiópia enfrentou e ainda enfrenta sérios conflitos, mas sua paisagem ancestral e a receptividade do povo permaneciam inalteradas.

Às vezes, meu país natal é chamado de "terra onde faz sol durante 13 meses", e era verdade: foi um dia ensolarado atrás do outro. Nossos táxis russos, já fora de circulação, chacoalharam pelas principais vias da cidade, enfrentando, além dos outros motoristas, rebanhos de bodes, ovelhas, vacas, completamente imperturbados pela fumaça dos veículos. De cada lojinha, mesmo daquelas com computadores ou penteados desenhados na vitrine, saía o cheiro dos grãos de café recém-torrados. Vinda de todos os lados, uma poeira avermelhada cobria tudo. Os xales e echarpes coloridos que cobriam ombros masculinos e femininos muitas vezes serviam de máscara, mantida sobre o rosto com a ajuda das mãos.

Durante aquelas duas semanas, vi meu rosto refletido milhares de vezes. Aquilo não só me proporcionou um senso de pertencimento diferente do que senti em qualquer outro lugar, mas também serviu para me lembrar como o destino mudara completamente o curso da minha vida. Via uma versão de mim mesmo, com 11 anos de idade, segurando uma bandeja de papelão com lenços de papel e chicletes, parado nos cruzamentos. Vi meu próprio rosto entrando apressado em cafés, minhas mãos segurando um galho para varrer a calçada na frente de um açougue. E outra versão de mim, velha e curvada, vestindo um xale *gabi* semelhante a um cobertor para se proteger do frio da manhã, a mão em concha estendida, pedindo esmola:

– *Birr, birr, birr.*

Uma das minhas descobertas favoritas foi o Merkato, o maior mercado ao ar livre do continente africano. É tão grande que há uma pista inteira ocupada por vendedores de manteiga, um quarteirão só para roupas típicas, feitas em algodão branco e bainhas enfeitadas. Havia burros por toda a parte, substituindo caminhonetes, carroças, empilhadeiras. Passei horas nos corredores de temperos, tateando pepitas de incenso, comprando pacotes de cominho-preto ou *mitmita* laranja, para mais tarde, no ar mais puro do meu quarto no hotel, poder sentir o aroma de tudo aquilo. Demonstrando uma paciência enorme, nossa guia ia traduzindo à medida que eu apontava para tudo quanto era lata, querendo saber o nome de cada coisa.

Por todo lugar, havia uma mistura de tipos de pimenta e logo aprendi a reconhecer as letras em amárico que as identificava.

– *Berbere* – explicou a guia, que se chamava Fiseha. *Bayrber-ay.* – Usamos em tudo.

No hotel naquela noite, derramei um pouco de *berbere* num pires. A mistura era moída em grãos bem finos, de forma que só pude contar com o olfato e o paladar para identificar que ervas e temperos a compunham. Fiz uma lista dos temperos em meu diário e, no dia seguinte, chequei com Fiseha se estava correta. Conseguira adivinhar nove dos 12 ingredientes. Os que serviam de base eram óbvios: pimenta, pimenta-negra e sal. Depois, criei uma lista que eu conhecia bem da cozinha sueca: cardamomo, gengibre, noz-moscada, cravo-da-índia, cominho e coentro. Fiseha me ajudou com os que faltavam. Não sei como deixei passar a pimenta-da-jamaica e a alforva. E o que eu jurava ser tomilho era semente de *ajowan*, também conhecido como erva-de-bispo, mais uma para a lista das pimentas ardidas.

– Às vezes, põe-se alho e também canela – informou Fiseha.

Como posso descrever o resultado dessa mistura? Era masculino e feminino, gritando para chamar a atenção e sussurrando para que eu me aproximasse. Num primeiro momento, sentia-se um aroma aberto e revigorante; depois, sentia-se um odor de terra, penetrante. Não via a hora de experimentá-la na cozinha do Aquavit.

De vez em quando, Lolis me perguntava se eu reconhecia algum cheiro, lugar ou sensação. Se minha irmã Linda estivesse conosco, provavelmente teria dado outra resposta. No entanto, por mais que eu quisesse dizer que sim, não reconhecia nada. Aquela minha primeira viagem à Etiópia foi mais um romance cheio de reviravoltas do que propriamente um retorno. Fui bem recebido em todos os lugares em que estive, mesmo quando as pessoas percebiam que eu não falava amárico. Era evidente que eu me vestia e agia como um *ferenge*, um "estrangeiro", mas também me chamavam "*Habesha*", reconhecendo-me como parte do grupo. Passei uma tarde numa *teff terra*, uma cabana pequena e mal iluminada, onde uma cooperativa de cinco mulheres produzia fornadas e fornadas de *injera*, o pão esponjoso que os etíopes comem em todas as refeições, usando-o também como prato e utensílio. Observei quando moeram o *teff* com uma pedra e o peneiraram até obter uma farinha fina. Essa farinha foi misturada à massa fermentada e água, e deixada descansar por alguns dias. No centro da cabana, havia uma chapa de ferro um tanto semelhante a um banco de bar, com um tambor grande apoiado sobre longas pernas; embaixo, um pequeno fogo a carvão, cuja fumaça impregnava o interior da cabana. Via-se esse tipo de fogareiro por toda a parte. Em Adis, quando eu levantava cedo para dar uma corrida, observava a manta de fumaça de carvão cobrindo as casas, sinal de que o café da manhã estava sendo preparado.

Como chef, é impossível segurar o desejo de pôr a mão na massa num lugar onde alguém está cozinhando. Em uma manhã, vi uma mulher pondo massa de *injera* fermentada sobre a grelha numa espiral perfeita e graciosa, começando pelas bordas da superfície quente. Sorri e acenei com a cabeça para ela, que me passou uma lata amassada, usada como concha. Olhando, aquilo parecia tão simples, mas a habilidade pode enganar. Minhas tentativas foram um desastre e as palavras de incentivo que ela me dirigiu tinham o mesmo tom paciente que se dispensa a uma criança desajeitada. Demonstrar humildade de vez em quando não faz mal a ninguém.

Aprendi a fazer *doro wat* com uma professora de 75 anos, chamada Abrihet. Amigos em comum acertaram meu treinamento. Nós nos encontramos no Habesha, restaurante onde Abrihet trabalhava como cozinheira, perto de Bole, a rua principal de Adis-Abeba. Na cozinha do Habesha, começamos do zero, matando uma galinha, depenando-a e, por fim, retirando as vísceras, como aprendi na França. Cortamos em 12 pedaços e não apenas em oito ou 10, como eu estava acostumado. Em seguida, deixamos as partes de molho no limão, água e sal, mistura que deve ter evoluído tanto como conservante quanto aromatizante. Enquanto a carne marinava, Abrihet despejou um saco de cebolas roxas à minha frente. Eu parecia haver voltado aos tempos de *commis*. Enquanto Abrihet lavava a couve que serviria de acompanhamento, piquei todas as cebolas, bem miudinhas. Dispunha apenas de uma faca ruim e uma tábua de cortar horrorosa. Percebi o quanto estava mal-acostumado. Embora me sentindo desajeitado, tentando me arranjar com um cabo nada anatômico e a lâmina cega, pensei: "Se Abrihet consegue se virar com esses utensílios, eu também consigo."

Abrihet olhou para mim meio sem graça e disse alguma coisa em amárico para o intérprete.

– O que foi? O que ela disse? – perguntei ao intérprete, que parecia não querer me contar. – Diga – insisti.

– Ela está constrangida. Diz que homem na cozinha não é costume na Etiópia, mas, como você não é daqui, é *ferenge*, não faz mal.

Picamos um pouco de alho e gengibre, que dividimos, juntamente com a cebola, em dois potes.

– Ela está dizendo que agora se leva ao fogo bem baixo por 45 minutos – explicou o intérprete.

Aproveitamos para experimentar o café etíope, estilo expresso. Não existe nada mais gostoso do que café etíope; em quase todo lugar, ele é torrado pouco antes de ser preparado. Nos Estados Unidos, o pessoal acha o máximo moer os grãos antes de fazer o café. Aqui, a noção de frescor obedece a critérios bem mais rigorosos.

Nosso próximo passo era secar a galinha e adicioná-la às duas porções da mistura com cebolas. Primeiro, a carne escura, que demora um pouco mais para cozinhar, e então, passados 20 minutos, a mais clara. Meia hora depois, o caldo estava bem marrom. Abrihet colocou mais dois potes de água para ferver, um para as verduras e outro para cozinhar uns ovos. Quando as verduras ficaram prontas e os ovos, cozidos e descascados, colocamos o ensopado no centro de uma travessa, que havia sido coberta com uma camada de *injera*. A couve e os ovos foram equitativamente divididos ao redor da travessa.

Nós nos sentamos para comer, e após a ritualística lavagem das mãos, partimos pedaços de *injera* com a mão direita e os utilizamos como colher para pegar o guisado. Abrihet fez um bolinho de comida e pôs na minha boca.

– É *gursha* – informou o intérprete. – É sinal de hospitalidade. Ela fará isso mais umas duas vezes e, se quiser, faça o mesmo com ela. – Mal engolira o primeiro *gursha*, o segundo punhado já era colocado em minha boca. Quando foi minha vez de retribuir o gesto, devo ter deixado cair metade da comida da *injera* ao esticar o braço na direção da sua boca. Ela, no entanto, não se importou e eu estava feliz demais para dar importância. Afinal, havia acabado de aprender uma parte do meu passado. Como tantos outros pratos etíopes que aprendi a preparar ao longo dos anos, *doro wat* serviu a dois propósitos: o de expandir meu repertório culinário e o de adicionar texturas e camadas à herança africana que eu ansiava tanto em conhecer.

Ficamos no Sheraton Adis, o hotel mais luxuoso do país. Não era como os dos Estados Unidos. Era um palácio que, de tão opulento, chegava a constranger, sobretudo quando se cruzava seus portões, fortemente vigiados, a partir dos quais se dava de cara com uma favela, com esgoto a céu aberto, casas de flandres, papelão e chão de terra, abrigando famílias enormes vivendo sem água ou eletricidade. Nunca me considerei acima da classe média, mas, na Etiópia, eu era mais do que privilegiado. Quem for à África e vir esse contraste dirá que é praticamente impossível compreender o quadro – o abismo é gigantesco. De certa forma, o melhor a fazer é tentar ignorar a experiência.

Por onde eu passava, era tratado como o filho pródigo: paparicado, tratado com toda a atenção e entrevistado por jornais e revistas locais. Percebi que nossa visita teve muita importância para os etíopes que conhecemos e, para agradecer, achei que devia preparar um jantar aos nossos anfitriões, 40 figurões e políticos de Adis. Os funcionários do hotel adoraram a ideia. Combinamos o evento para a véspera de Ano-Novo – o meu Ano-Novo, não o deles, que seguem um calendário em que a data é comemorada em setembro. O hotel me deu carta branca para usar os funcionários e os recursos de que dispunha. Foi uma experiência reveladora. Toda a equipe de apoio da cozinha era etíope, mas os chefs, europeus. Lá estava eu, num país de população negra – o único país de toda a África que não fora colonizado – com um bando de alemães brancos comandando o pessoal da cozinha. Como assim? Eu conhecia o suficiente da indústria hoteleira para saber que aqueles chefs importados não eram a última bolacha do pacote. Na hotelaria internacional, o pessoal top – classe A – vai para os Estados Unidos, Ásia e Europa. A turma de nível B vai parar no Oriente Médio, enquanto os de nível C seguem para a África mesmo. Era para eu ter ficado indignado, mas como me indignar, se todo mundo – de Klaus, o chef executivo, a Tesfahun, o homem que fazia serviço de rua para o último nível de commis – foi tão receptivo comigo?

Passei a segunda semana organizando o cardápio e fazendo um levantamento do que havia na despensa do hotel. Como a maioria dos hóspedes era estrangeira, boa parte dos ingredientes era importada. Quando sugeri que utilizássemos ingredientes etíopes, olharam para mim inexpressivamente, quase sem graça. O Sheraton de Adis-Abeba, segundo soube, não servia pratos típicos etíopes. Com os porteiros do hotel emprestados, fui várias vezes ao Merkato comprar ingredientes para a grande noite que inexplicavelmente pulou de 40 para 60 convidados.

– Ou talvez até uns 70 – informou o *concierge* com um sorriso de orelha a orelha.

Com o jantar, eu queria não só agradecer ao adorável pessoal do Sheraton, mas também incentivar a equipe etíope, mostrando o que se pode fazer com ingredientes nativos. A princípio, encarei aquele evento como um jantar de retorno à terra natal e resolvi incluir amostras de todas as culinárias que eu conhecia e adorava.

A entrada foi salmão defumado coberto com *berbere*. Como eu não estava muito a fim de reproduzir o defumadouro de meu tio Torsten, curei rapidamente o peixe, colocando-o em seguida dentro de uma caixa de defumação improvisada com grãos verdes de café, um pouco de água e canela. Depois de 15 minutos, retirei o salmão, satisfeito com o resultado e até orgulhoso do aroma – cristalino como água da fonte. Passei *berbere* por sobre o peixe e depois servi com *ayib*, o queijo cottage etíope, endro picado e pedaços torrados de *injera* que funcionaram como biscoito cream cracker. De todos os pratos servidos naquela noite, esse foi a sensação. Não apenas porque ficou uma delícia, mas porque, pela primeira vez, viu-se o que é possível fazer com ingredientes etíopes. O restante do cardápio abordou o mesmo tema. Esfreguei *berbere* também por sobre o pato e servi com figo, *foie gras* e um vinho doce chamado *tej*. De sobremesa, um bolo quente de chocolate com beterraba, finalizando com melado aromatizado com café. Onde foi possível, reverenciamos os ingredientes etíopes em um nível inédito. O Sheraton de Adis tinha várias qualidades, mas a alma do Habesha não estava entre elas.

Quando voltei para os Estados Unidos, cheio de histórias para contar, os amigos me perguntaram se tinha sido difícil deixar a Etiópia.

– Nem um pouco – respondi. – Porque sei que vou voltar.

Quando jovem, nunca tive vontade de voltar à Etiópia. Linda teve. Ela falava em voltar algum dia, conhecer nossa aldeia e visitar nossos parentes, caso ainda houvesse algum. Talvez parte da minha ambivalência fosse causada pelo respeito de um filho à mãe; de certa forma, temia magoar Anne Marie se fosse procurar minha família biológica. Amava meus pais adotivos. Tive uma infância maravilhosa. Os momentos *negerboll* e *blatte* foram pedrinhas insignificantes numa estrada linda e bem asfaltada.

Como chef, encontrei um modo mais confortável de me reconectar com a África: pela culinária. Antes daquela viagem, vinha pensando no próximo livro de receitas. Já havia lançado um na Suécia, chamado *En Smakresa* (*Uma jornada de sabores*), tributo a todos os sabores e culturas que conheci durante os cruzeiros de que participei. Também acabara de concluir o original do livro de receitas do Aquavit, que era uma homenagem ao restaurante que me deu a primeira oportunidade na gastronomia e que me proporcionou o primeiro lar norte-americano. O *Aquavit* foi escrito para americanos. Preocupei-me em inserir as receitas num contexto cultural mais amplo, de modo que o leitor conhecesse a origem de cada prato sueco.

Meus agentes editoriais sugeriram que eu fizesse algo do tipo *Marcus cozinha em casa*, mas, na época, eu não estava inclinado a isso. Em primeiro lugar, eu nunca cozinhava em casa. Os chefs raramente o fazem. Quando não comia alguma coisa rápida no trabalho, ia a algum restaurante na cidade para ver o que a concorrência andava aprontando. Quando não comia para pesquisar, comprava a primeira coisa que visse na rua, fosse uma fatia de pizza no Ray ou um churrasco grego com bastante *tzatziki* do cara da carrocinha perto da minha banca de jornais preferida. Eu era um chef que, apesar de viver e respirar comida, não tinha uma vida doméstica. Um livro de

Marcus, aos 5 anos, colhendo flores durante uma caminhada com a família pelo campo (1975).
Acervo pessoal do autor.

Marcus e sua mãe, Anne Marie, tomam sol durante um piquenique à beira de um lago (1974).
Acervo pessoal do autor.

Lennart, pai de Marcus, comemorando seu aniversário de 50 anos, em Gotemburgo (1982).
Acervo pessoal do autor.

Marcus curte o sol no quintal de casa, em Gotemburgo, no verão após sua adoção (1974).
Acervo pessoal do autor.

Três anos após serem adotados, Kassahun e Fantaye são oficialmente batizados como Marcus e Linda Samuelsson (1976).
Acervo pessoal do autor.

Marcus e a irmã, Linda, fantasiados, no Sábado de Aleluia na porta da casa de veraneio da família, em Smögen (1974).
Acervo pessoal do autor.

Marcus sentado no colo da mãe, perto das irmãs Anna (ao centro) e Linda (1976).
Acervo pessoal do autor.

A família Samuelsson reunida na casa de *Mormor* Helga, no dia 26 de dezembro, para um jantar tradicional com peru assado (1974).
Acervo pessoal do autor.

Marcus e Linda na costa noroeste da Suécia com o Forte de Caristen ao fundo (1976).
Acervo pessoal do autor.

Marcus e Linda decoram pãezinhos natalinos na cozinha de *Mormor* Helga (1974).
Acervo pessoal do autor.

Marcus, aos 12 anos, em foto tirada pelos pais para anunciar sua crisma (1982).
Acervo pessoal do autor.

Marcus (segundo a partir da esquerda) e sua turma da escola, participando de um show no gelo (1975).
Acervo pessoal do autor.

Durante o verão em Gburg, a pelada era um evento familiar. De cima para baixo, a partir da esquerda: Peter, Klaus, Marcus e Mats (1983).
Acervo pessoal do autor.

Marcus, aos 13 anos, exibindo a bicicleta nova (1983). *Acervo pessoal do autor.*

Marcus ocupa-se dos preparativos para o jantar na cozinha do Aquavit, no prédio histórico da rua 54 (1999). *Paul Brissman*.

Marcus, acompanhado por uma equipe de filmagens, vai às compras em seu bairro gastronômico preferido: Chinatown, em Nova York (2000). *Paul Brissman.*

As últimas mesas da noite terminam o jantar enquanto Marcus faz um intervalo merecido no salão do Aquavit (1998). *Paul Brissman.*

A mãe adotiva, Anne Marie, e o pai biológico de Marcus, Tsegie, encontram-se pela primeira vez em Abragodana, aldeia de Tsegie na Etiópia (2009). *Acervo pessoal do autor.*

Marcus (segundo a partir da esquerda) com o pai, as meias-irmãs e a mãe, Anne Marie (2009).
Acervo pessoal do autor.

Ashou, segunda meia-irmã mais jovem de Marcus, na porta da casa do pai em Abragodana (2009).
Acervo pessoal do autor.

Anne Marie e Tsegie no casamento de Marcus e Maya (2009). *Acervo pessoal do autor.*

Maya e Marcus pouco antes da cerimônia de casamento (2009). *Acervo pessoal do autor.*

Michelle Obama, Marcus e estudantes locais colhem legumes nas hortas orgânicas da Casa Branca, como parte do programa *Let's Move,* da primeira-dama (2011).
Foto de Eddie Gehman Kohan para o ObammaFoodorama.blogspot.com

Marcus leva um grupo de estudantes da ACM local até sua casa no Harlem para uma aula de culinária improvisada (2010). *Paul Bissman.*

Alunos de uma escola do Harlem vão almoçar no Rooster (2011). *Eden Fesehaye.*

Marcus no pátio de seu novo restaurante, Red Rooster, de onde se vê a avenida Lenox, no Harlem (2011). *Paul Brissman.*

receitas que me mostrasse em casa, curtindo, seria uma farsa.

Meu objetivo era fazer o livro que sempre fui louco para ter, mas nunca encontrei para comprar: um livro de receitas que fosse uma ponte entre meu lar, em Manhattan, e minhas raízes etíopes.

Sempre adorei livrarias. Sempre que estou em uma, lembro-me de meu pai, Lennart. Seu maior prazer era sentar na sala à noite com um livro nas mãos e uma xícara de chá do lado. Livrarias são como uma enorme caixa de presente, cheia de histórias, novidades e vidas, esperando para ser desembrulhada. Para um chef, a melhor livraria em Nova York é a Kitchen Arts & Letters, no Upper East Side, especializada em comida e vinhos; o que não se encontrar lá, não existe.

Quando voltei da Etiópia, fui direto à Kitchen Arts, mas descobri que a África praticamente não está "no mapa". Havia uma parede inteira com livros sobre a cozinha italiana, com prateleiras dedicadas a cada região. Sobre comida francesa, espanhola e mexicana, encontrei fileiras intermináveis. A seção dedicada à África se resumia a uma edição da *Time Life* da década de 1950 e alguns livros escritos pela historiadora Jessica B. Harris, todos maravilhosos, mas voltados para os pratos tradicionais. Onde estava a África contemporânea? Onde estavam as receitas?

Pelo visto, a África era invisível. Percebi então que, se eu não fizesse nada para mudar aquilo, ninguém o faria. Naquele momento, o escopo do meu livro seguinte havia se expandido, lançando-me num esforço de sete anos para avaliar um continente por sua cozinha. Acabei indo do Cairo a Johanesburgo, coletando histórias e receitas, aprendendo técnicas e ingredientes novos, e em seguida filtrando-os segundo o meu paladar. O resultado foi *The Soul of a New Cuisine*. O livro é bastante abrangente, mas não tenho a menor ilusão de que disse tudo o que havia para ser dito.

Tive múltiplos objetivos com *Soul*. Um deles foi apresentar aos africanos as culinárias dentro do próprio continente. Assim, compilei uma multiplicidade de receitas típicas provenientes das mais diversas regiões. No tocante à culinária, percebi, em minhas viagens, uma separação entre os países. Não vi famílias nigerianas dizerem "Hum... hoje vamos fazer comida moçambicana". Meu livro poderia ser um instrumento para que os povos africanos se conhecessem por sua comida. Também queria mostrar aos americanos que a África possui uma enorme diversidade gastronômica, muito além dos pratos que já conhecemos – *foie gras*, quiabo e temperos desidratados, para citar alguns –, e que havia muitos que eles podiam preparar. Por fim, queria promover um diálogo entre a África e a alta gastronomia contemporânea. Com isso, aguçaria a curiosidade dos chefs – somos inquisitivos por natureza e os outros chefs receberiam bem novos ingredientes, como o fizeram com o wasabi e a salsa. Mas a questão era mais capciosa, pois, ao mencionar a África e comida, muitos americanos só conseguiam associar o continente à fome. Queria desconstruir o estereótipo, mostrar que todo país conta com uma classe média, rituais e celebrações com comida. Todo país tem uma culinária.

Na noite de 10 de setembro de 2001, eu e Nils estávamos no Observatory Hotel, em Sidney, Austrália, preparando-nos para um evento de divulgação que aconteceria no dia seguinte. Eu já tinha ido dormir, mas Nils tomava uma cerveja com o chef do Observatory, Jimmy Ring, no bar do hotel. A TV estava ligada.

– Que filme é esse? – perguntou Jimmy a Nils.

Não era um filme. Era uma transmissão ao vivo. Dois aviões haviam se chocado contra o World Trade Center. Nils me acordou com a notícia. Sentindo-nos impotentes e imaginando como voltaríamos para casa, só nos restou ficar ali, vendo aquelas imagens repetidas vezes. Na semana anterior, eu estivera em uma das torres para fazer uma apresentação. Conheci os cozinheiros que morreram. Só conseguimos pegar um avião de volta aos Estados Unidos 10 dias mais tarde. Ao chegarmos, percebemos que nosso mundo mudara. A cidade estava em estado de choque. Tudo parecia muito incerto.

O Aquavit e AQ Café, meu primeiro restaurante informal, haviam sofrido um senhor baque, assim como todos os restaurantes da cidade. Senti-me culpado por me apavorar com isso, considerando o quanto outras pessoas haviam perdido. No entanto, eu e Håkan tínhamos negócios a administrar e sabíamos, desde o início, que precisaríamos despedir boa parte da equipe, se quiséssemos sobreviver. Não tenho o menor problema em demitir um funcionário que pisa na bola, mas dispensar quem não fez nada errado? É doloroso.

Por meses a fio, o clima da cidade foi de pura tristeza. Os jornais publicaram uma série de histórias deprimentes e tocantes. Quase ninguém tinha espírito para sair. Turistas e gente que vinha à cidade a negócios desapareceram. Sumiram todos da noite para o dia. Na cozinha do Aquavit, começamos a encolher os turnos para evitar uma segunda leva de demissões. Tenho orgulho de dizer que a equipe apoiou a medida. Eis o lado positivo. Enquanto a cidade como um todo estava em profunda depressão, no Aquavit eu nunca tinha visto tanta gentileza, tanta camaradagem, tanta disposição.

No mundo da gastronomia, a troca de informações é uma constante. São solidários, reclamam, resmungam e fofocam. Recomendam um novo fornecedor ou queimam o filme de algum bombeiro hidráulico relaxado. Compartilham teorias malucas sobre os motivos de um movimento baixo. Contudo, naquela época, ninguém jamais faria um comentário negativo em relação à crise: todos sabíamos que devíamos dar graças a Deus por estarmos vivos. Todos os dias, eu e Håkan sentávamos para examinar nosso plano de ação. E se retirássemos dois pratos de cada cardápio? E se incluíssemos barriga de porco e outros cortes mais baratos? E se abolíssemos os cogumelos? Olhamos para a planilha gigantesca que projetava os custos para os próximos seis meses. A situação não era nada boa. Com a ponta da caneta, Håkan bateu sobre um número que sobressaía em meio aos demais. Era o aluguel.

– *Detta mäste gå* – disse. Precisamos nos livrar disso. Naquele exato momento, resolvemos nos mudar, por mais doloroso que fosse sair daquele endereço elegante que estivera associado à identidade do Aquavit. Eu teria de abdicar de meu posto de prefeito da rua 54, mas, naquelas circunstâncias, não havia lugar para sentimentalismos, só para sobrevivência. Midtown não fora tão devastada quando o centro, mas ainda era terra de ninguém. Uma cara terra de ninguém.

No verão de 2002, o movimento começou a melhorar. Ainda com cautela, ansiávamos pelo outono, que sempre trazia bastante gente, o que, para os restaurantes, era uma oxigenada na receita, comum no período pós-férias. A coisa começava a melhorar. Além de trabalhar no livro de receitas africanas, acabara de abrir com Håkan uma consultoria chamada Townhouse Restaurant Group, para cuidar dos telefonemas que recebíamos. Planejávamos abrir filiais do Aquavit em Estocolmo e em Tóquio.

Num dia claro e quente de setembro, dessa vez em 2002, um de nossos cozinheiros acidentalmente derrubou um pote de manteiga clarificada. Era por volta das nove horas da manhã. Nils estava chegando à porta da cozinha na hora em que Toshi, o que derrubou o pote, e outros dois cozinheiros corriam para fora. Nils fez um esforço hercúleo para controlar o incêndio. Quando estava quase puxando a alavanca que acionava os sprinklers, os bombeiros chegaram. Se os sprinklers tivessem sido acionados, teríamos sido obrigados a fechar por alguns dias. Teríamos feito uma faxina pesada e jogado fora as tigelas e as caixas afetadas pelos produtos químicos, mas, por outro lado, teríamos reaberto novinhos em folha. Porém, antes de Nils pôr a mão na alavanca, os bombeiros meteram o machado no exaustor central. O exaustor que havia sido feito sob medida, que levava semanas para ser substituído e que custava uma fortuna. Sem aquele exaustor, não dava para trabalhar. Fechamos por um mês. Quando finalmente reabrimos, o mundo enfrentava mais um inferno: o presidente Bush declarava guerra ao Iraque. Pode parecer egoísmo pensar nas consequências de uma guerra para os negócios, mas, em nosso ramo, esse tipo de coisa ou edifica ou destrói. É por isso que coço a cabeça sempre que ouço falar em "chef celebridade", como se nossa vida fosse fácil. Ninguém faz ideia da montanha-russa que é o mundo da gastronomia. Desconheço o chef – celebridade ou não – que não tenha de sujar as mãos com a dura realidade do restaurante para conseguir sobreviver. Não estou falando daquelas cenas teatrais, produzidas, que se veem em reality shows; refiro-me à responsabilidade pela sobrevivência de dezenas de pessoas e à tênue linha entre o lucro e o desastre. Tivemos o 11 de setembro, uma guerra, um incêndio, depois outra guerra... a situação não estava nada boa.

Finalmente, houve um sinal providencial de que vínhamos desenvolvendo bem o nosso trabalho – e o que era melhor, algo que tinha importância especial.

Eu estava com o coração na garganta. Na verdade, também nos ouvidos, batendo tão forte que mal conseguia ouvir o que dizia Lidia Bastianich, a lendária chef e dona do Felidia. Lidia, como é conhecida por todos, anunciava os indicados em minha categoria para o James Beard Foundation Awards de 2003 em Nova York. Eu não devia me sentir nervoso, já havia competido diante de plateias lotadas antes. Já estava acostumado à competição. Mas, dessa vez, a situação era diferente. E eu estava nervoso. Alguns meses antes, a revista *Time* se referira ao Beard Awards como "o Oscar da gastronomia" e, naquele ano, eu havia sido indicado – junto com outros quatro grandes de Nova York – para concorrer ao título de Melhor Chef da cidade.

No minúsculo cenário gastronômico de Nova York, aquilo era importante.

Acho que fiquei nervoso porque não esperava ser indicado. Estivera tão envolvido, tentando sair de um buraco atrás do outro, que não havia parado para pensar muito sobre aquele momento. Naquela tarde, precisei alugar um smoking – um modelo rijo, de poliéster, que parecia se mexer sozinho – e corri para tentar chegar na hora. Então, me peguei numa sala com meus ídolos e contemporâneos e finalmente me dei conta de que estava sendo considerado um deles. No ano anterior, na minha categoria, Mario Batali havia levado o prêmio com a Babbo, sua jovial cantina italiana. A lista de astros vencedores na década anterior à vitória de Batali incluía Gray Kuns

(Lespinasse), Jean-Georges Vongerichten (JoJo), Eric Ripert (Le Bernadin), Charlie Palmer (Aureole) e Lidia, a anfitriã da noite. A lista de 2003 não era menos brilhante: Rocco DiSpirito (Union Pacific), Odette Fada (San Domenico), Alex Lee (Daniel) e David Pasternack (Esca).

Estava cercado por alguns dos chefs mais talentosos do mundo, mas não conseguia parar de pensar em quem *não* estava presente: minha avó Helga, a primeira pessoa a me ensinar as possibilidades que a culinária oferecia, e meu pai, Lennart. Ela havia partido 10 anos antes, e ele, sete, mas, todos os dias, eu sentia saudade deles. Em cada prato que criava, em cada decisão que tomava estavam presentes as lições que aprendi com eles. Tudo o que queria naquele momento era que estivessem ao meu lado.

Havia falado com minha mãe no início da tarde. Ela ligara de Gotemburgo, porque Anna lhe contara que eu estava para receber, como ela disse, "um tal prêmio". Nem eu nem ela falamos em *Mormor* ou em *Pappa*.

– *Vad kommer du att ha på mig?* – perguntou. "O que vai vestir?"

– *Oroa dig inte* – tranquilizei-a. "Não se preocupe." – *Ingen bryr sig. Det handlar om mat.* "Ninguém liga. O negócio lá é culinária."

– *Bara vara bekväm, okej?* "Use alguma coisa confortável, OK?"

Aquele smoking podia ser tudo, menos confortável.

Lidia abriu o envelope e anunciou o vencedor:

– Marcus Samuelsson, Aquavit.

A medalha dada ao vencedor era feita de metal maciço, presa a uma fita dourada. Quando Lidia pendurou a medalha em meu pescoço, a única coisa que pensei foi: "Caramba, como pesa!" E por que não haveria de ser? O nome da medalha é uma homenagem ao pai da gastronomia americana, o homem que, na década de 1950, apresentou à classe média e à classe média alta americanas a cozinha francesa, elevando os padrões e as expectativas sobre a alta gastronomia nos Estados Unidos. Fora um mentor extraordinário para os chefs em início de carreira, além de prestar importantes serviços à comunidade: com Gael Greene, ele havia implementado o Citymeals-on-Wheels, um programa que distribui anualmente milhares de refeições a idosos sem-teto de Nova York.

Quando olhei para a plateia e ouvi os aplausos, senti uma forte ligação com o passado, a sensação de que foram minhas origens que deram vida à comida e aos sabores que crio. Nasci na Etiópia, cresci na Suécia, estagiei na Europa, mas agora, assim como Beard, era americano.

Receber tamanha condecoração entre meus contemporâneos foi algo incrível, e abriria um mundo de possibilidades para mim e Håkan no processo de implementação dos conceitos que por muito tempo vínhamos criando. Na plateia, localizei Håkan, que esboçou um sorriso discreto. Estava feliz por mim, mas o pesar em sua expressão refletia o momento que, para nós, era um tanto agridoce. Horas antes, havíamos fechado a filial do Aquavit em Minneapolis, depois de uma curta temporada de quatro anos.

Não tivemos alternativa. Nos dois anos após os ataques terroristas ao World Trade Center, os restaurantes do país sofreram um duro golpe. As teleconferências substituíram as reuniões tradicionais, e nossa filial de Minnesota não se recuperou das quedas nas viagens de negócios. No início daquela tarde, havíamos dado a notícia a nosso chef executivo de Minneapolis. Na semana seguinte, anunciaríamos a decisão e demitiríamos a leal equipe graças à qual o restaurante havia recebido inúmeras menções positivas dos críticos.

Por mais assustador que fosse esse fracasso – como um restaurante de comida sueca poderia ter falido no coração da cultura sueco-americana? –, seguiríamos em frente, algo que eu sabia fazer.

Vinte e três – **O homem que sou**

Foi naquele mês de março, e a contragosto, que Maya Haile foi à *open house* que resolvi fazer. Ela não queria ir a um lugar onde nunca estivera, cheio de desconhecidos. No entanto, a agente de modelos com quem trabalhara a pressionou a ir, garantindo que ela se divertiria e que conheceria outros expatriados etíopes. Começou a bombardear Maya com mensagens de texto lembrando-a sobre a festa às oito da noite. "Festa bacana", escreveu. "Muitos etíopes na área! Amiga, venha pra cá agora!" Maya finalmente chegou às 23:30, com a amiga com quem dividia apartamento a tiracolo.

Não costumo dar festas – entre eventos beneficentes e inaugurações, já vou a muitos, durante o trabalho –, mas, quando o faço, *arraso*. Naquela primavera, eu havia acabado de me mudar de um apartamento chique, mas sem graça, no Time Warner Center, em Columbus Circle, para outro chique e aconchegante, no Harlem. O movimento pareceu muito mais do que uma transação imobiliária. Finalmente, eu estava pronto para ter um lar, algo que nunca considerei durante os anos em que vivi com a mochila nas costas. Convidei todos os conhecidos e alguns desconhecidos. Contratei uma banda, providenciei travessas com tudo, de gravlax a sushi, dois barmen, um servindo no terraço e o outro no primeiro andar do meu dúplex. Fazia um calor incomum naquela noite. A festa arrasou, com gente que não acabava mais. De repente, entraram duas garotas altas, mais altas do que qualquer um dos convidados, ainda mais altas do que Mes, que já era bem alto. Uma era metade asiática, metade branca; a outra, negra. Juro como, por um minuto, a festa parou. As pessoas pararam de conversar e de comer para olhar as duas. A negra era linda: olhos grandes e redondos, maçãs do rosto proeminentes. O rosto lavado, sem um pingo de maquiagem. Sem dúvida alguma era modelo, pensei, embora nunca a tivesse visto. Eu teria lembrado.

Não sou alto. Tenho 1,75m, quando estou em um bom dia, mas a culinária sempre me deu confiança e, quando o prato na mesa é meu, me sinto, no mínimo, com dois metros. A festa era minha, a casa era minha. Por isso, fui direto a ela.

– *Selam* – cumprimentou-me.

"Meu Deus!", pensei. Ela é etíope?

– Preciso do seu telefone antes que fique bêbado. Outra coisa... gostaria de tomar o café da manhã comigo amanhã?

– Talvez... se eu estiver de pé – ela respondeu.

Na manhã seguinte, ela se encontrou comigo no M&G Diner para tomarmos café. Certo de que ela não ia aparecer, fiquei sentado com meu pessoal. De repente, ela entrou. Foi aí que tive certeza. Como cantou Common, "Não se leva o dia inteiro para reconhecer o sol".

O M&G ficava na esquina da 125 com a St. Nick. Fico arrasado por terem fechado, pois, para mim, etíope de nascimento e criado na Suécia, comer lá era o equivalente gastronômico de assistir a Marian Anderson cantar no Lincoln Memorial. O M&G era o registro histórico de uma riquíssima culinária africana que começou errando, mas se levantou, sacudiu a poeira e deu a volta por cima. O logo era vermelho vivo e amarelo, e o letreiro luminoso avisou três gerações de vizinhos que a galinha frita do Sul estava crocante, quentinha e deliciosa. O lugar era famoso pela consistente e boa clientela e por uma comida melhor ainda.

Foi no M&G que vi o quanto eu e Maya tínhamos em comum. Maya, cujo verdadeiro nome era Gate Haile, cresceu na Etiópia. Era a décima de uma família de 12 filhos. A família fazia parte de uma minoria por dois motivos: além de católicos, eram da pequena tribo Gurage, num país esmagadoramente semita e ortodoxo. Cresceu entre Adis e a pequena aldeia de Gofrer, numa família pertencente a uma minúscula classe média alta culta, muitas vezes chamada Diáspora, em razão da quantidade de seus membros que saem do país para estudar e morar.

Na intenção de lhe proporcionarem uma educação europeia, os pais mandaram Maya, aos 12 anos, à Holanda para morar com o irmão mais velho, Petrus, que era padre. Como duas de suas irmãs, Maya foi estudar enfermagem, mas de tanto as pessoas perguntarem se era modelo, resolveu arriscar. Abandonou os estudos para participar de um concurso de beleza em Frankfurt, no qual foi vencedora; não contou nada à família. A primeira agência que Maya procurou fechou contrato. Quando nos conhecemos, havia poucos meses que ela estava em Nova York, desfilando para grifes de alta-costura.

Maya é 10 anos mais nova do que eu, mas, em muitos aspectos, é mais experiente. Fala amárico, holandês, francês e inglês, além de ter morado um bom tempo na Etiópia, na Europa e nos Estados Unidos. Uma das coisas de que gostei logo de cara foi sua atitude com relação a Nova York e ao mundo dos restaurantes: nenhum deles parecia entediá-la. Quando a levava a eventos, ela se lembrava das pessoas de forma positiva, como, por exemplo, Daniel, "o francês bacana", ou Eric, "o grisalho bonitão". Assim como eu me sentia à vontade em meio às mulheres, graças à convivência com minhas irmãs, Maya tinha vários irmãos homens e participava, com o maior gás, das partidas de basquete com meus amigos. Quando íamos a uma festa black-tie, era simpática e sociável, e, claro, sabia posar para as câmeras. É de esperar que alguém com sua altura e sua beleza intimide, mas a simpatia e a cordialidade de Maya deixam todos à vontade logo de cara. No meu ramo de atividade, onde o relacionamento pessoal é tudo, sua habilidade em lidar com as pessoas é muito importante. Ela tem consciência de que o negócio gastronômico se resume a duas coisas: comida e conversa.

Aos poucos, fui mostrando a Maya a Nova York que eu amava. Comemos em todos os lugares – ela estava sempre disposta a encarar tudo, do *dim sum*, em Chinatown, aos jantares em plena madrugada no Tobu, embora preferisse o Tabla, de Floyd Cardoz, talvez porque os temperos indianos a fizessem lembrar-se da terra natal. Por sua vez, Maya me apresentou à cultura etíope de um jeito que meus amigos *blatte* jamais conseguiram. Tenho um conhecimento geral da culinária do país, mas Maya é uma cozinheira etíope mais talentosa do que eu. Sabe mais sobre os pratos servidos em datas comemorativas ou em certas regiões e tribos. Sabe explicar por que o cuscuz etíope é mais grosso, mais próximo à cevada do que à semolina, e como servi-lo no café da manhã com mel por cima. Ela torra *injera* no forno e parte em pedaços para comer com molho e me ensinou a tomar café com sal e manteiga, em vez de com leite e açúcar.

Passei boa parte da vida adulta evitando relacionamentos sérios. Estava convencido de que me atrapalhariam a carreira, ou de que minha mãe e minhas irmãs precisavam de mim como o homem da casa, ou então que eu não tinha tempo para compromisso. Havia sempre uma desculpa, mas a verdade era que eu ainda não estava pronto. Até conhecer Maya. Aquela *open house* foi a melhor festa que já dei. Mudou a minha vida para sempre.

Nosso pai estava vivo. Não Lennart, que nos amou e criou, mas Tsegie, que dera a vida a mim e a Linda. Foi Linda quem descobriu. Passara anos pesquisando nossas raízes etíopes. Era uma pesquisadora aplicada e todo ano vinha com alguma peça significativa do quebra-cabeça que era o nosso passado. Certa vez, teve acesso aos formulários do hospital onde nascemos, em Adis. Foi então que descobrimos que não tínhamos a idade que imaginávamos ter: eu era um ano mais novo, e ela, um ano mais velha. Pode parecer bobagem, mas na hora me veio à cabeça o episódio em que fui cortado do time de futebol por ser pequeno demais. Saber que, de fato, eu era um ano mais novo do que meus colegas vikings me fez sentir um pouco melhor, mesmo depois de todos aqueles anos. Patético, eu sei, mas é verdade.

Linda então conseguiu localizar um tio por parte de mãe. Em resposta à carta de Linda, ele mandou notícias surpreendentes. Nosso pai biológico, Tsegie, não havia morrido durante a guerra da Eritreia, como sempre havíamos pensado. Estava vivo, bem e morando numa vila de 25 cabanas chamada Abragodana, a quase 100 quilômetros ao sul de Adis.

Eu estava de viagem marcada para a Etiópia em poucas semanas. Trabalhava em uma matéria sobre o país para a *Travel & Leisure*. Fui acompanhando os irmãos Lee, Matt e Ted, dupla de divertidos redatores. Eu os levaria ao Merkato, claro, e lhe mostraria a vida noturna de Adis com a ajuda a distância de Mes, cujo tio ainda vivia na cidade. Mas desde que recebi notícias de Tsegie, não conseguia pensar em outra coisa. Eu ia conhecer meu pai. Havia passado 30 anos acreditando ser órfão, sem ser de fato. Imagine só descobrir que um dado tão fundamental sobre você, dado que aceitou como verdadeiro durante toda a vida, era mentira. Como se você tivesse crescido acreditando ser branco e, de repente, descobrisse ser negro. Nas semanas que antecederam minha segunda viagem à Etiópia, olhei minha imagem no espelho e fiquei maravilhado diante do fato de que logo conheceria uma versão mais velha minha. E não seria no sentido figurado, como na primeira viagem, quando imaginei ver minhas versões mais velhas no rosto dos etíopes. A imagem que eu veria seria no sentido literal, dessas em que as crianças identificam no rosto do pai ou da mãe as linhas da família em carne e osso.

Nosso intérprete durante a viagem, Workasef, tio de Mes, concordou em me levar até Abragodana. O plano era de nos separarmos do fotógrafo e dos irmãos Lee – não queria que aquele momento se transformasse num circo – e contratar um motorista. De algum jeito, Workasef avisou na vila que estaríamos chegando. Assim, estavam todos aguardando a nossa visita. Aquilo foi, sem exagero, um milagre, visto que não havia nem telefone e muito menos água encanada, gasolina ou eletricidade na vila.

A viagem levou muito mais tempo em razão das estradas acidentadas de terra batida, das paradas para dar passagem às levas de gado e burros carregando montanhas de carvão no lombo. O trajeto lembrava a viagem que eu e Linda fizéramos com nossa mãe três décadas antes. Olhando pela janela da van barulhenta, passando por vilarejos minúsculos e por uma paisagem árida, fiz um balanço dos detalhes de minha história – pelo menos daquilo que eu sabia.

Quando nasci, recebi o nome de Kassahun Tsegie. Era o terceiro filho de um agricultor. Vivíamos nas terras altas etíopes, numa aldeiazinha na periferia de Adis-Abeba, capital do país. A maioria dos etíopes trabalhava na lavoura ou criava gado. Meu pai fazia os dois. Cultivava lentilhas e pimenta e cuidava de vacas. O primeiro filho do casal morreu. Em seguida veio Fantaye, minha irmã Linda, uma menina de olhos redondos enormes e sobrancelhas cerradas, como as de nosso pai. Dois anos depois de Fantaye, eu nasci. Pertencíamos à etnia amhara, não tão numerosa quanto a oromo, que dominava nossa região, mas, ainda assim, um dos maiores entre os inúmeros grupos étnicos que compõem a população do país. Nasci em 1971 – não em 1970, como acreditava –, quando o país passava por um período turbulento. A Guerra da Eritreia, provocada pelo desejo de independência, já durava 10 anos. Enquanto o governo de quatro décadas do imperador Haile Selassie chegava ao fim, potenciais candidatos disputavam a sucessão. Além da rivalidade política, o país havia sido assolado pela desnutrição e por uma epidemia de tuberculose, que infectara quase 800 mil habitantes. Sem tratamento, mais da metade das pessoas acometidas pela doença inevitavelmente morrem. Em amárico, para se referir à tuberculose usa-se o termo *samba necarsa* – câncer do pulmão.

    Ao completar um ano, eu já contraíra tuberculose. Minha irmã também. O mesmo com minha mãe, cujo caso foi mais grave. Como nossa aldeia não dispunha de assistência médica, fomos os três a pé para Adis-Abeba, onde havia médicos e hospitais modernos. Sabe-se lá por qual milagre, minha mãe conseguiu furar as filas de doentes que se formavam do lado de fora do hospital para que recebêssemos os cuidados de que precisávamos.

Minha mãe morreu naquele hospital de Adis e não havia nenhum registro do nosso pai biológico, exceto os boatos de que ele morrera na guerra. O quadro de tuberculose que eu e Fataye enfrentamos deve ter sido menos grave, ou talvez tenhamos encontrado ajuda – na forma de antibióticos – antes de a doença evoluir ao extremo. Ficamos internados até a crise passar e recuperarmos a saúde. Por mais que tenha demorado o tratamento, conseguimos superar as probabilidades. Meses depois, quando estávamos em condição de receber alta, a equipe do hospital enfrentou outro problema: o que fazer conosco. Uma das enfermeiras, Ayem Alem, cujo nome significa "olho do mundo", interveio:

– Vou levá-los para minha casa.

Levou-nos para ficarmos com ela e as quatro filhas numa pequena casa construída num assentamento igualmente minúsculo, doado pelo governo.

– Vou conseguir um centro de adoção para deixá-los.

Cumprindo sua palavra, Ayem achou um hospital de campanha sueco que lidava com adoções e convenceu os responsáveis a nos colocar na lista. Enquanto aguardava que fôssemos adotados, ela deve ter se esforçado muito para alimentar mais duas bocas. Talvez suas filhas tenham ficado incomodadas com nossa presença enquanto a mãe trabalhava; talvez gostassem de nós, nos paparicando ou se divertindo com a gargalhada fácil de minha irmã ou com o meu sorriso. Minha mãe sueca ainda guarda as cartas que Ayem continuou a nos enviar ao longo dos anos, mesmo quando já tínhamos crescido. E a forma como ela comenta que as filhas não se esqueceram de nós e que ela espera que não tenhamos nos esquecido de nossos nomes em amárico demonstra o quanto Ayem gostava de mim e de minha irmã.

Enquanto passávamos por aquelas cidadezinhas, trafegando por longas estradas de terra batida e por uma paisagem árida, refleti sobre aqueles fragmentos da minha história. Em meio à poeira, vi o amarelo vivo e o vermelho dos cartazes da cerveja St. George em vários pontos. Nas cidades em que era dia de mercado, as estradas estavam tomadas por uma multidão indiferente ao tráfego. Um homem equilibrando uma máquina de costura na cabeça quase se chocou contra nosso para-choque dianteiro, mas um amigo o puxou a tempo de evitar um acidente.

Será que minha mãe, cujo nome era Ahnu, fez mesmo aquele trajeto sozinha? Com duas crianças pequenas e doentes? Talvez meu pai tenha ido com ela ou talvez tenha ficado trabalhando na lavoura, enquanto um irmão ou um tio nos acompanhava. Nunca saberei ao certo. Provavelmente, fomos a pé, o que teria levado um tempão, caminhando pelo ar fresco noturno, e, durante o dia, aproveitando toda e qualquer sombra para descansar. Para comer, provavelmente levamos *injera* seca e *quanta*, longas tiras de carne-seca temperadas com pimenta em pó e sal, e expostas ao sol por uma semana antes do consumo. Provavelmente precisamos levar nossa própria água. Até mesmo o fato de termos chegado a Adis me espanta. Mas, obviamente, isso não era garantia de salvação. A superlotação dos hospitais era tamanha que as pessoas passavam semanas dormindo na rua só para conseguir entrar. Será que Ahnu conseguiu entrar? Como será que chegou a ser examinada ou a receber assistência médica? Não sei. Só sei que saiu do vilarejo conosco e nunca retornou, porque morreu. E que tinha 28 anos.

* * *

Antes de sair de Nova York, fui ao banco. Quem já esteve na África conhece o macete. Dinheiro é fundamental. Cartão de crédito e cheques de viagem não servem para nada. Tão importante quanto a ida ao banco é a passada pela loja de artigos esportivos, onde compro 24 bolas de futebol. Serão a moeda de troca com os meninos que vier a conhecer.

Durante o voo para Adis, me dei conta de que, pela primeira vez na vida adulta, viajava não como um chef em busca de sabores, mas como um órfão em busca de sua história. Mesmo assim, levava trabalho na bagagem, já que acompanhava a equipe da *Travel & Leisure*. Quando penso nisso, percebo claramente que o trabalho me ajudava a esquecer todas as perguntas e possíveis decepções que porventura estivessem à minha espera na Etiópia. Se não conseguisse entrar em contato com meu pai ou se por algum motivo ele viesse a me decepcionar, era só voltar a atenção para a matéria sobre culinária que estávamos preparando para a revista. Naquele momento, não havia como advinhar, de modo que disse a mim mesmo que o dia do encontro com meu pai biológico seria apenas um extra na viagem, como o dia que havia passado com aquelas senhoras na cabana, aprendendo a fazer *injera*.

Assim que chegamos a Adis, cruzamos a cidade rumo a um velho orfanato para encontrar meu pai e a mulher que intermediou o encontro. Foi um inferno chegar lá, coisa comum quando se tenta chegar a qualquer lugar em Adis. Pastores de cabras atravessam a estrada, tocando rebanhos raquíticos. A poeira penetra nos olhos. Uma Mercedes passa em disparada. Alguém estica a mão pedindo esmola. Ao mesmo tempo, é inacreditável a coexistência de belíssimos casarões e embaixadas, onde residem os ricos da cidade e a elite de expatriados. E ainda há os corredores, homens e mulheres varando os dois lados da rua como se estivessem na Maratona de Nova York. Mas não é nenhuma maratona. É só o final de mais um dia, enquanto Adis pulsa ao ritmo de 3 milhões de pés, muitos deles descalços.

Viajávamos em um velho Land Rover, da Toyota. É o que todo expatriado dirige, mas nem mesmo um Land Rover consegue nos proteger da poeira. Depois de uma hora de viagem, batemos à porta da entidade. No portão, um guarda com uma farda velha, herdada de alguma guerra do passado. Apesar dos 40 graus que fazia, sua indumentária estava completa: calça militar, paletó, lenço e coturno. É assim que todo guarda local demonstra poder e importância.

Depois de entrar, a primeira pessoa que encontrei foi Rahel, a mulher que passou as informações sobre meu pai. Rahel trabalhava na agência que providenciou nossa adoção, minha e de Linda. Mas, num país com uma taxa de desemprego de 75 por cento, foi um enorme risco de sua parte nos informar que nosso pai estava vivo. Na verdade, ela manteve contato com Linda durante anos, até finalmente sabermos a verdade. Rahel só promoveu o encontro três meses antes de se aposentar.

Estava sentada ao lado de um senhor de idade, na direção do qual gesticulou.

– Este é seu pai.

Meu pai. Não era Lennart, o sueco de pele clara, musculoso, filho do mar, amante da terra. O homem diante de mim tinha pele escura, cabelo crespo, longo e grisalho. De cara, fiquei impressionado. Chegar aos 80 num país onde a maioria dos homens tem sorte de completar 40, é mais do que um milagre.

– É agricultor e pastor – informou Rahel.

Sentei-me em silêncio, enquanto meu pai começou a entoar aqueles lindos cânticos de louvor. Foi tudo muito emocionante. Eu tentava me controlar, mas, de repente, comecei a chorar. E, quando as lágrimas desceram, não consegui mais parar.

Meu pai se juntou ao grupo. Voltamos para o Land Rover e fomos para a casa dele, num trajeto de duas horas. Durante a viagem, tivemos de nos conhecer. Nós dois sabíamos que, uma vez na casa dele, a esposa estaria lá, assim como os outros filhos. O tempo no carro seria realmente nosso único momento.

O que dizer?

Eu não queria que a primeira coisa dita fosse "Por que nos deu para a adoção? Por que deixou que pensássemos que estava morto?". Precisava evitar culpá-lo ou condená-lo, o que era em si um grande desafio. Por um lado, queria pular daquele Land Rover e fugir de meu pai, do mistério e de todas as perguntas para as quais eu temia não receber respostas.

Passamos pelo palácio de Haile Selassie. Havia uma torre recém-construída. Nas ruas, o contraste entre o luxo das Mercedes e as crianças pobres era constante. É o Harlem multiplicado por 20. Olhei para fora, para os ambulantes que vendiam fotos de Usher e Tupac. O cheiro do *berbere* estava em todos os cantos. Passamos a toda por um Starbukks – isso mesmo, grafado com dois "k". Ultrapassamos um Mariott grafado com um "r". Homens e mulheres comiam num restaurante chamado Burger Double King. Fiquei olhando para fora, evitando olhar para meu pai.

Ele começou me fazendo perguntas:

– Como está Anne Marie? Como está Fantaye?

Ele sabia que minha irmã Linda se lembrava mais da Etiópia do que eu. Ele, por sua vez, se lembrava de Linda muito bem:

– Eu me lembro dela nitidamente.
Comecei a fazer perguntas genéricas e erráticas:
– Como foi a colheita deste ano? É difícil conseguir água? Já havia conversado com outros etíopes adotados por famílias suecas que conseguiram conhecer os pais biológicos.
– É só uma guerra por dinheiro. A única coisa que querem de você é grana.
Mas eu queria me abrir, construir um relacionamento. Queria sacudir a poeira, espantar as moscas e encontrar algo de belo na família que acabara de encontrar. Só não sabia como.

Eu olhava pela janela do carro quando, depois de certo tempo, a estrada acabou. O barro vermelho cobriu-me o rosto, fazendo-me tossir. Comecei a ver mais girafas do que pessoas. Crianças corriam em nossa direção, eufóricas por verem um carro. Por todo canto, lama ressecada. Estávamos na savana africana e todos ali ansiavam por uma sombra: animais se aglomeravam sob as árvores; famílias dormiam sob as árvores; todos espantavam moscas.

Fiquei pensando: "Terá sido essa a estrada por onde minha mãe caminhou conosco?", "Quando vou poder perguntar sobre minha mãe?"

Estava ansioso para contar a Linda. Para tudo o que se refere à nossa vida na Etiópia, tanto antes quanto na Suécia, Linda é minha referência. Eu lhe conto coisas e só então sei que são verdadeiras. Ela me conta coisas e sei que estou ouvindo a verdade.

Pensei em Petrus, filho de Linda. Ele ia ficar maluco se estivesse aqui. É muito parecido com a mãe. É também apaixonado pela Etiópia.

Meu pai falou do primeiro filho, meu irmão mais velho, que morreu ainda criança. Ao falar da perda, não conteve as lágrimas. Não sei avaliar e sequer imaginar o que sentiu quando, há anos, perdeu a mim e a Linda.

Por sorte, quando percebi que aquele encontro estava emocionalmente difícil demais para mim, chegamos à aldeia de meu pai. Era praticamente o mesmo cenário de lama ressecada que vínhamos observando, mas meu pai sabia onde estava. Ele pediu ao motorista que virasse à direita.

Lembrei-me das pescarias em Smögen com meu pai e meus tios. Eles diziam "Pare o barco aqui" e vinha aquele monte de peixes. Quando criança, eu não entendia como meus tios conseguiam ter senso de direção naquela imensidão azul. Meu pai biológico conseguia ter o mesmo senso de direção naquele barro vermelho.

A estrada em que viramos era ainda menor e também de terra batida. Cerca de 60 crianças – todas vizinhas – correram em nossa direção e pularam no carro. Durante todo o trajeto, meu pai as afastava com um cajado. Paramos o carro e saltamos.

Uma mulher veio correndo em minha direção, chorando de alegria. Mais tarde, descobri que era Kasech, a segunda mulher de meu pai. Ela estava mais para a minha faixa etária do que para a dele. Segurou meu rosto com as mãos e me beijou repetidas vezes. Depois, pegou-me pela mão, cruzando a multidão de curiosos e passando pelo quintal. Entrou na cabana deles, gesticulando para que sentássemos nos bancos encostados à parede. Enquanto isso, ela e outra mulher começaram a cerimônia do café. Na Etiópia, é uma das maiores manifestações de hospitalidade: torrar, moer e passar café fresco para os visitantes. Acender um incenso faz parte do ritual, assim como uma cama de capim esticada no chão, um toque de sofisticação para cobrir o chão de terra batida.

Enquanto aguarda, o visitante come pipoca sem sal feita na hora.

A residência de meu pai era composta de duas casas, uma com telhado e a outra sem, usada como banheiro. Dois bois rondavam a propriedade. E havia uma cabra esquelética. A propriedade como um todo tinha pouco mais de 12 metros quadrados, com um pequeno forno para fazer *injera*. As paredes eram decoradas com lindas fotografias enviadas por Linda: fotos de Jesus, de Petrus, minha, de minha mãe, da própria Linda e até de Zoe. Havia oito pessoas na família e mesmo excluindo os visitantes era impossível que coubessem todos ao mesmo tempo dentro de casa. No canto, vi colchonetes enrolados e percebi que, toda noite, algumas das crianças dormiam do lado de fora com os animais.

A casa feita de barro me impressionou mais do que qualquer coisa que vi na Etiópia, pois não era simplesmente um lugar: era a residência de minha família. Eu poderia ter crescido ali, naquele barraco, naquela pobreza. Minha vida teria sido drasticamente diferente! Quero crer que, apesar das adversidades da guerra, da fome e até mesmo do clima que acaba sendo um inimigo, eu teria sido feliz da mesma maneira com que meus irmãos encontraram sua própria forma de felicidade. Mas é difícil para mim, por mais que esteja profundamente ligado à Etiópia – ao povo, à história, à cultura –, ver além das imagens semelhantes às que são passadas nos programas beneficentes da TV. Fico distraído com tantas moscas. Estão por toda parte. Há tantas moscas no rosto das crianças que essas nem se incomodam em espantá-las. São justamente os rostos das crianças cobertos de moscas que me fazem tentar conter as lágrimas. Quisera que meu amor fosse uma tela contra moscas! Quisera que meu amor fosse uma rede cheia de comida para aquele monte de barrigas famintas. Entendo por que tanta gente tenha desistido da África – ninguém quer dizer que estamos abandonando um continente superpopuloso, que enfrenta uma luta pela sobrevivência que já dura mais de 100 anos, mas estamos, sim, e o motivo é que o nível de mudanças necessárias para fazer diferença, para cicatrizar antigas feridas e traçar um novo caminho, é altíssimo, gigantesco, quase inimaginável. Porém, uma das coisas que aprendi nesses anos morando nos Estados Unidos é um antigo ditado afro-americano: um ensina o outro. Creio que eu esteja aqui para ensinar e, mais ainda, que haja alguém aqui para me ensinar. Se ensinarmos uns aos outros, faremos diferença. Não posso desistir da minha família, desse vilarejo, desse país, desse continente. Assim, contenho as lágrimas de compaixão de ocidental, apesar da enorme vontade de vertê-las. Em vez de chorar, estendo a mão para minha irmã Ashou, que, embora tenha 5 anos, aparenta 3. Puxo-a para perto de mim e coloco-a no colo. Deixo que as moscas que lhe cobrem o rosto cubram o meu também. Não as espanto.

Desde essa viagem à Etiópia, volto pelo menos uma vez por ano, às vezes com Linda, às vezes com Maya, às vezes sozinho. Visito meus oito irmãos, quatro meninas e quatro meninos, cujas idades variavam de 3 a 22 anos, à época de minha primeira visita. Sinto-me intimamente ligado a eles e altamente comprometido em ajudá-los a ter uma vida melhor. Essa passou a ser uma das missões mais difíceis que já encarei. Pertencemos à mesma família e não estamos separados apenas por um oceano. Estamos separados pelo idioma, pela cultura, pela religião e pela classe socioeconômica. Quando descobri que os 10 viviam com 200 dólares por ano – não se esqueça de que estamos falando de um país com um índice de desemprego na marca dos 75 por cento –, passei a enviar dinheiro. Comecei com 150 dólares mensais, menos do que a prestação de um carro. Aquele dinheiro, sem sombra de dúvida, mudou a vida deles. Passaram a se alimentar melhor e a ter acesso a uma melhor educação. Mas, às vezes – principalmente quando correm o risco de virarem "dependentes da Western Union", gente que conta com as ligações que mantêm com o Ocidente como única fonte de renda –, tenho dúvidas de que essa ajuda seja, de fato, o melhor para eles.

Quando conheci meu pai, nenhuma de minhas meias-irmãs – Zebeney, Salam, Ashou e Tigist – estava na escola. Na zona rural da Etiópia, considera-se um luxo mandar para a escola meninas que trabalham na lavoura com tanto afinco ou se casam tão jovens. Precisei negociar com meu pai para deixar as filhas estudarem. Além de cobrir as despesas no colégio interno em Adis, precisei compensar meu pai pela perda da renda anteriormente gerada pelo trabalho delas.

– Tudo bem – concordei. Eu ia pagar.

Mesmo assim, meu pai não cedeu. Mesmo enviando dinheiro extra, o prejuízo na lavoura seria grande demais.

– Pode mandar uma, mas não a mais velha, que já está para casar.

Zebeney, com 13, e Salam, com 11, já estavam de casamento arranjado. Além de dar orgulho a meu pai, os dotes que receberiam trariam conforto material.

– Quero Zebeney na escola – negociei, como Lennart havia me ensinado, na infância, a fazer com os peixeiros.

Mas não era peixe que estava em questão e meu pai não era nenhum peixeiro. Lutei para não demonstrar no olhar ou na voz qualquer julgamento. Se eu passasse dos limites e criticasse seu estilo de vida, ele poria fim às negociações, só para mostrar quem mandava. Eu precisava lembrar que ele amava minhas irmãs e que, em sua concepção, prepará-las para trabalhar na lavoura era garantia de um futuro feliz. Parecia um estranho e desconfortável jogo de xadrez, em que as peças no tabuleiro eram minhas irmãs; como mover pelo menos uma delas até o outro lado do tabuleiro de forma a permitir-lhe estudar?

Meu pai acabou cedendo. Zebeney, a de 13 anos, teve permissão de ir para a escola. Percebi uma abertura e disse:

– Não é bom mandá-la sozinha para Adis. Seria bom se Salam a acompanhasse.

Meu pai deu um sorriso discreto, feliz por ver que, apesar de ter passado a vida toda em outro país, eu ainda tinha um pouco do espírito guerreiro habesha.

– Não, não – respondeu meu pai, balançando a cabeça. – Salam precisa ficar para fazer o trabalho de Zebeney.

Sabia que seria bom mandar as duas mais velhas para a escola juntas. Argumentei que precisariam do apoio uma da outra. Meu pai acabou concordando.

A alegria que minhas duas irmãs mais velhas sentiram ao receber aquela rara oportunidade se refletiu na tristeza das duas mais novas. Tigist nem tinha 5 anos ainda e, apesar de também trabalhar na lavoura e acordar de madrugada, tinha uma vaga noção das oportunidades que estava perdendo. Ashou, aos 7 anos, era extraordinariamente esperta. Quando vi sua expressão ao saber que não iria para a escola, ao ver como a rejeição pairava sobre sua cabeça como uma nuvem, só me restou piscar para conter as lágrimas. Quantas crianças órfãs tiveram no rosto aquela mesma expressão, quando eu e Linda fomos adotados e enviados para uma terra mágica com água quente na banheira, água fria na cozinha e um baú de tesouros onde se encontrava comida sempre que era aberto?

Dei um abraço apertado em Ashou e sussurrei em seu ouvido:

– Não liga não. Logo chegará a sua vez.

Sua expressão era de descrença. Além de ter sido preterida, com a saída de Zebeney e Salam, sua vida passaria de difícil a quase impossível, apesar da renda extra. Seu dia começaria às quatro da madrugada, quando ela sairia a pé numa jornada quilométrica para pegar água no poço da aldeia, e só terminaria muito depois de escurecer, após lavar todos os pratos e guardar toda a louça. Ela só tinha 7 anos e sua jornada de trabalho era mais longa do que a de qualquer membro da minha equipe do restaurante.

Levei mais dois anos para conseguir pôr Ashou na escola e mais um para convencer meu pai a deixar Tigist, a mais nova, estudar. Tigist é hoje a mais feliz de minhas irmãs. Estuda desde os 7 anos e, a cada dia que passa, a vida na lavoura se torna apenas uma lembrança distante. Ashou, que hoje está indo para o sexto ano, também faz progressos. Ela é a que não acreditou quando eu lhe disse que sua hora de estudar chegaria. Seu ceticismo e mais os anos que passou na lavoura depois que as duas mais velhas saíram de casa lhe conferiram uma sofisticação precoce. É a que mais se parece comigo. Ashou é a que vai misturar uma dose de sorte com duas de empenho.

Os custos extras que arquei com a educação de minhas irmãs não são nada comparados à bagunça que a revelação de meu pai trouxe a meu lado emocional. Na falta de comunicação real, é difícil saber em que acreditar. Meu pai abandonou minha mãe? Ele nos abandonou? Em uma das visitas, ele contou a Maya que, semanas depois da morte de minha mãe, ele nos procurou, mas foi informado de que era tarde demais, embora ainda estivéssemos no país, morando com Ayem. Se for verdade, houve apenas uma falha na comunicação ou a pessoa com quem ele falou resolveu que eu e Linda estaríamos melhor longe dali? Arrasado, segundo contou, passou 10 anos vivendo como ermitão nas montanhas do Norte. Ao voltar, teve uma visão e passou a pregar. Será que foi isso mesmo o que aconteceu?

O que parece claro é que meu pai é de uma força e resistência admiráveis. Viveu o dobro da expectativa de vida para um homem de sua geração, conseguiu se recuperar de perdas que aniquilariam outros homens e ainda tem um espírito de liderança que ilumina qualquer lugar aonde chegue. Possui uma aura, uma luz que vem do fato de ter sobrevivido a tantas perdas. Sempre terei Lennart e Anne Marie como meus pais, mas Tsegie me deu algo que jamais imaginei possuir: uma família na Etiópia e outro lugar para chamar de lar.

Vinte e quatro – **Acertando os ponteiros**

Depois de conhecer meu pai e saber que ele sempre me amou, apesar das décadas de ausência, tomei coragem de conhecer minha filha. Não que eu não tenha querido conhecê-la antes, mas teria de ser do meu jeito. No fim das contas, chefs são conhecidos como pessoas obsessivamente controladoras. Queria que o primeiro encontro com minha filha acontecesse com a mesma precisão de uma refeição quatro estrelas, composta por sete pratos. Senti que precisava *me* aperfeiçoar antes de conhecê-la, para que ela não identificasse nenhum defeito. Pura mentalidade de chef. Porém, depois de ir à Etiópia, para aquele vilarejo que não se encontra em nenhum mapa e sentar com meu pai no chão batido de sua cabana, algo mudou: percebi que conhecer minha filha não seria, em absoluto, o mesmo que executar com perfeição um prato no restaurante. Eu só precisava dar a Zoe o que meu pai me proporcionara: o meu "eu" imperfeito, sem desculpas nem promessas.

Minha mãe, Anne Marie, se impressiona com minha carreira: mais precisamente com o quanto me dedico e o quanto permito que meu trabalho tire de mim. "De onde tira essa energia, Macke?", "Como consegue?", ela vive me perguntando. Como está distante, não consegue imaginar a situação. Assim como mergulhou de cabeça, sem pensar duas vezes, na maternidade, adotando Anna, depois Linda e eu, nunca duvidou de ser capaz de amar Zoe, sua primeira neta.

Assim que Zoe nasceu, minha mãe escreveu para ela em alemão, uma língua que sempre adorou. Quando Zoe ficou mais crescidinha, passou a responder. No verão em que Zoe completou 7 anos, minha mãe a convidou para ir a Smögen passar duas semanas com os primos. É claro que minha mãe nunca me pediu permissão, apenas me comunicou depois de tudo combinado. Respondi que não daria para ir, pois estava muito ocupado com a inauguração do Aquavit de Minneapolis, e que o trabalho estava uma loucura. Sempre tinha uma desculpa. Minha mãe sabia que não era o trabalho que me mantinha longe. É que eu ainda não estava preparado para ser pai.

Desde o começo, foi minha mãe quem cuidou do futuro financeiro de Zoe. Abri uma conta-corrente, em que fazia depósitos regularmente, mas quem cuidava de tudo era minha mãe, investindo e enviando o cheque mensal para Brigitta, mãe de Zoe. Eu ficava satisfeito por saber que, em termos de dinheiro, nunca faltou nada a Zoe, mas era só. O triste dessa história é que, durante os 14 anos de vida de Zoe, nunca fui à Áustria, nunca mandei um presente nem sequer um cartão-postal. Jamais peguei o telefone para conversar com ela, nunca empreendi o mínimo de esforço.

Como explicar tudo isso sem parecer um canalha? Imagine da seguinte forma: minha ausência na vida de Zoe foi um trem em que embarquei no momento em que Brigitta me informou que estava grávida, que ia ter o bebê e que eu estava livre para ir embora. Foi o que fiz. Aquele trem foi movido por minha própria ambição: embarquei e não sabia o destino; só sabia que não podia descer. Se tivesse permanecido na Suíça, trabalhando em um resort como o Victoria Jungfrau, ou num lugar como o Georges Blanc, na França, tenho certeza de que teríamos ficado juntos. As coisas teriam sido diferentes. Mas o trem não parou lá. Continuou o trajeto e segui seu percurso ao redor do mundo, movido por minha ambição. Eu era jovem – tinha 20 anos quando embarquei – e, para ser honesto, completamente egocêntrico. Ao longo do caminho, duas das pessoas a quem mais amei na vida – minha avó Helga e meu pai Lennart – morreram e eu também não estive por perto. Não houve esse negócio de terapia. Nada de resolver as coisas. Só havia o Markus, pensando: "Quando este trem parar, quando as coisas acalmarem, assim que eu chegar lá – sabe-se lá *onde* –, resolvo isso." Tudo isso. O passado – quem abandonei, quem amei, o que perdi – e o futuro, que é Zoe.

Felizmente, minha mãe não foi moralista, tampouco condenou nada. Não se limitou a enviar os cheques para Zoe. Ela a amou e fez com que soubesse que era uma Samuelsson. O relacionamento que minha mãe construiu e nutriu durante todos aqueles anos permitiu que eu me aproximasse.

Em junho de 2005, fui à Áustria. Estava pronto. Chega de desculpas. Chega de se esconder com vergonha. Zoe tinha 14 anos e, como adolescente, já podia decidir se me receberia de braços abertos ou se me daria um chute no traseiro. Durante todos aqueles anos, eu optara por fugir. Agora, era a vez dela de escolher. Eu me apresentaria, deixaria que ela estabelecesse as regras do nosso relacionamento e assumisse as consequências.

Primeiro, fui à Suécia encontrar minha mãe, que viajaria comigo. Não havia como ir à Suíça sem ela. Ao encontrá-la em Gotemburgo, sabendo da viagem que estava prestes a fazer, nunca senti tanta necessidade de sua força, pois qualquer coisa que Zoe ou Brigitta dissessem seria legítimo. Seria difícil ficar num quarto de hotel sem janela, chorando feito louco, depois de ser rejeitado por Zoe. Seria mais do que merecido, é claro, mas como eu enfrentaria isso? Só havia uma mulher no mundo que me apoiaria, que talvez até chorasse por mim: minha mãe.

Naquele momento, ela poderia ter me passado um sermão pelos meus erros, mas resolveu me tratar com carinho.

– Você fez o que pôde, Marcus – falou quando embarcamos no voo para Graz. – Você era só um menino.

Josef, irmão de Brigitta, foi nos buscar no aeroporto, que fica a 45 minutos de Graz, a cidadezinha de Zoe, localizada na bela Estíria, zona rural do país. Josef foi receptivo, tranquilo e distante o suficiente para nos deixar à vontade. Era mais do que um tio para Zoe, era a referência paterna. Embora trabalhasse na cidade e Zoe morasse no campo, nos últimos 14 anos ele ia para casa quase todo fim de semana para estar com ela. Era visível que ele a adorava.

Fiquei surpreso ao perceber que estava com ciúme. Ciúme pelo que eles obviamente tinham. Mas eu não viajara até ali para sentir ciúme. O objetivo era ser humilde e tentar construir um relacionamento, que esperava que viesse a ser repleto de amizade e amor pelo resto da vida.

No entanto, minha intenção não poderia suplantar meus sentimentos ou minha formação. Pouca gente sabe, mas todo chef é matemático. A toda hora fazemos cálculos: quantos quilos de carne, quantos pedidos, quantas xícaras de água, qual a temperatura ideal, por quantos minutos. Quando se é chef pelo tempo que tenho sido, é inevitável estar com a cabeça cheia de fórmulas. Por isso, não demorei para começar a fazer as contas. Josef, alto, bonito, protetor, agradável e simpático, era o cara que esteve incondicionalmente ao lado de Zoe durante 14 anos... o que corresponde a 168 meses, que, por sua vez, corresponde a 5.110 dias. Era um obstáculo que eu jamais conseguiria transpor, porque, independentemente do que fizesse, Josef sempre estaria à minha frente. Ele sempre teria *estado lá*.

Continuei fazendo as contas – medindo o tempo, calculando meus erros – quando me encontrei com Zoe pela primeira vez e vi afeto em seu olhar. Ela não me conhecia, mas sabia quem eu era. Eu era seu pai e não havia ninguém no mundo que pudesse cumprir o papel que eu, depois de todos aqueles anos, estava ali para desempenhar. Ela nem precisou falar nada para demonstrar sua felicidade com a minha presença e que, naquele momento, ela não fazia nenhum cálculo além dos minutos que eu levaria para abraçá-la. Foi o que fiz. Deixei a vergonha de lado e, pela primeira vez, abracei minha filha.

Como gesto de gratidão – sem falar no imenso desejo de retornar à minha zona de conforto –, imediatamente me ofereci para cozinhar para Zoe e toda a família. Pedi a Zoe que fosse comigo ao vilarejo para fazermos compras. A região onde ela mora é uma famosa produtora de maçãs, então resolvi fazer uma sopa de batatas e maçãs para o almoço. Para sobremesa, comprei uma barra de chocolate meio-amargo e um potinho de sal marinho.

Descascar um quilo de batatas manteve minhas mãos ocupadas e meus nervos sob controle, enquanto eu e Zoe quebrávamos o gelo e nos entrosávamos um pouco mais:

– Zoe, você sabe onde estão as coisas. Se você me mostrar, poderemos preparar o almoço juntos.

Meu alemão não é muito bom, mas foi o suficiente para preencher as lacunas deixadas pelo inglês quase perfeito de Zoe. Saltear a cebola e as maçãs fatiadas era tão familiar que ajudou a aliviar a tensão. Eu tinha dado, levemente, o primeiro passo para ser o pai que Zoe um dia conheceria e, esperava eu, amaria. Era um prato muito simples, mas, à medida que fui adicionando os ingredientes na panela – cidra, leite, noz-moscada –, senti como se estivesse tentando mostrar meu talento a Escoffier em pessoa: era exatamente o que conquistar aquela menina significava para mim. Coloquei a sopa dentro de uma tigela, salpiquei cebolinha por cima e respirei fundo.

Com farinha, ovos e manteiga, fiz uma massa que deixei descansando, enquanto Zoe e a família tomavam a sopa. Tomei a minha de pé, sem frescuras nem demora, como se estivesse no restaurante, prestes a encarar o turno do jantar.

Ao terminar, Zoe veio me ajudar a fazer os blinis de chocolate, as panquecas de cerca de cinco centímetros, que cobri com manteiga derretida e salpiquei com sal marinho. Zoe soltou uma gargalhada quando me viu com o sal marinho. Sal? Na sobremesa?

– Espere só para ver – respondi.

Ao dar a primeira mordida, ela parou por um minuto, com uma expressão de profunda concentração, e então sorriu.

– *Gut! Das ist gut!*

No Aquavit, servíamos de sobremesa uma versão daquela mesma panquequinha sofisticada de chocolate que preparei com Zoe. Não são de fato blinis, preparadas com trigo sarraceno, um tipo de farinha que pode fazer algumas pessoas (inclusive eu) passarem muito mal; essas panquecas só levam um pouquinho de farinha de trigo e de farinha de amêndoas. O que lhes confere grande parte do sabor são as claras de ovos e a barrinha de manteiga na massa, a manteiga clarificada em que são fritas e a manteiga derretida que vai por cima. A intenção não era fazer uma sobremesa do tipo *Death by Chocolate*. Assim, concentrei-me nos outros aspectos: qualidade dos ingredientes – a manteiga mais fresca possível, chocolate de primeiríssima, como o Callebaut ou o Valrhona –; conseguir a crocância exata usando tanto a frigideira quanto o forno; e complexidade de sabores, borrifando as panquecas com manteiga derretida e só uns grãozinhos de *fleur de sel*, um sal marinho cor-de-rosa, oriundo da costa da Bretanha. O contraste entre salgado e doce atinge a língua de uma só vez e o resultado, como Zoe disse, é *gut*.

Foi engraçado nosso primeiro dia juntos: observei semelhanças entre nós. Zoe é segura como eu. Seu quarto, uma bagunça, assim como o meu. Ela trazia muitas de minhas características. Gostava de comida apimentada; gostava de comida, embora nunca tenha cozinhado, como eu, quando ainda era criança. Era estranho observá-la se movimentando pela cozinha como minha avó Helga – sem nenhum treinamento, só talento natural. Temos até o mesmo jeito de rir. Todo mundo percebeu. Foi a mesma sensação que tive ao conhecer meus irmãos na Etiópia. Não crescemos juntos, mas havia essas semelhanças a nos assegurar de que não éramos estranhos, havia uma conexão entre nós.

Na Áustria, todas as noites, eu preparava uma refeição que esperava que fosse conquistar Zoe. Era o único jeito que conhecia de me aproximar. Preparei para ela os pratos da minha infância: a galinha assada de Helga; o espaguete com ervilhas de minha mãe, a que hoje adiciono pancetta, e o bolinho de peixe da minha avó, que hoje faço com curry indiano. Todo dia saía em busca de ingredientes que não tinha certeza de encontrar: curry vermelho em pasta, capim-limão, leite de coco. Contudo, graças à globalização da cultura gastronômica, até mesmo numa cidadezinha próxima a Graz, consegui achar tudo o que estava procurando. Não tenho lá muito talento para doces, mas estava claro para mim que era isso que minha filha adorava. Por isso dediquei o máximo de tempo, elaborando sobremesas simples, mas deliciosas, como torta de frutas vermelhas, feita de biscoitos e um recheio complexo de sabor marcante: cerejas azedas, framboesas, morangos, um pouco de vinho tinto e açúcar de confeiteiro, levados à fervura.

Passados alguns dias, estava exausto, mas profundamente emocionado. Ajudou muito ter minha mãe como escudo protetor, sobretudo porque ela falava bem o alemão, além de ser uma pessoa gentil e aberta, deixando todos à vontade, mas tudo aquilo trazia muito a ser digerido. Numa tarde, sentindo necessidade de tomar ar, calcei os tênis e disse:

– Vou dar uma corrida.

Para minha surpresa, Brigitta respondeu:

– Me dá dois minutos que eu vou com você.

Acho que precisávamos fazer as pazes. Havia quase 15 anos que não conversávamos de verdade. Falávamos rápido ao telefone, quando algo importante acontecia com Zoe ou quando precisávamos tomar alguma decisão, mas isso acontecia talvez uma vez por ano. Era raro.

Era final de agosto e o outono já se fazia sentir, com o sol mais baixo no céu. Havia gente colhendo maçãs. Enquanto corríamos, eu e Brigitta conversamos sobre Zoe e me senti grato por essa mulher não ter me condenado ou me punido por minha distância. Nunca discutimos e ela nunca colocou Zoe contra mim. É claro que minha mãe ajudou muito, mas essa ajuda teria sido em vão se Brigitta não tivesse se predisposto a deixar abertos os canais.

Havia muito a considerar. Brigitta estava casada e tinha dado dois irmãos a Zoe. Dispensou minhas desculpas e disse que não havia necessidade de eu pedir perdão. Sua força era incrível. Também era visível o bem que a maternidade havia feito a ela. Da mesma forma como minha mãe não deu a mínima ao fato de eu, Linda e Anne Marie sermos negros – tudo o que ela queria era ser mãe –, Brigitta não sofreu com as circunstâncias do nascimento de Zoe. O que importava era o amor que ela canalizou para a filha. Admirado e reverente, eu a parabenizei quando terminamos a corrida:

– Você prometeu que criaria Zoe da melhor maneira possível e foi exatamente o que fez. Obrigado.

No último verão, Zoe e o tio Josef vieram a Nova York me visitar. Eu a levei à Rockaway Beach, ao Central Park, a Chinatown e ao Museu de Arte Moderna. Como toda adolescente, Zoe quis fazer compras, então lhe dei um cartão do metrô e um mapa para que ela conhecesse o East Village e o Soho. Zoe veio ao restaurante e mostrei a ela que, como chef, meu mundo fica na parte dos fundos: é quente, barulhento, fico de pé durante horas a fio e não há nada de glamouroso. Também a levei a uma festa chique num dos lugares mais elegantes da cidade: a biblioteca pública de Nova York. Zoe ficou encantada ao conhecer Kanye West, mas meu encanto maior foi com o fato de ela ver quem faz de Nova York a cidade que é: o pessoal ligado à moda, artistas, a comunidade gay, a fabulosa comunidade gay. Para fechar com chave de ouro, show de Liza Minelli.

Foi bom termos tido uma noite memorável, pois, na manhã seguinte, o momento que eu temia – e que sabia ser inevitável – chegou. Zoe se abriu e desabafou. Jogou na minha cara todo o tempo em que estive ausente, toda a decepção que causei, o sentimento de traição e de perda.

– Você não me queria. É verdade que você não me queria?

– Não, não, não, não – repeti. – Nada poderia estar tão longe de ser verdade. Se você está me perguntando se eu era jovem e estava morrendo de medo, a resposta é sim. Se está me perguntando se me arrependo pela maneira como agi, me arrependo, sim.

– Por que nunca me ligou? Por que nunca pôde me visitar? Sabia onde me encontrar – soluçou.

– Eu *quis*. De verdade. Só não sabia como.

– Tanto faz! – exclamou, demonstrando indiferença.

É incrível como certas expressões são universais. Adolescentes do mundo todo as usam com enorme facilidade. Só que as palavras de Zoe soaram mais ácidas. Minha dívida com ela é tão grande que boa parte do tempo que passamos juntos, de uma forma ou de outra, peço desculpas. Ela, por sua vez, só me maltrata. Mas é isso que é engraçado sobre os anos que passei construindo minha carreira de chef. Muita gente me magoou profundamente ao me insultar e sei por quê. No fundo, espero que seja uma terapia para Zoe me dizer o que sente, jogar na minha cara. Mentalmente, digo: "Isso mesmo, Zoe, pergunte o que quiser, pode me xingar e dizer o que quiser." Enquanto ela tenta me conhecer, finalmente sei quem sou. Sou pai e sou chef e, para mim, não tem tempo quente; não há calor que eu não enfrente.

Vinte e cinco – **Merkato**

Em fevereiro de 2008, abri um novo restaurante em Nova York, chamado Merkato 55. O restaurante, de cardápio pan-africano, abriu com enorme alarde. Toda a mídia cobriu o evento: do programa *Today*, passando pelo *20/20*, até os monitores dentro dos táxis. Na inauguração, show de John Legend. Desde que abrimos, atendíamos 150 mesas por noite. Escolhi o lugar que julguei perfeito: o Meatpacking District, antiga área de armazéns na zona norte do West Village. Era espaçoso e bonito. Passei mais de um ano de olho no prédio de dois andares. Adorava o fato de que era localizado numa área sem muitos arranha-céus, com ruas de paralelepípedos; adorava o fato de que, ao mesmo tempo que ficava fora do burburinho, transbordava vitalidade. A antiga fama daquela área, que de dia recebia contrabando de carne e à noite era tomada por travestis, não me incomodava nem um pouco. Quando assinamos o contrato de aluguel, porém, aquela história já era passado e a região estava se tornado um point. Lá estavam o divino bistrô Florent, o novo hotel Standard, o novo restaurante de Jean-Georges e a High Line – o maravilhoso parque suspenso, reconstruído sobre a ferrovia elevada que cortava o West Side, a um quarteirão do rio Hudson – prestes a inaugurar. Estúdios fotográficos e butiques elegantes haviam aberto em alguns pontos, dando um toque de sofisticação à paisagem.

Larguei o Merkato 55 seis meses depois, o maior fracasso da minha vida profissional. Muitos chefs que admiro já fracassaram. Alfred Portale não conseguiu fazer o One Fifth Avenue decolar. O Rakel, de Thomas Keller, não durou. E a lista continua. Tenho certeza de que eram apaixonados e estavam comprometidos com seus restaurantes, mas duvido que se identificassem tanto quanto eu com o Merkato 55. O Merkato era parte da minha história. Ainda bem que não sou de beber, nem de usar drogas; teria sido a situação perfeita para surtar. Nunca me senti tão deprimido, tão humilhado. Nunca tinha tido problema para dormir, mas, de uma hora para outra, passei a acordar às três da madrugada, com a cabeça a mil, tentando entender como o sonho virara pesadelo.

O sonho era o seguinte: eu associaria minhas paixões, meu talento e minha origem a um empreendimento comercial que já vinha planejando por muito tempo. Na verdade, a ideia de montar um restaurante africano voltado para o público classe A surgiu enquanto eu escrevia o livro *The Soul of a New Cuisine*. É claro que o livro foi um meio para travar com o povo americano um diálogo sobre os sabores da África, mas para que mais gente conseguisse enxergar o continente africano além do estereótipo do "irmão carente" e passasse a conhecer sua generosidade e seus sabores, sabia que precisaria de uma experiência mais direta. Era necessário que provassem.

Um dos maiores obstáculos era o financiamento. Desejosos de um retorno financeiro, os investidores se sentem mais seguros pondo dinheiro em fórmulas já conhecidas. Só que eu não achava que Manhattan precisasse de mais um grande restaurante italiano ou de um bistrô francês. Pelo menos não administrado por mim. Marquei várias reuniões. Expus minha ideia umas 100 vezes. Disse que não era um restaurante de comida típica. Não era um restaurante marroquino. Era um restaurante *africano*. Londres tem o Momo, expliquei, e Paris, o Impala Lounge. Cada lugar oferece um modo de ver a África sob uma ótica moderna e sofisticada. Poderíamos fazer o mesmo em Nova York, só que melhor.

O pessoal me perguntava: "Não seria de mau gosto abrir um restaurante africano, enquanto há tanta gente morrendo de fome por lá?" A pergunta sempre me dava a sensação de levar um soco no estômago. Toda semana a ouvia em versões diferentes.

Quando sinto o desejo de fazer caridade, acho que sei de onde vem essa vontade. Nos Estados Unidos, as imagens da África que passam na TV ou saem nas manchetes dos jornais parecem focar apenas em guerra, corrupção e empobrecimento. Todo mundo já viu fotos de crianças mirradas e malnutridas, com moscas pousadas no rosto, em volta de sacos de arroz enviados pela Cruz Vermelha. Tudo isso é verdade. Sei que a carência é grande, porque, sempre que vou à Etiópia, visito orfanatos. Já vi de perto as imagens que causam desconforto aos americanos. Por isso entendo que minha proposta não era atraente. Por outro lado, também sabia que a África como sinônimo de privação era uma visão distorcida. Era mentira. Existe uma classe média africana. Existem restaurantes sofisticados em lugares que variam de Johannesburgo ao Cairo. Mesmo dentre as classes menos favorecidas, existem ricas tradições de comemoração em que a culinária está presente. Era justamente isso que eu queria trazer para a clientela americana, para mostrar que não existe apenas uma versão da relação África *versus* alimento.

Se meu interesse fosse só o de oferecer pratos típicos, eu teria deixado a tarefa por conta dos restaurantes que já existiam, lugares isolados em enclaves étnicos, abaixo do nível da rua, servindo a uma clientela formada por motoristas de táxi expatriados e universitários de orçamento apertado, mas com espírito aventureiro. No entanto, eu queria mostrar as diversas maneiras como a culinária dos Estados Unidos e a das Índias Ocidentais estão ligadas à africana, a forte conexão gastronômica entre a Carolina do Norte e o Senegal, a semelhança entre pratos moçambicanos e portugueses. Existe melhor lugar do que Nova York para isso?

Após dois anos de tentativas e inúmeras reuniões infrutíferas, finalmente encontrei um investidor que entendeu a ideia. Provavelmente o fato de ele ser afrodescendente não foi mera coincidência. Era um banqueiro bem-sucedido, disposto a experimentar algo novo.

– Tem certeza? – perguntei, antes que nossos advogados preparassem a papelada. – Esse ramo é difícil, não sabemos no que vai dar.

– Marcus, será uma honra fazer parte desse projeto.

Dois dias depois, ele morreu de infarto.

Como sempre, no ramo da culinária o luto nunca interrompe os trabalhos da cozinha. Pessoalmente, eu estava sofrendo – tinha profundo respeito e enorme afeição por aquele homem –, mas aquilo representava também um revés para o projeto. A coisa havia evoluído tanto que eu já tinha feito amizade com o dono do prédio que queria alugar. Um dia, quando falei que ainda estava à procura de um investidor, ele sugeriu que procurasse um sujeito chamado Ramses, um americano de origem haitiana. O cara era *promoter* e conhecia um monte de gente interessada em investir no ramo, sem um projeto ao qual se engajar. Conhecia Ramses e seu irmão Maxime de ocasionais incursões pela vida noturna da cidade. Sempre que nos encontrávamos, ele sugeria que trabalhássemos juntos algum dia. Eu achava que ele dizia isso para todo mundo que encontrava pela frente. Fui encontrar Ramses. Era gente boa. Mal havia chegado ao meio da conversa e ele já fazia que sim com a cabeça, dizendo que estava dentro e que meu projeto era exatamente o que ele e seu grupo tinham em mente.

– Se quiser entrar nessa, vai precisar deixar o Townhouse Group à frente do projeto. Estou falando em abrir um restaurante, não uma boate. Se a coisa se aproximar da ideia de boate, estou fora.

– Não, não. Eu topo – garantiu.

Acertamos os detalhes e assinamos o contrato. Minha parte na sociedade era bem pequena, menos de 5 por cento, mas, em contrapartida, eles teriam de contratar o Townhouse, a empresa de gerenciamento que eu tinha com Håkan, para planejar e gerir o restaurante. Dentre as prerrogativas da gerência estariam a contratação da equipe, a divulgação da casa e o uso do meu nome como chef para atrair a clientela. Ramses, Maxime e seu grupo apenas entrariam com a grana. O que eu não sabia até aquele momento era que essa coisa de investidor que entra com grana sem dar palpite não existe.

No começo, a parceria foi ótima. Todos adoramos o nome: Merkato 55, homenagem ao meu lugar favorito em Adis-Abeba e o número do nosso endereço. Ramses conseguiu um excelente arquiteto holandês, Menno Schmitz, para planejar o espaço. Menno era um jovem que nunca havia ido à África, um detalhe que me agradava. Estava começando do zero. Também me agradava o fato de ele não frequentar o circuito gastronômico de Nova York – a última coisa que eu queria era parecer que tínhamos nos juntado a meia dúzia de outros restaurantes para encomendar luminárias e tinta no atacado. Nossa capacidade era para 150 pessoas, 50 a menos do que o Aquavit, mas os dois andares com layout aberto davam maior amplitude ao local. Transformamos o primeiro andar em um pub, com o bar se estendendo até virar uma área com bancos e mesinhas. De qualquer lugar, dava para ver o restante do salão, o que combinava com o hábito africano tão comum de observar o movimento na rua. O segundo andar, ao qual se tinha acesso por uma escada em espiral, era o restaurante propriamente dito, com cabines estofadas em couro e painéis dobráveis para dividir o espaço.

A decoração foi inspirada em duas fontes. A primeira na África da década de 1970, época de grandes esperanças e estilo. Muitos países que haviam acabado de conquistar a independência entusiasmavam-se com a autonomia política. Essa ideia de autonomia florescente se fazia sentir em todo lugar, inclusive na música pop. Manifestou-se no trabalho de fotógrafos, como o grande Malick Sidibé, ou em um dos meus filmes prediletos, o documentário *Quando éramos reis*, sobre a luta entre Ali e Foreman, realizada no Zaire em 1974. Essa luta ficou conhecida como "*a luta na floresta*". No entanto, foi a vivacidade e o lado bom do continente que o documentário mostra que mais me atraíram. Tentamos traduzir a modernidade daquela época em cores, texturas e padronagens. Nas paredes, penduramos painéis gigantescos em silkscreen com rostos africanos. Por sobre o balcão do bar, cestas artesanais serviam de luminárias. Nas escadas e nos nichos, penduramos fotos tiradas ao longo de minhas viagens. A única coisa que não permiti foram as máscaras africanas. Eram clichê demais.

Para mim, o resultado final foi fantástico. Mas sei que o sucesso não depende apenas do espaço. Para transmitir a ideia de uma África vibrante e sofisticada, seria necessário precisão no preparo dos pratos. Meu objetivo não devia ser a alta gastronomia, mas uma culinária divertida, em que é o sabor que manda e não o conceito. Já que se está oferecendo conforto e não desafio, deve-se facilitar para que o cliente entenda o que está comendo e saiba como deve comer. Por mais estranho que pareça, há uma dose de precisão nisso também. A experiência no Aquavit é mais cerebral, em que parte do prazer no jantar é descobrir como se juntaram aqueles sabores. No Merkato, eu queria o sabor em toda a sua plenitude, acessibilidade e variedade, em pratos atraentes, para que se pudesse levar um sobrinho enjoado e ele encontrasse algo de que gostasse. Alguns pratos eu preparava de modo direto, tradicional. O *doro wat*, o guisado de frango típico da minha tribo, a Amhara, eu fazia do modo como aprendi na Bole Road, mas elevamos a qualidade dos ingredientes, usando só coxa de galinha para garantir uma carne mais saborosa e suculenta. Não alteramos a receita do tradicional *piri-piri*, molho ácido e picante usado em Moçambique e em outros países como pasta ou como molho para marinar. Por que adulterar a perfeição? Nós o usamos para regar camarões grelhados com casca e cabeças, e o prato fez um enorme sucesso logo de cara.

Talvez meu próximo restaurante africano seja voltado para a alta gastronomia, com menos mesas e uma carta de vinhos mais apropriada. No entanto, o Merkato foi um ponto de partida. Merkato abriu as portas.

Eu devia ter percebido que havia algo errado, quando nossos investidores faltaram às reuniões marcadas. Na época, encarei a coisa como o preço a pagar por abrir sociedade com gente de boate – o relógio deles era diferente. Achava também que estariam cumprindo com a parte deles no negócio: sempre que o projeto precisava de verba, sempre arrumavam a quantia necessária. Nunca me deixaram na mão. Além disso, não dava para eu ficar remoendo essas preocupações por muito tempo. Precisava me dedicar ao trabalho aparentemente interminável, mas que ainda precisava ser feito. Sem falar no prato transbordando à minha frente e à frente de Håkan. Em menos de um ano, tínhamos oito novos restaurantes programados para inaugurar, incluindo filiais do Aquavit em Estocolmo e em Tóquio.

Após três meses de atraso, finalmente abrimos o Merkato. A casa estava cheia e a resposta da clientela parecia positiva. Foi especialmente gratificante ver pessoas de cor curtindo o Merkato. Mesmo sem exibir um cartaz de "Bem-vindo ao Clube da Diversidade", era exatamente isso que éramos, diversidade manifestada também na mistura de clientes, a maior que já vira.

Nosso maior obstáculo foi a imprensa. Os renomados críticos da área pareciam quase desconfortáveis com o cardápio, como se não conseguissem compreender os sabores com que trabalhávamos. Todo chef tem aquela crítica impiedosa cujo texto, mesmo anos depois, ele sabe de cor. As críticas ao Merkato, porém, foram de cortar o coração. Ninguém gostou da comida, nem do espaço. Todo mundo diz para não levar coisas assim para o lado pessoal, mas como não levar, se eu sabia que a maioria de nós experimenta as coisas de modo pessoal, com o paladar moldado pela nossa própria – e normalmente limitada – experiência? Por exemplo, fomos criticados pela sopa de frango com ervilhas, típica de Gana. No entanto, as críticas não tinham fundamento na história do prato. Pareceu mais como contar uma piada a alguém que não tem as mesmas referências culturais que você: o cara não vai achar a menor graça.

Sei que parece dor de cotovelo. O fato é que preciso assumir a responsabilidade por parte do caos e da inconsistência que permearam a inauguração do Merkato e seu inevitável fechamento. Eu devia ter falado com clareza sobre o conceito e tê-lo feito funcionar. O problema de se abrir um restaurante, entretanto, é que ele leva tempo para se firmar no mercado e acertar no tom. Não íamos fazer as coisas darem certo sem adaptações; ninguém consegue isso. Precisávamos de tempo para desenvolver melhor o cardápio, para observar como os pratos eram recebidos pela clientela e para corrigir os erros. Levei anos para desenvolver o ganache de *foie gras* do Aquavit. Após três meses no Merkato, eu só estava começando a identificar os pratos que poderiam funcionar como carro-chefe do cardápio. O robalo negro com cherimoia por cima tinha potencial, assim como o carneiro com cuscuz de manga e os bolinhos de grão-de-bico. Todos ainda estavam em fase de desenvolvimento.

Enquanto lutávamos para acertar o cardápio, os problemas com os investidores começaram a se acumular. Quis diminuir o número de reservas e o ritmo de trabalho para ajustar os serviços do salão e da cozinha. Os garçons precisavam de tempo para conhecer melhor os pratos e poder apresentá-los de maneira eficiente. Nossa cozinha precisava estabilizar o ritmo de trabalho. Quando se é criticado toda noite, fica difícil fazer qualquer uma das coisas. Meus investidores tinham um problemão para resolver e não queriam dispensar ninguém. O restaurante ficava cheio das seis à meia-noite e os garçons eram orientados a liberar as mesas o mais rápido possível, para acomodar a clientela; consequentemente, o atendimento nunca tinha a qualidade que deveria ter.

Analisando agora, sei que não dá para ser inocente na hora de formar uma sociedade comercial. É bobagem. Também não dá para bancar a vítima. Não dá para bancar o bobo. Não dá para transformar cobra em jacaré, nem esperar que o *promoter* de uma casa noturna entenda como se administra um restaurante. Mesmo assim, poderíamos ter superado os problemas e minimizado os primeiros trancos – certamente, vontade não me faltava. Isso até receber um telefonema do meu assessor de imprensa.

– Markus, que negócio é esse de o Merkato virar boate? – perguntou o assessor.

– Do que você está falando?

– Li na internet. Diz que vai se chamar Bijoux.

– Mentira!

Eu tinha um contrato assinado. Estava muito claro no texto: nada de boate.

Mais gente me ligou para dizer que tinha ouvido falar que estávamos fazendo uma boate no subsolo, o espaço em que planejávamos construir um lounge para festas de empresas. Fui tomar satisfação com um dos investidores.

– É verdade – ele respondeu. – Vamos abrir uma boate.

Além da quebra de contrato, aquilo era um problema que violava a estipulação de nossa licença para venda de bebidas alcoólicas. Discuti o assunto com Håkan – uma conversa rápida, por sinal –, e apesar da possível fortuna que gastaríamos em consulta jurídica, a decisão foi clara. Eu me recusava a violar as leis nova-iorquinas de venda de bebidas alcoólicas. Tinha responsabilidades com Håkan, com o Aquavit, com minha família, tanto na Suécia quanto na Etiópia. Nem pensar em violar a lei, ainda que fosse por pura conivência.

Peguei o telefone.

– Conversamos sobre esse assunto – informei a Ramses. – Não está certo. Estou fora.
– A partir de quando? – perguntou.
– A partir deste exato minuto.

Acho que poderia ter feito muito barulho sobre a minha saída; poderia ter divulgado a história na mídia e sair como vítima. Mas estava muito chateado e não via nenhum lado positivo na batalha que inevitavelmente se travaria. Nos seis meses que se seguiram, observei de longe o meu sonho virar piada de mau gosto, à medida que o Merkato decaía. Era como se assistisse à morte de um ente querido. Não havia o que fazer. A mim só restava aceitar, aprender a lição e seguir em frente. Mais uma vez, encontrei forças na consciência de que na infância conseguira superar obstáculos bem mais difíceis. Numa outra oportunidade, eu encontraria uma forma de fazer minha declaração de amor à África. As circunstâncias seriam diferentes.

Vinte e seis – **Na riqueza e para todo o sempre**

Após três anos de namoro, pedi Maya em casamento. Ela aceitou. Juro que nunca tive certeza de que ela aceitaria. Maya e eu rimos juntos e apoiamos um ao outro. Acho que nunca conheci ninguém, além de minha mãe, com um senso tão grande de justiça ou princípios morais mais firmes. Nós dois temos um pé na Etiópia e outro fora, e adoramos os Estados Unidos. Porém o que mais me cativou foi ver como Maya recebeu Zoe quando ela veio a Nova York pela primeira vez. Eu não poderia viver com uma mulher que não aceitasse Zoe. Para Maya, nem havia discussão quanto a isso.

    Maya aprendeu a adorar as férias anuais dos Samuelsson em Smögen, mesmo que a melhor coisa que a ilha tenha a oferecer seja o fato de que nunca acontece nada. E conta bastante o fato de Maya não ter saído correndo ao entrar em meu velho quarto – na verdade, o quarto que minha mãe reformou para mim na casa da cidade para onde se mudou após a morte de meu pai – e dar de cara com um ambiente que mais parece uma cápsula do tempo, congelada em 1984, com pôsteres originais de Michael Jackson, ABBA e Bob Marley pendurados nas paredes.

    Uma vez que decidimos nos casar, precisávamos arrumar um jeito de reunir numa comemoração os amigos e a família, espalhados pelo mundo inteiro. Resolvemos o problema de duas formas. A primeira, fizemos uma festa informal em Smögen no verão de 2008. Zoe veio da Áustria de avião, os amigos vieram de carro de Gotemburgo e convidamos quase todos da ilha, simplesmente pedindo a algumas pessoas que divulgassem o pequeno evento. Deixei, com todo prazer, a organização por conta de minha mãe e de Anna. A não ser pelo salmão defumado que preparei, não fiz mais nada, só relaxei e curti.

Logo depois do Natal, em Adis, houve o casamento propriamente. Maya queria se casar lá e eu queria vê-la feliz. Fiquei um pouco reticente quanto ao dinheiro que gastaríamos com a organização da cerimônia. Em geral, não sou muito de gastar. Em Nova York, ando de metrô quase todo dia e, quando pego avião, mesmo em viagem de negócios, só vou de classe econômica, mesmo em voos internacionais, mas estou falando do padrão americano, nada que se aproxime do que se entende por riqueza na Etiópia. Por exemplo, os vestidos que escolhemos para as damas de honra custavam o equivalente à renda anual da minha família etíope. A diária da limusine foi o equivalente à mensalidade escolar que pago para minhas três irmãs. Chegou um momento em que tive de parar de calcular o que *poderíamos* comprar com o que estávamos gastando com o casamento. Cheguei à conclusão de que, no fim das contas, estava gastando dinheiro na Etiópia. Já valia a pena.

Planejamos uma festa grandiosa. Não havia outro jeito, considerando a quantidade de gente, entre familiares e amigos, que vinha de mais de seis países. Mats vinha com a esposa, os dois filhos e o pai, Rune. Mes vinha de Nova York; a mãe dele e o tio Workasef fariam uma festa para nós em Adis durante a semana do casamento. Haveria a cerimônia religiosa, celebrada pelo irmão de Maya, e uma recepção no Hilton. E ainda uma reunião informal no vilarejo onde Maya nasceu. A mãe dela passaria uma semana preparando comida suficiente tanto para nossos 200 convidados como também para as centenas de moradores da aldeia que resolvessem aparecer para nos felicitar. Haveria mais de um ritual de abate de animais, e uma bela cerimônia de café. Pendurados no final do bufê, pedaços inteiros de carne crua trazidos por quem os cortou – um tipo de carpaccio, bem popular, pelo menos entre os habesha.

Teve de tudo nas comemorações: 11 pneus furados, água quente insuficiente para todo mundo tomar banho, sete bandas de música ao vivo, três coros, 900 convidados e, no final, muitas lembranças formidáveis para levarmos para casa.

Sempre que estou estressado e as coisas não saem do jeito que quero, recorro às imagens daquele dia, em que todas as peças distantes do quebra-cabeça de minha vida se juntaram numa sinfonia de histórias, música, risos e votos de felicidade. Levei minha mãe sueca, Anne Marie, a Abragodana para conhecer Tsegie, meu pai biológico. Ela sentou numa cadeira de madeira que havia sido posta no quintal de Tsegie. Meu pai sentou de um lado e minha madrasta, Kasech, do outro, ambos segurando uma das mãos de minha mãe. Como soube que Tsegie estava com dificuldade para enxergar, Anne Marie levou de presente um par de óculos de leitura. Depois de chorar por alguns minutos, ele colocou os óculos, retirou debaixo do robe uma Bíblia bem gasta e começou a ler no antigo idioma ge'ez.

Uma de minhas irmãs etíopes, Salam, de 16 anos, serviu de intérprete para que, aproveitando a ocasião, eu convencesse meu pai a permitir que Ashou deixasse a lavoura e fosse para a escola. Depois de muito argumentar, ele finalmente concordou. A expressão de felicidade no rosto de minha irmã foi o melhor presente de casamento que eu poderia ter recebido. Seu sorriso foi uma explosão de surpresa e felicidade que vou levar na memória enquanto viver.

Embora estivesse ansioso para fazer perguntas a Tsegie, não toquei no nome de minha mãe biológica. Não perguntei como eles haviam se conhecido, como minha mãe, Ahnu, era ou como ria. Não perguntei o que ele sentiu ao perder Ahnu, eu e Linda de uma só vez. Ou se, ao perder Ahnu, não conseguiu nos levar de volta para casa. Não perguntei o que ele fez nos meses seguintes ou se pensou muito em nós, sozinhos no mundo. São perguntas que não sei se algum dia poderei lhe fazer.

Com os olhos arregalados de uma europeia que visitava o continente pela primeira vez, minha mãe sueca observava toda a movimentação no vilarejo de meu pai. Abraçou e beijou todos os meus irmãos, vendo neles uma extensão minha e de Linda. Por isso, tinha amor de sobra para dividir com eles também. Compreendendo a pobreza, ela me perguntou mais tarde:

– Macke, foi aqui mesmo que você nasceu?

– Não, foi em outra aldeia, mas igualzinha a esta.

Minha irmã Linda também estava conosco. Fora graças à sua dedicação que estávamos ali com nosso pai. Durante o casamento, foi ela que serviu de ponte entre as duas famílias. Foi ela que convenceu meu pai a não matar uma vaca em homenagem a Anne Marie. Ficaram chateados com o que entendiam ser uma extrema falta de educação, mas o ano havia sido difícil e era a única vaca que possuíam; então acabaram atendendo a seu pedido.

Na véspera do casamento, saímos todos para comer *pasta saltata*, uma preferência nacional, herança deixada pelos italianos depois de inúmeras tentativas frustradas de colonizar a Etiópia. É uma espécie de bolonhesa, mas deliberadamente temperada com *berbere*. Minhas irmãs beberam muita Mirinda, o refrigerante de laranja que sempre quiseram tomar, mas nunca haviam conseguido. Eu estava por demais distraído e feliz para controlá-las. Na volta para Abragodana, paramos na cidade de Meki. Mais uma vez, Linda me surpreendeu com nova descoberta: dois primos por parte de mãe, ambos em situação bem melhor do que o lado de meu pai. Um tinha uma fazenda, e o outro um pequeno restaurante. Então, os convidamos para a recepção no Hilton. Ao chegarem, colocaram-me numa cadeira. Depois, ergueram-me e seguiram em direção à pista de dança. Enquanto eu chacoalhava por sobre os convidados, erguido por minha própria família, Maya, Mes e Mats riam e batiam palmas. Até aquele momento, nunca havia me sentido tão ligado àquele país e a este mundo.

Vinte e sete – O rompimento

Há pouco tempo, eu acabara de jantar no restaurante de um hotel em Nova York, quando soube que alguém na cozinha gostaria de falar comigo. O rapaz, Tyrone, era um dos alunos formados pelo programa de que faço parte. Quando o conheci, alguns anos antes, Tyrone tinha o ensino médio completo, disposição para arrumar encrenca e uma história de vida capaz de fazer a de Oliver Twist um conto de fadas. Hoje, como *sous-chef*, Tyrone exibia excelente aparência, bem profissional, em seu dólmã branco. Expressava tranquilidade no sorriso e confiança no caminhar. Como o restaurante era famoso, sabia que Tyrone devia estar tirando uns 75 mil dólares por ano, com facilidade! Estava se dando bem, o que me deixou feliz. O problema é que nas cozinhas dos melhores restaurantes dos Estados Unidos não se encontram muitos profissionais como Tyrone. Há 100 anos, os negros – homens e mulheres – lutaram para sair da cozinha; hoje, precisamos lutar para *entrar*.

Quando conheci Michael Garrett, em 2000, eu era o chef executivo do Aquavit, e ele cozinheiro, com dois restaurantes no currículo: o Houlihan's e o Olive Garden. Era preciso muita coragem para entrar num restaurante como o Aquavit e pedir um emprego com aquele tipo de costeletas; nove entre 10 chefs não teriam deixado Michael passar do balcão de guarda-volumes. Só que não sou como a maioria dos outros chefs. Minha postura é clara: contrato alguns desses jovens. Acho que se eu não contratar, essa garotada nunca terá uma chance. Uma vez que trabalharem comigo, já estarão no ramo. Tenho o poder de abrir ou fechar portas, dependendo de como se saiam. Michael era um desses caras. Jamais, nem em um milhão de anos, ele conseguiria emprego no Aquavit.

Virei e disse:

– Vamos dar um emprego a ele.

Às vezes, acho que em razão do meu sucesso as pessoas se esquecem de que não é fácil para um negro ser bem-sucedido como chef nos Estados Unidos. Nossos ancestrais – que construíram a tradição culinária deste país, mas eram vistos apenas como "ajudantes" – ficariam chocados ao saber que há mais negros sócios em escritórios de advocacia do que como chefs executivos em restaurantes. Quando cheguei a Nova York há quase 20 anos, contavam-se nos dedos de uma mão os chefs famosos que tinham meu perfil. Quase duas décadas depois, ainda se contam nos dedos de uma mão.

OK, nos dedos das duas mãos, se contarmos os chefs que têm programa na TV.

A profissão de chef, seja à frente da cozinha de um restaurante famoso em Nova York ou do estabelecimento próprio em Atlanta ou em Anchorage, ainda é coisa para os maduros. O sucesso é uma combinação de dedicação, sorte, orientação e oportunidade. Mas, embora eu tenha conhecido centenas de jovens chefs negros que não têm medo de arregaçar as mangas, para a grande maioria sorte, orientação e oportunidade raramente dão o ar da graça.

O problema para uma pessoa como meu amigo Michael, do Olive Garden, não é o que ele saiba ou não cozinhar, mas o que já provou e o que ainda não provou. Quando o contratei no Aquavit, ele nunca tinha provado *yuzu*, sushi, tampouco açafrão de verdade. Sabia executar os pratos que preparávamos, mas, se você não sabe que sabor essas coisas devem ter, que sabor estamos tentando atingir, então há muito, mas muito a aprender. O diferencial no caso de Michael é que ele era humilde pra cacete. Humilde, humilde, humilde, humilde, humilde.

Quando veio trabalhar conosco, ele ainda não estava pronto para o Aquavit. Então, coloquei-o no Riingo, um lugar mais informal que eu e Håkan havíamos aberto... e de lá ele nunca mais saiu. Foi melhorando, melhorando, aprimorando-se cada vez mais, cheio de energia. Sempre que havia um turno extra ou uma oportunidade para trabalhar num evento, lá estava ele. Tinha uma fantástica ética profissional.

Uma coisa na qual acredito piamente: nunca tente adivinhar o limite de alguém. Jamais serei aquele a dizer a uma garota que ela nunca vai bater um recorde ou a um cara que ele nunca vai escrever um best-seller. Nunca serei eu a dizer o que alguém pode ou não fazer. O mesmo se aplica à culinária: quem era eu para dizer a Michael que ele não tinha a menor chance de ser bem-sucedido? Contratei-o sem saber aonde poderia chegar. Calculei que isso ficaria claro quando ele não conseguisse mais acompanhar o ritmo. De repente, vários empregados começaram a debandar, e logo Michael tornou-se *sous-chef* do Aquavit. Foi um *enorme* progresso. Um cara que trabalhara apenas no Hulihan's e no Olive Garden – que nunca tinha estado no Canadá, muito menos na Europa – era quem estava ensinando os suecos a prepararem pratos suecos.

Disse a Michael que, para dar o próximo passo, para se tornar um chef executivo, ele precisava comer. Precisava explorar. Quando vim para Nova York, gastara todo o meu dinheiro conhecendo comidas e sabores. Naquela época, eu me concentrava essencialmente na exploração e na descoberta: o que havia de tão interessante no Vong? Guardava uma grana, ia ao Vong e ficava duro de novo, mas eu sabia que precisava ter aquela experiência para me aprimorar como chef. Talvez seja necessário experimentar só três ou quatro aperitivos. Tenta-se descobrir como o capim-limão fica tão gostoso naquele peixe. Nada de vinho, pois é muito caro. Não se está ali para jantar, tampouco para socializar. O objetivo é *provar*, estudar, aprender, assimilar e dominar o assunto.

Hoje, Michael é o chef executivo do Red Rooster, meu restaurante no Harlem, e o mais importante: é meu braço direito. É extremamente curioso e criativo. Hoje sou eu que lhe faço *perguntas*.

– Michael, vamos descobrir como se faz esse prato? – sugiro. Ele, então, sai à caça e descobre.

– OK, Marcus. É assim que vai ficar, se fizermos *sous-vide*, e é assim que vai ficar, se prepararmos dessa maneira. São as opções que temos. Você escolhe.

Ver alguém de origem tão humilde se tornar fluente no idioma da gastronomia – termos em francês, italiano e japonês – me dá um enorme prazer em fazer o que faço. Não apenas porque aposto na culinária universal. Creio que existe uma porta que se abre em toda grande cozinha, uma porta que se abre para o mundo.

Talvez eu devesse ter desfeito a sociedade com Håkan em 2004, quando nos mudamos do antigo edifício Rockefeller para o novo espaço na rua 55. Eu era jovem, estava cheio de gás e disposto a reescrever as regras do meu jeito. Mesmo naquela época, estava claro para mim que minha missão era aproveitar caras como Michael e mudar o jogo nos pratos e em minha política de contratação. Håkan era mais velho do que eu e sua maior preocupação era "Como proteger minha aposentadoria?". São duas visões de mundo completamente diferentes. Não significa que uma seja certa e a outra, errada. Ele estava na casa dos 50, e eu na dos 30. Mais cedo ou mais tarde bateríamos de frente.

Como chef, nunca fiquei na defensiva. Quando comecei no Aquavit, tinha 24 anos. Para mim, cozinhar e ser conhecido como chef eram a mesma coisa. No fim das contas, Håkan foi quem me contratou, promoveu meu nome e me mostrou como se faz a coisa. No começo, era ele que queria me promover, bem como a minha história. Desde que eu contasse a minha história no contexto de seu restaurante, ele adorava. Eu não entendia nada de relações públicas. Foi Håkan quem me mostrou todas essas ferramentas.

Então, aconteceu o pior conflito. Em 2008, enquanto eu tentava conquistar o mínimo de independência, Håkan e os advogados argumentaram que o nome Markus Samuelsson só tinha algum valor porque estava associado ao Aquavit. Por isso, se eu quisesse deixar o Aquavit ou realizar qualquer trabalho fora da sociedade, ele teria direito a uma porcentagem. Aquilo foi difícil de engolir. Sim, Håkan havia me treinado no mundo dos restaurantes. Sim, ele me dera a oportunidade que a maioria dos jovens chefs faria de tudo para ter. Sim, ele me tratara muito bem. Mas eu também tinha trazido algo novo para a mesa. Havia me esforçado incessantemente em minha busca pela excelência, e expressara minha gratidão em palavras e gestos. A ideia de que ele poderia ter direito parcial sobre qualquer coisa que eu fizesse e que estivesse associada ao meu nome chegava a ser ridícula.

Consultei vários advogados, e todos foram unânimes em dizer que ele tinha direito, sim. Se eu não sugerisse um vantajoso acordo financeiro substituindo o percentual sobre ganhos futuros, seria como um empregado contratado tentando saldar uma dívida impagável. Parecia que não havia outra saída: além de precisar pagar para sair do Aquavit – ou seja, comprar minha liberdade –, teria também de comprar meu próprio *nome*. E quanto mais eu aparecia na mídia, mais caro meu nome se tornava.

Costumara ver Håkan como irmão mais velho, mentor, o cara que me dera a primeira oportunidade, mas comecei a perceber que nossa amizade só existia sob determinadas circunstâncias. Algumas coisas iam muito bem, como, por exemplo, o Aquavit de Estocolmo, mas o de Tóquio complicou. Estava lá quando estourou a crise mundial e vi o terrível impacto que teve sobre o restaurante; era óbvio que não ia sobreviver. Nosso restaurante em Midtown, Nova York, também sofrera um duro baque. O Merkato fora para o brejo. Nosso pequeno império estava ameaçado, e nós, prontos para brigar pelo que restasse.

O convite para participar do Top Chef Masters, da Bravo, foi o que me forçou a optar por deixar definitivamente a Townhouse e por recuperar meu nome. Se continuasse com Håkan e participasse do programa, minha exposição na TV elevaria consideravelmente o valor do meu nome. Sarah, minha assessora de imprensa, ligou e aconselhou-me a arriscar e ver se conseguia indenizar Håkan. Meu agente me disse a mesma coisa, mas não me convenci. Sou um órfão etíope. Da maneira mais improvável, fui adotado por um casal sueco amoroso, que me proporcionou uma vida de classe média. Comecei de baixo, em cozinhas medianas de Gotemburgo, passei por alguns dos melhores restaurantes da Europa até chegar ao Aquavit. Não era nada fácil para mim preencher aquele cheque para Håkan a troco tão somente do meu próprio nome.

Comecei a considerar a ideia de usar meu nome etíope, Kassahun Tsegie. No fim das contas, quem *era* Markus Samuelsson? Era apenas um nome que me havia sido dado por meus pais suecos. Eu o adorava, mas era apenas um nome e nada mais. Talvez, pelo bem do meu amor-próprio e da minha conta bancária, precisasse me dar um novo nome e então me libertar.

Por fim, raspei a conta e comprei de volta o direito de usar "Markus Samuelsson", pois é o nome que as pessoas conhecem e de que se lembram. E também porque é parte da minha história.

Em troca, fiquei com uma pilha de documentos que provam algo sobre o qual muitos americanos jamais precisariam pensar duas vezes: sou o único dono do meu nome. Quando cheguei a Nova York, com 300 dólares no bolso, não me passou pela cabeça que um dia teria de gastar as economias de uma vida inteira para pagar por meu próprio nome. Quando estagiei no Aquavit, minha cidadania estava indefinida. Se alguém tivesse me oferecido o *green card* e um nome novo, eu teria aceito com o maior prazer. No entanto, hoje, sei o que não sabia na época: que o nosso nome é a nossa história. Costuramos experiências para construir uma história de vida e nosso nome funciona como agulha e linha. "Markus Samuelsson" é mais do que o nome do chef que fez isso ou aquilo. É o nome que reflete a minha vida: onde comecei, cada parada que dei ao longo de minha jornada e o homem que me tornei.

* * *

Meses depois, eu olhava minha minguada conta-corrente – as economias de uma vida que eu orgulhosamente trouxera para o meu casamento – e me perguntava se não tinha cometido um erro fatal. Será que o Aquavit era o ápice do meu sucesso? Será que eu sobreviveria sem a ajuda de Håkan? Sem o apoio do restaurante consagrado e uma posição bem remunerada, quem eu era?

Depois que deixei o Aquavit, passei a ser um chef sem cozinha e me sentia, mais do que nunca, sem pouso. Passei muito tempo pensando e planejando. Tinha uma ideia para o restaurante que eu queria abrir – o Red Rooster, uma nova versão de um point lendário do Harlem –, mas, depois da negociação com Håkan, fiquei sem o dinheiro necessário para realizar esse sonho. Minha experiência com o Merkato me ensinou que preciso ter cuidado ao escolher um sócio. Assim, forcei-me a ter paciência até aparecerem os parceiros certos.

Durante esse tempo, minha mãe ficou muito preocupada comigo e com Maya. Estava mais velha, já na casa dos 70. Embora ainda jovem de espírito, o corpo estava envelhecendo: sentia dores nas costas e nos joelhos, o que me partia o coração só de pensar. Ligava para ela todo domingo para tentar tranquilizá-la.

– Onde está trabalhando agora?

– Nunca cozinhei tanto, mãe. Tenho participado de muitos eventos e de demonstrações.

– Quando o Red Rooster vai abrir?

– Logo – mentia.

Repetimos a mesma conversa várias vezes. A cada vez parecia que ela esquecera. Eu não queria ficar explicando. O mesmo acontecia com Zoe e com meu pai etíope. Era difícil para eles entenderem o ramo da gastronomia e meu lugar dentro dele. Tentei mostrar que não estava exatamente desempregado e que voltaria a ter um restaurante; tudo ficaria bem.

Por mais de um ano, o Rooster só existiu na minha imaginação. Eu me mantive ocupado com eventos corporativos e beneficentes, mas, depois que me tornara adulto, nunca tive tanto horário vago durante o dia. Sem saber como preenchê-lo, passei a explorar meu bairro. Desde que cheguei a Nova York, sabia que o Harlem tinha fama de ser a meca da cultura negra americana. Tinha visto as fotos do Harlem em seus tempos de glória – homens estilosos em ternos sob medida e mulheres tão bem-vestidas que deixariam as modelos da Vogue com vergonha. Sabia também que o Harlem transpirava música: do Apollo aos clubes de jazz que serviram de incubadora para novas interpretações do blues, do improviso e do suingue. Sabia que o pessoal do Harlem gostava de dançar, rezar e comer. Fui às igrejas, às boates, aos restaurantes e aos bares tradicionais.

Entretanto, pela primeira vez comecei a perceber a *beleza* do Harlem, sua arquitetura magnífica. Durante o primeiro surto de desenvolvimento na área, no final do século XIX, alguns dos maiores arquitetos de Nova York seguiram em bando para o Harlem e realizaram alguns de seus trabalhos mais inspirados. Francis Kimball planejou uma série de casas na rua 122. James Renwick, que projetou a Catedral de St. Patrick, também desenhou a All Saints Roman Catholic Church do Harlem. Os titãs da arquitetura *beaux*, McKim, Mead & White, responsáveis por ícones nova-iorquinos como a antiga Penn Station e a Morgan Library, desenharam uma parte da rua 139, conhecida desde a década de 1920 como Strivers Row, "o pedaço mais aristocrático do Harlem", como escreveu Wallace Thurman em 1928. Naquela época, quando eu ainda sonhava com o Red Rooster e perambulava pelo bairro, terminava o dia caminhando pela

Strivers Row, maravilhado com aqueles tijolinhos originais. Foi justamente aquela rua que me fez sentir que poderia abrir um restaurante voltado para a alta gastronomia no trecho norte da rua 125. É verdade que décadas de drogas e pobreza depreciaram muito o passado glorioso do Harlem, mas basta descer a Strivers Row para se lembrar de que há joias no bairro que nunca perderam o brilho.

Conheci Thelma Golden, diretora e curadora do Studio Museum, quando ela era a jovem chefona do Whitney Museum e eu ainda dava os primeiros passos no Aquavit. Foi antes de ganharmos as três estrelas, mas, toda noite, eu dava duro para chegar lá. O Studio Museum abriga uma trupe de artistas fantásticos, de Romare Bearden e Loïs Mailou Jones até as atuais Kara Walker e Glenn Ligon. A trajetória de Thelma até o lugar de destaque que ocupa em sua área tem muito a ver com a minha. Nós dois trocamos respeitáveis instituições da zona leste pelo Harlem – uma troca que exige certa dose de rebeldia e às vezes muita disposição para se tornar uma voz solitária no deserto.

Em termos de logística e orientação profissional, Thelma foi de valor inestimável para mim, mostrando-me, passo a passo, como as coisas funcionam no Harlem. Mais do que isso, contudo, ela me ajudou a ampliar a visão das coisas. Quantos de nós éramos jovens demais ou estávamos longe demais para experimentar a Nova York do final da década de 1970 e início da de 1980, ansiando fazer parte daquela época de incrível criatividade? Quantas vezes eu e meus amigos imaginamos como seria andar com Jean-Michel Basquiat e Keith Haring, dançar com Madonna na Danceteria e assistir a um show do Bad Brains e dos Ramones no CBGB?

Thelma me ajudou a enxergar que o Harlem não era apenas uma América negra num globo de neve; era um dos últimos baluartes de Nova York, como pessoas criativas desejam que seja. O Harlem não é um playground para banqueiros e consultores ricos. Lá existem estudantes de todas as cores. Existem velhos que preservam a história e têm muitas fábulas para contar. Existem músicos e artistas e um cara que, juro, é a próxima encarnação de Prince. (É um ilustre desconhecido, mas, para citar um outro músico renegado, é um cara de peso!) Há estrangeiros e cinco gerações de famílias. Há conjuntos residenciais que custam cerca de 1 milhão de dólares e conjuntos habitacionais simples que se espalham pelo bairro. Como qualquer outro lugar com tanta personalidade, o Harlem também tem seu lado obscuro. Se o Soho tem lojas, o Harlem tem ruas que fervilham. Em cada esquina vê-se gente vendendo alguma coisa. (Para mim, é a África dentro do Harlem.) Aqueles que dão sorte de ter uma loja de alvenaria não estão ali atrás do balcão esperando o cliente entrar – ficam à porta para convencê-lo a entrar. O Harlem pode não ser high-tech, mas oferece uma *experiência interativa*. No Harlem, as pessoas se falam na rua. Dizem se gostam da sua roupa ou se discordam do que está escrito na sua camiseta. Os homens elogiam as belas mulheres, que respondem com gentileza ou dizem para que eles sigam seu caminho. No verão, basta parar na rua para se ter uma ideia do que significa ouvir as pessoas cantando o Amen Chorus.

Por falar nisso, no Harlem ainda há senhoras carolas e muçulmanos de gravata-borboleta vendendo torta de feijão. Todo domingo, veem-se famílias inteiras caminhando a passos firmes, todos bem-vestidos, rumo ao *brunch* evangélico – o *gospel brunch*. O evento é uma recompensa por terem sobrevivido a mais uma semana de trabalho duro e ao sermão, mais longo do que o necessário, feito por um pastor cujo maior pecado é adorar ouvir a si próprio. O lado sul do Central Park é tomado por carruagens e antigos hotéis transformados em luxuosos edifícios residenciais, mas o lado norte dá de cara para o Harlem. O nosso Central Park é diferente. Por quê? Peles mais escuras e roupas mais coloridas. Mais paixão no amor e nas brigas. Versões improvisadas do "*Between the Sheets*", dos Isley Brothers, de um jeito jamais ouvido antes. Quando morava em Uptown e trabalhava no centro, eu sabia – e ao mesmo tempo não *sabia* – quanta vida havia naqueles pouco mais de seis quilômetros quadrados que hoje chamo de "lar".

Assim como Thelma transformou o Studio Museum numa instituição que preserva o legado deixado por artistas negros americanos ao mesmo tempo que divulga novos talentos pelo mundo, eu sonhava criar um espaço semelhante para a culinária. Queria que o Red Rooster preservasse a história dos cozinheiros negros nos Estados Unidos, ao mesmo tempo que inovasse nos pratos. Durante os longos, incertos e enlouquecedores meses entre minha saída do Aquavit e a inauguração do Red Rooster, eu não tinha muito mais do que um logo para o meu sonho. Em minha cabeça, porém, usei aquele tempo para mergulhar na história do Harlem. Minha intenção era utilizar todas aquelas informações da maneira mais ousada possível. Sabia que era o mínimo que o bairro merecia.

Às seis da tarde de uma segunda-feira, já no final do verão, perfiz o trajeto entre meu edifício e o Studio Museum, como um político em dia de votação. Todo mundo me conhecia independentemente de eu conhecê-los. Entre a 118 e a 145 não havia uma alma que ficasse constrangida ao me parar e dar opinião.

Se for para dar alguma contribuição a esta cidade, quero ajudar a modificar seu mapa gastronômico. Sempre pensei que, se um dia viesse a morar no Harlem, devia abrir um restaurante aqui. Posso ter um restaurante em Tóquio, posso ter um restaurante em Estocolmo, posso ter um restaurante em Chicago, mas *devo* ter um restaurante no Harlem. Foi aí que a trajetória do Red Rooster começou.

Foram simples as razões que me levaram a me tornar chef. Queria ser um homem bom como Lennart, meu pai. Ele deu um lar confortável à família, serviu como esteio emocional para todos nós e, como geólogo, encontrou uma carreira que envolvia sua profunda paixão pela Terra. O que eu temia era acabar sendo menos do que isso. Vi em meus amigos e nos primeiros colegas de trabalho os possíveis rumos que minha vida poderia tomar. Eu poderia ser como o pizzaiolo do La Toscana, em Gotemburgo: recebia um salário decente e toda noite voltava de ônibus para um apartamento no conjunto habitacional. Só que eu queria mais.

Quanto mais me dedicava à culinária, mais eu percebia que meu desejo era buscar sabores, que sempre iria me entusiasmar ao provar algo novo ou pegar algo bom e modificá-lo até que ficasse excelente. Quanto mais se treina o paladar, mais sensível se fica. Dá até para distinguir de imediato a água encanada de uma cidade da de outra. A inspiração para um prato pode vir da raiz de alcaçuz que se prova no mercado ou no aroma do chiclete que o menino sentado ao seu lado no metrô está mascando. Nada é repugnante, tudo é material a ser trabalhado.

Comida e sabores se tornaram minha língua materna. Não era o inglês, nem o sueco, nem o amárico. Esteja eu numa cabana com preparadores de *injera*, ou em Tóquio com um sushi chef, falamos todos o mesmo idioma. Estamos todos em busca de sabores. Cheguei à conclusão de que essa é uma busca incessante. Não sei que aspecto e que sabor tem o "pronto". Não dá para relaxar: a clientela muda, os fornecedores vêm e vão e as economias entram em crise. Só estou certo de que serei sempre apaixonado pela culinária orientada ao sabor.

Em cada virada da minha vida adulta sempre há um momento em que preciso tomar uma decisão: ou fico ou saio. Depois do fracasso do Merkato, depois que a vaca foi para o brejo no Aquavit, depois de pedir em casamento o amor da minha vida e, depois de ter de lhe informar que o "chef celebridade" com quem ela havia se casado não tinha mais um tostão no banco nem um restaurante onde trabalhar, decidi apostar todas as fichas na culinária. É a única coisa que sei fazer. É a minha profissão, minha arte, minha vida. Sempre foi e sempre será. Estou sempre em conflito comigo mesmo – um lado diz que posso, outro diz que não. Minha sorte é que o lado que diz "eu posso" fala sempre, sempre um pouco mais alto.

Vinte e oito – De volta à cena

A primeira coisa que fiz assim que consegui reaver meu nome foi pegar um avião para Los Angeles para participar do *Top Chef Masters*. Em tese, eu não tinha nenhum restaurante como origem, embora o Red Rooster estivesse em fase de planejamento. Imaginei que participar do Top Chef seria uma ótima oportunidade para estar na mídia. Era exatamente isso: um jeito de atrair interesse (e patrocínio) para o que, na época, era uma estratégia capciosa: um restaurante voltado para a classe A, situado em Uptown. Eu e meus sócios bolamos um logo, mandei fazer um uniforme e fui para Los Angeles participar do programa.

Quando cheguei a Los Angeles, recebi o telefonema de um amigo chamado Sam Kass. Conheci Sam anos antes e, desde então, soube que tinha arrumado emprego como chef assistente/coordenador de cozinha na Casa Branca. Sam queria saber se eu estava interessado em preparar o cardápio do primeiro jantar oficial de Obama. Disse que estava sondando outros chefs e que o jantar era em homenagem ao primeiro-ministro da Índia, Manmohan Singh, e a esposa, Gursharan Kaur. Sam queria saber se eu podia preparar pratos que tivessem uma sutil influência indiana e, ao mesmo tempo, que fossem saborosos, apesar da impossibilidade do uso de qualquer carne, já que os homenageados eram vegetarianos. Os finalistas seriam escolhidos depois de se analisar o cardápio de cada chef. Aquele telefonema era o sonho de qualquer chef e, sob vários aspectos, era muito mais importante para mim do que a participação em um programa de TV.

Pratos de influência indiana eram a minha praia em termos de sabor, mas eu sabia que precisava de um ótimo chef para me ajudar. A primeira pessoa em quem pensei foi uma mulher chamada Andrea Bergquist, que havia trabalhado com Floyd Cardoz, no Tabla, e viajado pela Índia. Tentei localizá-la e soube que estava viajando... pela Índia. Portanto, na fase inicial, éramos só eu e Michael Garrett. Eu já tinha rapidamente aprendido que, embora fosse fácil sentar no sofá e julgar os participantes de programas como o *Top Chef*, o processo real de adequação ao cronograma e o preparo dos pratos para cada desafio eram bem mais difíceis do que imaginara. Durante o *Top Chef*, meu lado competitivo aflorou. A princípio, meu objetivo era apenas promover o Red Rooster, mas depois veio o desejo de vencer. Estava em Los Angeles, brigando para não ser eliminado do programa. Então, liguei para Michael e pedi que me fizesse umas compras num bairro do Queens chamado Little India.

Quando informei a Michael o dia em que Sam e a equipe chegariam, ele demonstrou hesitação.

– Num domingo? Mesmo?

– Isso mesmo. Num domingo.

Michael ficou preocupado, porque domingo não é o dia ideal para comprar ingredientes; o que se encontra está longe de ser perfeito. Aliás, é uma droga! É impossível comprar o melhor peixe, as melhores verduras, as melhores frutas ou mesmo carne num domingo de manhã. Daí a atrocidade que os restaurantes cometem ao maquiar as sobras e tentar passá-las como *brunch*.

Dias mais tarde, o *The New York Times* exibia uma matéria que apontava como possíveis chefs Dan Barber, do Blue Hill, de Nova York, Charlie Palmer, do Aureole, Michael Nischan, do Dressing Room, de Connecticut, e Patrick O'Connell, do Inn at Little Washington, na Virgínia. Foi um momento bastante louco e confuso: de um lado, eu me virava na competição contra os maiores chefs do país. Do outro, a cada etapa do programa de TV, estava levando uma surra do grupo de chefs da Bravo, todos escolhidos a dedo. E eu nem tinha restaurante. Mas estava muito, muito determinado. Não era uma questão de ganhar ou perder exatamente. Sabia que, se conseguisse me manter no jogo, estaria dando um passo muito importante em direção ao meu sonho, o Red Rooster.

Mandei um e-mail para Sam. "Segue o cardápio. Venha à minha casa", escrevi. Precisávamos preparar um jantar de prova para ter uma ideia das chances de ser escolhido para o oficial. Eu o ofereceria na minha casa. Não quis explicar a questão legal que ainda rolava entre mim e Håkan e a minha saída do Aquavit. Não queria admitir que não tinha um restaurante.

Por sorte, houve um intervalo nas gravações do *Top Chef*, pois o encontro com Sam era absolutamente confidencial. Não dava para chegar para os produtores do programa e dizer: "Vou preparar um jantar oficial na Casa Branca e a degustação vai ser em Nova York. Dá para vocês esperarem um dia até eu voltar?" Uma das coisas que nortearam meu trabalho na Casa Branca foi o pacto de confidencialidade: nada do que fosse discutido entre nós podia vazar num blog ou no Twitter. Nem para nossos pais contamos. Tampouco para os melhores amigos. Aquela discrição me encheu de orgulho.

Quando meu avião aterrissou em Nova York, peguei um táxi e fui direto para o Harlem. Em poucas horas, eu e Michael preparamos 14 pratos para Sam provar: salada de berinjela, galinha ao curry, salmão defumado com tandoori. Nenhum desses pratos estaria no cardápio final, mas eu queria mostrar a Sam que tínhamos variedade. Maya arrumou uma bela mesa e preparou, com varetas de canela fragrantes, centros de mesa maravilhosos. Fizemos a melhor faxina possível. Dei uma olhada pelo apartamento e tudo me pareceu ligeiramente caseiro para um chef que pretendia cozinhar para o chefe de Estado da terra da liberdade, mas fazer o quê? Os figurões estavam vindo de Washington D.C. e dizer que as condições eram menos de que ideais seria quase um eufemismo.

O objetivo do primeiro jantar de prova era apenas oferecer a Sam Kass uma refeição deliciosa. Eu sabia que, quando voltasse da Índia, Andrea Bergquist nos ajudaria a preparar um jantar oficial mais do que delicioso: seus dotes culinários associados à minha experiência e à de Michael nos ajudariam a criar pratos autênticos, elegantes e cheios de inspiração.

Quando Sam ligou para me dizer que nossa equipe tinha sido escolhida para preparar o primeiro jantar oficial de Obama, senti-me como um personagem de *Matrix*: o tempo desacelerou e consegui sentir literalmente o ar mudar à minha volta. Dizer que eu me sentia honrado não era nada. Que loucura! Havia conseguido uma oportunidade incrível ao mesmo tempo que havia dias nos quais ainda me sentia como um filhinho adotivo, tentando encontrar meu lugar no mundo. Olho para trás, revejo a trajetória que fiz e não consigo compreender os saltos. Primeiro, eu era um filho tentando dar orgulho ao pai. Se tenho coragem ou maturidade, é graças a Lennart Samuelsson, quem ele era, um homem curioso e íntegro. Nunca fui um aluno brilhante e fracassei em minha tentativa de me tornar jogador de futebol. Graças ao fato de ter tido uma avó talentosa na cozinha, que me escolheu como ajudante, acabei me tornando chef. Atravessei três continentes e, no processo, ganhei três prêmios James Beard, mas, quando tudo parecia claro – Marcus Samuelsson, chef premiado –, a relação que sustentava aquele restaurante foi destruída e, aos 37 anos de idade, lá estava eu: solteiro, mas passando por um divórcio profissional. Quando Sam Kass e a equipe da Casa Branca me procuraram, eu era – em termos profissionais – um carro soltando fumaça, cujos cilindros eram movidos a vontade e a esperança. Por isso, quando Sam me ligou para avisar que minha equipe fora selecionada para preparar o primeiro jantar oficial de Obama na Casa Branca, fiquei mais do que honrado. Senti-me feliz com a ideia de buscar novos sabores para preparar um prato vegetariano, com inspiração na culinária indiana. Esse prato ligaria os pontos entre as raízes da cultura americana e sua paixão pela culinária global. Estava emocionado porque ia conhecer o presidente que compartilhava comigo uma ascendência africana ocidental e, como Langston Hughes diria, uma infância movida a dúvida e ao pouso errante. Acima de tudo, porém, estava feliz porque aquele jantar e a visibilidade que nos conferiria apontaria um holofote para o Harlem e para o restaurante que eu esperava que viesse a ser meu novo lar gastronômico.

De volta a Los Angeles, os três últimos dias do *Top Chef Masters* foram os mais estranhos da minha vida. Sam precisava de mim para as provas, mas eu não podia sair do estúdio. Então, tive de pedir a Andrea, que eu convencera a embarcar no projeto, e a Jimmy Lappalainen, que trabalhou comigo durante anos, que fossem em segredo a Washington e conduzissem a degustação sem mim. Àquela altura, sabia exatamente o que queria preparar, e havíamos revisado os pratos e os ingredientes por tantas vezes que tinha a mais absoluta certeza de que tudo ia dar certo. Minha equipe sabe que confio em seu talento e em sua técnica. Foi um senhor teste – e eles mandaram bem.

Fiquei ao lado do estúdio, mandando mensagens de texto para Andrea sobre o jantar oficial:

Não, não. Arroz basmati não. É bom, mas não o suficiente para o primeiro-ministro da Índia. Precisamos acrescentar quiabo ao cardápio.

Como o casal homenageado era vegetariano, tínhamos um desafio à frente, o tipo de quebra-cabeça culinário que eu adoro: como elaborar um cardápio sazonal, cheio de sabores indianos sutis, que atendesse e satisfizesse sem que houvesse carne em seus ingredientes?

A família do presidente residia na Casa Branca, daí fiquei imaginando como me sentiria dando um jantar tão grandioso naquele prédio histórico. Queria muito que todos – sobretudo os convidados de honra – se sentissem acolhidos e que curtissem a noite. Nunca um prato com pão havia sido servido num jantar oficial na Casa Branca. No entanto, escolhi pão como prato de entrada porque sabia que haveria pessoas de várias partes do país e do mundo. Imaginei que seria um gesto extremamente simbólico se todos partissem o pão juntos. Então, servimos broa de milho, chutney, pão indiano e sambal.

Definimos o restante do cardápio da seguinte forma:

Salada de berinjela e batata
Rúcula da horta da Casa Branca com vinagrete de cebola e sementes
Vinho: Sauvignon Blanc (safra 2008), Modus
Operandi, Napa Valley, Califórnia

Sopa de lentilhas vermelhas com queijo fresco
Vinho: "Ara" Riesling (safra 2006), Brooks,
Willamette Valley, Oregon

Bolinhos de batata assada com molho de tomate
Grão-de-bico e quiabo
ou
Camarão ao curry verde
Cercefi caramelizado com couve defumada e basmati com coco maturado
Vinho: Grenache (safra 2007), Vinhedos
Beckmen, Santa Ynez, Califórnia

Torta de abóbora
Tartin de pera
Chantili com calda de caramelo
Vinho: Espumante Chardonnay Brut,
Thibaut-Janisson, Monticello, Virgínia

Petits fours *com café*
Castanha de caju moída
Pralines de noz-pecã
Maracujá e glacê de baunilha
Fruta com calda de chocolate

O estresse do programa combinado com o do jantar oficial foi imenso. Como um sinal, minhas costas não aguentaram a pressão. A dor era insuportável, mas eu não podia desistir. O trabalho do chef demanda um incrível esforço físico: ficar de pé durante horas a fio, o calor insuportável da cozinha, as queimaduras, as chamas, o abaixa-levanta. Mario Batali não usa

Crocs em todos os lugares por ser escravo da moda, mas porque lhe dão certo alívio aos pés. Sou forte porque pratico corrida, mas as costas ainda vão me deixar na mão uma hora dessas. Não ocorre com frequência, mas, quando acontece, quando deito no chão, sem poder me mover, chego até a ouvir minha mãe ralhando comigo quando eu chegava do Belle Avenue, depois de passar horas carregando sacos enormes de farinha, de batatas e bandejas e mais bandejas de carne. "Macke, não estão exigindo demais de você?" Era verdade. Em todo lugar, no Belle Avenue, no Victoria Jungfrau, no Georges Blanc, nos cruzeiros, no Aquavit, eu trabalhava feito um condenado. Mas estava feliz. Foi para isso que me apresentei para trabalhar em todos aqueles lugares. Eu parecia jovem e forte nas fotos. Mas as minhas costas, a artrite prematura nas mãos, a queda dos dentes – tudo isso conta a história de uma vida inteira de trabalho árduo. Vida de chef é de trabalho duro, mesmo na era do *Top Chef* e de estrelas do Food Network. Não interessa se mandam um carro chique buscá-lo, não dá para sentar confortavelmente em uma poltrona de couro e preparar uma refeição maravilhosa.

    Num programa como o *Top Chef Masters*, o que pedem para o candidato fazer é tão sobre-humano que o cara precisa focar, senão é melhor arrumar as trouxas e voltar para casa. Para eles não importa se o cara é um chef de restaurante famoso, tampouco o número de estrelas recebidas. Participar do *Top Chef Masters* é uma espécie de 18 horas de duração, que só alguém que trabalhe como chef pode suportar. Durante as gravações, não havia paz. O negócio pode acabar à uma ou às duas da madrugada. Cinco horas depois, às sete, você tem de retornar ao estúdio. Sabe aquelas mulheres que agem como monstros no programa *Real Housewives*? Pois é; parte do comportamento animalesco é causada pelo horário: é de matar qualquer um.

O que adorei na experiência do programa foi que conhecemos a cidade toda. Ficávamos no centro de Los Angeles, mas os eventos podiam acontecer em qualquer lugar. Preparamos bufês para casamentos. Cozinhamos para os criadores de *Os Simpsons*. Cozinhamos no estacionamento do jogo do Stanford-USC, num trailer engatado a um caminhão, o que os americanos chamam de *tailgating*. Nem sabia que existia esse termo. Nunca estivera num jogo de futebol americano em toda a minha vida. Vários torcedores haviam passado a noite inteira ali, dormindo em furgões, tomando cerveja no café da manhã. Era como se fosse uma competição de culinária. Cada chef tinha uma tenda armada e os torcedores passavam em cada uma e provavam a comida. Mas o que o programa realmente faz é testar nossa determinação. Derrubam a gente do pedestal. É popular porque mostra as coisas como são, o que tem tudo a ver com a culinária: saber que prato é mais apropriado para a ocasião e para o local. E em seguida, pôr a mão na massa.

É aí que o candidato percebe que não está no controle da situação como na cozinha de seu restaurante. Que aquilo que achava que fazia tão bem não mais lhe garante três estrelas, pois não está cozinhando em um restaurante. Talvez o prato de um participante tenha ficado aguardando 20 minutos enquanto os juízes analisavam o de outra pessoa. Talvez o participante estivesse tão cansado que sentiu dor nas costas e não conseguiu bater devidamente o chantili. Há uma série de fatores externos. Aquilo machuca o ego. E o processo de eliminação é muito, muito, muito, muito humilhante.

Nunca me preocupei em ser mandado para casa. Nunca fiquei de olho no que os outros faziam, mas sentia o tempo todo que, se fosse *eu mesmo*, teria toda a chance de vencer. Minha comida era boa e, à medida que as etapas passavam, eu ia permanecendo. Fui ficando e dando muito duro. Porém não ganhei nada até os últimos três dias. Estava sempre atrás dos demais. Às vezes, parecia que ia perder, mas conseguia ficar.

Consegui vencer as etapas do programa, o que foi de grande importância para mim, pois, por mais metido e arrogante que eu possa ter parecido às vezes, sabia que o programa ia me ajudar a abrir o Rooster. Quando o *Top Chef* foi ao ar, eu já tinha sócios e todos ficamos surpresos com a repercussão na imprensa. Sempre que eu saía à rua em Nova York, via a minha cara estampada num ônibus ou num outdoor. Sentava no metrô, do mesmo jeito que fiz milhões de vezes antes, mas agora estava sentado sob um anúncio com a minha cara. Era engraçado e ao mesmo tempo um pouco constrangedor ver as pessoas olharem para o cartaz, para mim e para o cartaz novamente. Eu fazia que não com a cabeça.

– Não sou eu não.

No Harlem, porém, o pessoal era mais esperto. Assim que o programa começou a ser transmitido, sempre que eu saía à rua o pessoal me dizia o que achava:

– Estamos torcendo por você, Marcus.

– Quando vai abrir o restaurante?

– Mostre a eles do que você é capaz, Marcus.

– Onde vai ser o restaurante?

– Vai ter galinha frita no cardápio? O Red Rooster original sempre fez a melhor galinha frita.

– Sem dúvida! Claro que vai ter galinha frita.

– E miúdos? O Rooster original servia miúdos com champanhe...

No final do programa, queria ter feito como aqueles astros do R&B nas cerimônias do Grammy, agradecendo a todo mundo, da gravadora até seus amores, de Jacob, o joalheiro, até Deus, por permitir o encontro. Porque o Harlem tinha me abençoado durante aquela competição. Como a canção de B.o.B, as pessoas deixaram claro que, perdendo ou ganhando, eu sempre poderia contar com elas.

Após a vitória no programa, comemorei pegando um voo noturno rumo a Washington. Fui para o hotel, tomei um banho e corri para a Casa Branca. Em um curto intervalo de tempo, estava numa paisagem diferente, encarando um desafio completamente diverso. Tive de rir, pois tudo que acabara de passar não era nada comparado à experiência que teria nas próximas 24 horas. Era o jantar oficial da Casa Branca. Precisava me manter focado e me entregar por completo. Todo dia é importante na vida de alguém, mas certos dias são especialmente importantes. Ganhar uma competição num programa e depois pegar um avião e ir cozinhar na Casa Branca foram os dois dias mais importantes da minha vida e da minha carreira.

 A grande noite havia chegado. Após intermináveis reuniões, telefonemas e provas, eu serviria um jantar para 325 pessoas, em 45 minutos. Estava exausto, mas doido para executar o trabalho que passamos várias semanas elaborando. Serei eternamente grato à inteligente e talentosa chef executiva da Casa Branca, Cristeta Comerford, por nos receber tão bem em sua cozinha, nos deixar à vontade para que pudéssemos prestar nosso serviço tão bem.

 A Casa Branca tem 20 cozinheiros e eu ainda levei 10 dos meus. Não quero alterar a dinâmica numa cozinha só em termos de ritmo. Quero mudar a dinâmica da cozinha em termos de gênero também. Assim, quando selecionei a equipe para a Casa Branca, tinha em mente uma proporção de meio a meio:

cinco mulheres e cinco homens. Não que isso mudasse o sabor da comida, mas a experiência e a maneira como podemos trabalhar juntos é importante para mim. Levei suecos, alguns negros americanos, alguns judeus – era uma equipe mista. Minha mulher, Maya, raramente cozinha comigo, mas aquela ocasião era tão especial que a incluí no grupo.

O tempo todo pensei em minha mãe e no que ela costumava dizer em momentos de estresse: "Se quer pisar na bola, este é o momento apropriado." Sempre que havia um teste importante na escola ou um jogo de futebol importante, era o que ela dizia: "Não pise na bola. Não se estresse, não pise na bola." Enquanto o jantar estava sendo servido, andei pela Casa Branca com um sorriso no rosto e a voz de minha mãe na cabeça. Naquela noite, serviria 325 pessoas, incluindo o presidente dos Estados Unidos. Se quisesse pisar na bola, aquela era uma *excelente* oportunidade para isso.

Embora boa parte da imprensa, depois do jantar, tenha se concentrado nos penetras, o jantar foi magnífico. A família Obama ficou muito satisfeita. O primeiro-ministro, Dr. Singh, e a esposa gostaram da comida. Jennifer Hudson se apresentou. A.R. Rahman, o compositor que assinou a trilha sonora de *Quem quer ser um milionário?* também se apresentou. Não me sentei na plateia como convidado, entre o grupo que minha avó Helga chamaria de "grã-finagem". Mas eu estava lá. E apesar de estarmos comendo do lado de fora, numa tenda, o serviço estava impecável.

Já passava das 11 da noite quando o presidente e a Sra. Obama foram cumprimentar a equipe. Sabíamos que estavam exaustos e que não tinham muito tempo, mas foram muito simpáticos e gentis. Michael me ajudou a preparar todos os pratos. Estava tão entusiasmado e cansado ao mesmo tempo que, quando o presidente lhe fez uma pergunta, ele respondeu: "Sim, chef." Obama olhou para ele novamente e todos nós rimos. Era o mesmo que um sulista dizer "Sim, senhor" ou "Sim, senhora". Quando se passa a vida profissional inteira na cozinha de um restaurante, quando o cansaço é tamanho que não se consegue nem ver direito, é bem possível que se murmure "Sim, chef".

Jordan Price é uma menina de 8 anos que mora no meu prédio no Harlem. Frequenta a PS 180, que fica logo na esquina, cinco minutos a pé. Um dia, logo depois do jantar da Casa Branca, eu estava indo para o trabalho, quando a vi no corredor.

– Vi você na TV – disse.

– Não precisa me ver na TV. Venha à minha casa, traga seus amigos da escola que vou fazer o jantar da Casa Branca para vocês. – Então, preparei para Jordan e seus colegas os mesmos pratos que havia preparado para o presidente e seus convidados: salada de berinjela e batata, sopa de lentilhas vermelhas, camarão ao curry verde e torta de abóbora.

Aqueles meninos tiveram a mesma experiência que o presidente dos Estados Unidos. Como preparei tudo na minha cozinha e não no restaurante, eles puderam ligar os pontos: um chef que mora num apartamento do Harlem, com uma cozinha do mesmo tamanho da cozinha lá de casa, foi à Casa Branca e preparou o jantar para o presidente dos Estados Unidos. Era a mesma lentilha que o presidente e a Sra. Obama comeram, a mesma salada, a mesma torta. Em parte, fiz aquilo para que meus jovens vizinhos do Harlem pudessem ver que bons ingredientes podem ficar deliciosos se combinados com cuidado. Tudo isso vai valer a pena se Amari, de 9 anos de idade – que mais parece uma Rapunzel morena, com aquelas tranças longas e enormes olhos brilhantes – for ao mercado com o pai e disser: "Ah, o chef Marcus fez lentilhas vermelhas para mim. Vamos fazer?" Se Keyshawn, um garoto do terceiro ano, que adora futebol, pedir à mãe "Por favoooooooooooooooooor, vamos fazer a salada de batata do Marcus neste fim de semana?", aí, sim, terei feito meu trabalho.

O que servi foi muito menos importante do que como servi. Uma das razões pelas quais as pessoas gostam de ir a um bom restaurante é que, quando um prato fantástico é posto à sua frente, elas se sentem honradas, respeitadas e até mesmo um pouco amadas.

Vinte e nove – **Red Rooster**

Em 1948, Leah Chase resolveu abrir um restaurante no bairro do Lower Ninth, em Nova Orleans. Naquela época, que espaço este país reservava para ela, uma cozinheira negra? Ela nem se importou com isso. Não pediu para ser laureada ou condecorada pela comunidade gastronômica. Simplesmente foi lá e fez. Como a própria Leah diz: "Nossa área também precisa de boa comida." Conclusão: a boa comida que servia e seu bom propósito imprimiram no restaurante uma importância com que ela jamais sonhou. Qualquer um que se candidatasse a algum cargo na Louisiana ou quisesse conquistar votos em um quarteirão sabia que para consegui-los – votos dos eleitores negros – precisava passar pelo restaurante de Leah. Em razão disso, brancos e negros começaram a dividir a mesma mesa e a planejar juntos o futuro da cidade. Leah Chase criou um dos primeiros restaurantes mistos dos Estados Unidos.

Penso no que passei para conseguir abrir o Red Rooster e sei que foi moleza, se comparado ao que Leah passou nos tempos de segregação racial. Leah me deu uma ideia do tipo de restaurante que eu queria abrir. Em bairros como o Harlem e o Lower Ninth, o pessoal é fiel a um bom restaurante. Eu teria de fazer do Rooster um bom restaurante. Sabia que isso não aconteceria no primeiro dia, no primeiro mês, nem mesmo no primeiro ano, mas se me mantivesse bem-intencionado e mergulhasse na história do Harlem, as pessoas viriam – e viriam sempre.

* * *

Na época em que readquiri meu nome e servi o jantar oficial da Casa Branca, ficou claro para mim que eu teria condições de abrir outro restaurante. A pergunta era: que tipo de espaço seria? Um dia, eu e meu parceiro Andrew Chapman estávamos sentados conversando quando comentei:

– Tenho muita vontade de abrir um restaurante no Harlem. Chato esse corre-corre de um canto a outro para cozinhar; quero mudar as comunidades pela gastronomia. Imagine se a gente conseguisse juntar no mesmo lugar todo esse pessoal para quem cozinho há anos, tipo Charlie Rose ou Barbara Walters, empresários, o pessoal do centro, a minha turma sueca e mais alguns caras do Harlem?

– Loucura! – respondeu Andrew às gargalhadas. – Como é que a gente ia conseguir isso?

Semanas depois, fomos conversar com o pai de Andrew a respeito. Dissemos que estávamos a fim de abrir um lugar pequeno no Harlem. Contei que vinha observando o desenvolvimento do Frederick Douglas Boulevard e pensei que seria um bom lugar. O pai de Andrew, então, pegou um mapa de Nova York. Pediu que apontasse o Apollo e a rua 125. Apontei para a rua 125 e disse que devia ser ali, perto de ruas e locais emblemáticos. O pai de Andrew concordou.

Eu e Andrew somos amigos há tanto tempo que nem me lembro mais como nos conhecemos. Nossa ligação é tamanha porque tanto a mãe dele quanto a minha são suecas e nos entendemos bem porque partilhamos dos mesmos valores. Embora Andrew tenha crescido em Nova York, foi criado com base na mesma cultura sueca que eu. Para nós, a vida se resume a prazeres simples: curtir a família e os amigos, fazer piquenique, se manter sempre ativo. Quando resolvemos fundar o Samuelsson Group, trazendo o restaurante de Andrew, o August, que fica no West Village, para a sociedade no processo e abrindo o Red Rooster, nosso objetivo era criar a hospitalidade que reflete os valores que são importantes para nós.

Passamos dois meses vasculhando o Harlem. A região da West Side Highway estava meio fora de cogitação. A zona leste do bairro é muito mais acessível, mas um restaurante como aquele, que queria que fosse o primeiro do gênero no Harlem, não poderia ficar longe do burburinho. Passamos semanas, eu e Andrew, trocando mensagens de texto, arrancando páginas de revistas, montando com fotos e palavras uma imagem virtual do espaço que queríamos criar.

Um mês depois, fizemos uma apresentação para Billy Hunter, dono de um edifício perto da 125. Eu e meu amigo Derek somos amigos da nora dele, Meghan. Forçamos uma barra para ela convencer o sogro. Ela só dizia: "Espere que eu vou ver, pode deixar que eu vou ver." Finalmente, em meados de abril, assinamos contrato. O lugar era grande, maior do que havíamos imaginado: dois andares, mais de 3 mil metros quadrados.

Pelos nossos cálculos, precisávamos levantar mais ou menos 1 milhão de dólares. Com a reforma, gastaríamos três vezes mais do que isso. Enquanto organizávamos o local, todo dia as pessoas passavam e perguntavam quando íamos abrir. As senhoras de idade achavam que era idiotice nossa abrir um restaurante no mesmo quarteirão do Sylvia's. Os jovens empresários do bairro sugeriram que tivesse comida para viagem. Ninguém conseguia imaginar um restaurante em que as pessoas poderiam sentar e relaxar em meio ao burburinho que é a rua 125.

Montamos o bar na parte da frente para refletir a fachada das igrejas e usamos bronze para resgatar a nobre história do Harlem do século XIX. Se fosse para abrir algo para o pessoal do centro e do Harlem, pensamos, deveria ser um lugar de que todos se orgulhassem. O bar tinha de ter o formato de uma ferradura, praticamente gritando "Pode entrar!". Numa das extremidades do bar, construímos um cantinho que parecia uma barraquinha em homenagem aos ambulantes africanos da 116. Desde o começo, decoramos o espaço com nossos tesouros pessoais. Nas paredes, receitas da tia de Andrew, Jeanie, e da minha avó Helga. Atrás do bar, uma prateleira gigantesca com coisas que têm muito significado para mim. Sempre quis uma prateleira que contasse ao Harlem a minha história – os livros que contam a minha jornada, desde os meus antigos, de receitas suíças, até o *Amharic for Beginners* [Amárico para iniciantes].

Fizemos uma "pré-inauguração" do restaurante no centro, que chamamos de "Red Rooster na Soho House". Convidamos 85 pessoas, mas apareceram 150. Por um lado, o burburinho foi bom, mas, por outro lado, foi ruim, pois estávamos apenas experimentando os pratos. Era praticamente uma reuniãozinha para os amigos e a família. No entanto, fiz de tudo para relaxar e deixar acontecer. Aquela clientela era nova para mim. Eram mais jovens, a maioria nunca havia estado no Aquavit e não tinham a menor referência da minha culinária sueca-etíope-Uptown, mas seria um bom grupo para testar o cardápio. Será que fiquei chateado porque não largaram o Blackberry durante o jantar? Sim. Mas adoraram a comida e isso, mais do que qualquer coisa, era o que importava para mim. Servimos salmão defumado com iogurte de mostarda em grãos e torradas de bagel. Acabou em questão de segundos. O camarão com salgadinhos de milho também foi um sucesso. Achei que poderíamos ter adicionado linguiça e umas verduras à pasta, mas no geral ficou uma delícia. Embora eu esteja sempre tentando criar algo novo, a verdade é que a comida tem de ser gostosa e ponto final. O prato principal foi galinha assada com batatas-doces gratinadas, um prato completamente novo para mim: curei a galinha com limão e servi com um molho etíope. Ficou bom, mas sabia que poderíamos fazer melhor. De sobremesa, servimos o favorito do Harlem: bolo veludo vermelho e cerveja com sorvete. No geral, foi um dia bom.

A "pré-inauguração" na Soho House foi um sucesso e acabou se contrapondo às tensões geradas pelos problemas que precederam o evento. Inaugurar um restaurante em Manhattan não é moleza. Estávamos todos de cabeça cheia. Eu nunca tinha passado por um teste de fogo assim. Por pouco não ficamos sem dinheiro, mas não economizamos no essencial. Se o tempo voltasse atrás, eu não mudaria nada naquela experiência – medo, estresse, as crenças básicas –, mas não sei se passaria por tudo aquilo de novo.

Como de hábito, sempre que abro uma nova empresa, penso nas pessoas que me ajudaram a moldar minha trajetória e minha história. No ramo de restaurantes, quando não se consegue um alvará de construção ou licença para vender bebida alcoólica, a solução é arrumar um "despachante". Por milhares de dólares, essa gente faz sabe-se lá que truque para resolver o problema. Em Nova Orleans, os mortos não são chamados de *ghost* – alma. O termo usado é *your people* – *seu pessoal*. Quando o pessoal de Nova Orleans se refere ao *seu pessoal* é justamente isso que quer dizer: uma tribo invisível de "despachantes", entes queridos que trabalham para ajudá-lo do outro lado. Considerando aonde cheguei, tendo vindo do nada, estou certo de que o *meu pessoal* está trabalhando dobrado. Sei quem são: meu pai Lennart, minha avó Helga e meu amigo suíço Mannfred. Minha mãe também. Embora eu acredite que ela me mande muita energia positiva, não a vejo como parte desse conselho espiritual. Ela cumpriu sua missão de santa em vida, não depois de morta. Ela me salvou apenas com força de vontade e o poder de seu amor. Foi a "despachante" mais poderosa. Ela me despachou para a vida.

As lembranças gastronômicas sempre rendem conversa – nossa comida, nossa cultura, nossa viagem. Aqui, a estrela-guia é o Harlem. O restaurante precisava ser um lugar que homenageasse e refletisse a mística do renascimento, mas também mostrasse o novo Harlem – o antigo e o novo. O cardápio precisava contar a história de todos os moradores do local – latinos, sulistas, caribenhos, judeus, italianos. Quando cozinho, vejo rostos. Quando faço almôndegas, vejo minha avó sorrindo. Quando faço meu flan de leite condensado e chocolate batido, tento homenagear todas as jovens latinas do Harlem hispânico para quem essa é uma sobremesa exclusiva. Minha versão do arroz sujo – camarão e arroz de curry – é um tributo a todas as famílias jamaicanas multirraciais, mistura de negros, indianos e chineses. Quero lhes fazer toda a justiça possível.

 Eu queria que o cardápio do Red Rooster refletisse tudo o que o Harlem tem a oferecer, o que significava que foi planejado tendo-se em mente nossos vizinhos. Por exemplo, servimos o pastel jamaicano de carne com *salsa verde*, inspirado na culinária mexicana. A broa de milho virou um hit desde que a servimos no jantar da Casa Branca – tem algo muito caseiro em seu sabor, como se dissesse "Entre. Sinta-se à vontade. Fique mais um pouco". A broa de milho do Rooster vem com manteiga de mel, uma referência à comida afro-americana, e geleia africana de tomate picante. Em vez do simples espaguete com queijo, servimos espaguete com verduras: a couve é ingrediente básico na culinária afro, mas damos um toque de sofisticação ao acrescentar uma mistura de queijos – Gouda, cheddar e Comte. Há coisas no cardápio que se prova, mas não se vê, como o *sofrito*, que aprendi com os cozinheiros porto-riquenhos no Aquavit. Uma mistura de azeite de oliva, alho, cebolinha, pimentão verde, coentro e limão, o *sofrito* é uma espécie de atalho para o sabor. Basta acrescentar um pouco à panela junto com carne ou verdura salteada. Seja qual for, o prato ganha um quê diferente.

Era justamente imperfeição que eu procurava no cardápio do Rooster. Eu queria que a comida estivesse bem-feita, só que mais parecida com uma foto de Polaroide do que àquelas imagens de alta definição, exibidas numa TV de tela plana. Imaginei pratos com um visual comum, mas com sabor de ingredientes frescos. Queria que os garçons usassem túnicas estilosas e jeans limpos, algo que os deixasse à vontade. Queria que a música fosse do tipo lado B e não os sucessos. Grande parte dos elementos que definem um restaurante não é o que se nota, mas o que se sente.

Sabia que a galinha frita seria um prato essencial no cardápio do Rooster, embora fosse um dos mais difíceis de executar com perfeição e reinventar. É muito difícil para um chef dominar completamente a execução de um prato que ele só conheceu na idade adulta. Todo chef é treinado, mas é indiscutível que nossa maior habilidade como construtores de sabor vem da infância, dos sabores e das combinações que aprendemos quando criança. É por isso que me sinto tão à vontade quando preparo gravlax e almôndegas; é por isso que, mesmo no Harlem, eles estão no cardápio. O sabor, a textura, a natureza apetitosa de todos esses pratos estão impressos em minha alma. Eu adorava assar galinha com minha avó Helga e, no dia seguinte, voltar para tomar canja e comer bolinho cozido. Mas a galinha frita americana é diferente, e pelo fato de muita gente já ter criado tantas boas versões para o prato, era desestimulante incluí-lo no menu.

Felizmente, meu chef executivo, Michael Garrett, tinha a galinha frita impressa na alma. Foi de grande valia em meu aprendizado. Comecei com a receita de Michael – excelente por sinal. É assim: "pegue aquela sua tia que cozinha bem/ é um reencontro de parentes/ hora da boia/ delicioso." Depois, comecei a brincar em cima da fórmula. Eis o resultado de um verão inteiro dedicado a criar minha própria galinha assada: deixo marinar no leite de coco, curo no limão e depois cozinho no vapor – sem desossar. Frito em óleo usado no dia anterior e sirvo com verdura, fritas de batata-doce, um molho de manteiga de leite e outro apimentado. Para finalizar, um toque pessoal: casca de melancia em conserva.

A casca de melancia era um detalhe importante para mim, pois é uma ideia fantástica que venho considerando ao longo dos anos: aproveitar o que normalmente se joga fora e transformar em um prato maravilhoso. Minha avó costumava fazer fígado de peixe. No final da década de 1980, quando comecei a trabalhar em restaurante, descartava-se o fígado de peixes. Hoje o fígado de tamboril está de volta – e é um prato caro. Assim, brinco com as sobras, incluindo-as nos pratos que estamos testando para o restaurante. Será que nossos clientes não adorariam o pato assado com cobertura crocante de café e casca de melancia em conserva? E talo de brócolis com glacê à base de frutas cítricas? É um luxo, mas os pratos nasceram do espírito "antidesperdício". Olha, nem queira saber a quantidade de talos de brócolis descartada por um restaurante comum. Não quero desperdício no Red Rooster.

Eu passava todo dia pelas obras de reforma do Red Rooster. Estávamos muito atrasados? Será que conseguiríamos inaugurar na data prevista? Será que o dinheiro ia dar? O relógio não parava, estávamos pagando aluguel de um espaço vazio, a imprensa estava de olho. Eu e Andrew conversamos a respeito; a pressão é boa – nos mantém focados. Durante aquelas caminhadas, notei o quanto o Harlem havia mudado, inclusive nos últimos seis anos, desde que fui morar lá. Agora, via gente andando na rua com sacola da Target. Achei graça daquilo.

Nas semanas que antecederam a inauguração do restaurante, às vezes me perguntei se os clientes iriam. De táxi, são 18 minutos de Midtown ao Harlem, e do Soho, 22. O trajeto de 18 minutos, no entanto, era bem diferente. Para a nossa clientela em potencial, vinda do Upper West Side e do Upper East Side, a corrida leva 10 minutos, mas o pessoal sempre me pergunta: "É perigoso?", "Será que consigo um táxi para voltar para casa?" Estávamos todos em terreno desconhecido. Meu palpite era que o pessoal do centro que conhece o meu trabalho ia aparecer, pelo menos uma vez, para dar uma conferida. Mas será que continuariam vindo? Para que o restaurante fizesse sucesso, eu precisava que voltassem sempre.

Antes da inauguração, fui à Suécia visitar minha mãe e, como sempre, saí para dar uma corrida. Passei pelo prédio onde meu pai trabalhava. Hoje, é uma loja de móveis. A voz dele ecoa em minha cabeça com tamanha frequência que é difícil acreditar que já faz 10 anos que ele se foi. Passei pela Mosesson, a escola de culinária onde estudei. Lembrei que adorei tudo

o que aprendi, do quanto meus sonhos eram simples quando eu era um garoto ingênuo e ambicioso. Passei pelo restaurante italiano onde aprendi a fazer massa, e pelo Belle Avenue, onde pela primeira vez entrei em contato com o mundo da alta gastronomia. Quando parei para pensar quanto tempo se passou desde que trabalhei naqueles restaurantes, no quanto viajei, a sensação que tive foi a de ter amarrado os cadarços dos tênis aos 15 anos e passado 25 anos correndo sem parar. Ao chegar em casa, minha mãe manifestou seu amor, como ela faz melhor, mostrando-se preocupada:
– Marcus, você precisa descansar. Marcus, de onde vem tirando dinheiro?
Eu a abracei.
– Não se preocupe, mãe. Não se preocupe.
Entrei na cozinha e comecei a preparar *tacos* de peixe para o jantar, tendo por assistente meu *sous-chef* favorito, meu sobrinho Petrus.

No dia 17 de dezembro, inauguramos. Dois dias depois, houve uma nevasca. Naquele dia, antes de sair para o trabalho, conversei com Maya, tentando me convencer de que estava tudo bem:
– Tudo bem se estiver vazio. Vai ser até melhor. A equipe vai poder cozinhar um para o outro, treinar mais. Precisamos disso.
Porém, o restaurante estava lotado; ninguém queria ir embora. A nevasca foi daquelas de espantar qualquer um, mas, dentro do Rooster, o ambiente era acolhedor, cheio de amor. Só voltei para casa às duas da madrugada. Voltei a pé, no meio daquela neve toda, com um sorriso enorme no rosto.

Concluí, naquele exato momento, que conseguiríamos emplacar.

Nem por isso relaxei. Duas semanas após a inauguração, ainda ia dormir à 1:30 da manhã e acordava às cinco. Estava praticamente morando no restaurante e queria que o restante da equipe soubesse que o grau de exigência com eles não era maior do que para comigo mesmo. Na Suécia, é comum ir esquiar no interior. Quando se esquia na floresta, em vez de se esquiar num resort, o primeiro esquiador tem que arar o terreno. É assim que me vejo no restaurante e no cenário gastronômico do Harlem. Sou o cara que deve arar. A Suécia é famosa por ser um país neutro, mas eu não sou neutro. Tenho testemunhado a má qualidade dos produtos à venda no Harlem, a falta de pratos saudáveis, a camuflagem do cenário da alta gastronomia de Nova York – na cozinha do restaurante, entre a equipe e entre a clientela.

Em 1901, uma mulher enorme e de coração imenso, conhecida pelo apelido de Pig Food Mary, veio do Mississippi para o Harlem com uma economia de 5 dólares. Comprou um carrinho de bebê e uma panela elétrica grande por 3 dólares e, com os 2 dólares restantes, comprou pés de porco. Com um vestido xadrez, Pig Food Mary ficava na esquina da rua 135 com a Lenox Avenue, 10 quarteirões ao norte do ponto onde hoje está o Rooster, vendendo os pés de porco que levava no carrinho de bebê. Segundo Mary, seu único objetivo era fazer um dinheirinho para alugar um quarto numa "pensão para negros de respeito". Só que os tais pés de porco eram tão gostosos que, num período de duas semanas, aposentadoria era a última coisa que passava pela cabeça de Mary. Um mês após sua chegada, Mary se casou com um homem chamado John Dean, dono de uma banca de jornais no mesmo quarteirão. Pouco tempo depois, ela comprou um edifício residencial pela vultosa quantia de 44 mil dólares. Seis anos mais tarde, vendeu-o por 72 mil. Ao se aposentar, o patrimônio líquido de Mary já ultrapassava os 375 mil dólares – adquiridos vendendo pés de porco dentro de um carrinho de bebê. Nada mau para uma mulher analfabeta.

Durante a Lei Seca, tornou-se popular darem-se festas para que o anfitrião angariasse dinheiro para o aluguel e, mais uma vez, a comida afro desempenhava um papel central. A entrada custava 15 centavos, mas sempre valia a pena: enormes potes de miúdos e pés de porco davam sustento aos que pretendiam passar a noite dançando. O uísque de milho era feito em jarras e vendido em canecas de vidro de 250 mililitros, chamados "*shorties*". Ao piano, tocava-se boggie-woogie até o sol raiar. Essas festas eram frequentadas por quem não queria passar a noite de sábado em casa sozinho: empregados domésticos, ferroviários, caminhoneiros, brancos do centro e negros de outras cidades. No convite, típico desse tipo de festa, lia-se:

> *Vai ter mulher de pele escura. E mulata também.*
> *E se você não tiver nada para fazer,*
> *Venha à casa de Mary Lou.*
> *Vai ter muito pé de porco e muito gim.*
> *Basta tocar a campainha e entrar.*

Embora o Cotton Club fosse a boate mais badalada do Harlem, a entrada de negros era proibida. É famosa a história de W.C. Randy, que morava na Strivers Row. Ele foi barrado na boate justamente na noite em que suas composições estavam sendo tocadas. Na tentativa de amenizar a situação, os donos do Cotton Club distribuíram cestas de Natal pela comunidade, mas nunca conseguiram se livrar do ranço de sua política segregacionista. Embora nenhum restaurante de Nova York tenha a audácia de barrar negros hoje em dia, basta passar uma noite visitando os bares dos restaurantes mais finos da cidade para saber que muitos deles passam a sensação de que são frequentados apenas por brancos. Por sorte, no Aquavit, minha presença atraiu uma clientela naturalmente mais diversa; mesmo assim, a maioria era composta por brancos endinheirados. Eu queria que minha tribo de fãs do Aquavit me seguisse até Uptown, mas não queria criar um Cotton Club versão século XXI.

Quando me reuni com a equipe pela primeira vez, sabia que, de certa forma, não estávamos apenas criando um restaurante, estávamos criando um local de entretenimento. Queríamos e precisávamos de três tipos de cliente para podermos dar ao Rooster o sabor que considerávamos o melhor: o pessoal do Harlem, nossos vizinhos (independentemente da cor), cuja existência confere ao bairro sua cultura e sua cor; o pessoal do centro, que adora restaurantes e comida de qualidade, e o pessoal de fora da cidade, que vem de tão longe, seja de San Francisco, Suécia ou África do Sul. Costuma-se subestimar o cliente de fora, porque dificilmente ele voltará. Só que esse cliente fez um esforço hercúleo para ir ao seu restaurante e a experiência que leva consigo é tão valiosa quanto qualquer suvenir. O cliente de fora vai contar histórias sobre seu restaurante repetidas vezes, assim como os viajantes mostravam os slides com as fotos das férias. Se esse cliente gostar, acabará sendo seu embaixador, falando de sua comida para todo mundo aonde quer que for.

Já estamos fazendo planos para expandir. Recebemos 600 clientes por dia e 2 mil pedidos por noite. Isso significa que "dizer não" educadamente faz parte de nosso atual estado de coisas. Diariamente, temos de recusar vários clientes, mas queremos incentivá-los a voltar. Até agora estamos dando conta. Se nós, nova-iorquinos, mantivermos a mente aberta de forma coletiva e comermos em locais e partes da cidade que nunca cogitamos, então expandiremos como for possível. Talvez o próximo restaurante três estrelas seja no Bronx.

À noite, quando fecho os olhos, tenho certeza de que estamos fazendo algo grandioso, que podemos mudar a cidade de forma positiva. Sempre senti que o Rooster tinha potencial para fazer aflorar o melhor que há nas pessoas, pessoas de todas as culturas e idades, encontrando-se num mesmo espaço, falando umas com as outras. Aqui nesta cidade, não há muitos lugares em que ocorra uma verdadeira interação entre diferentes visões de mundo e classes sociais. O que adoro no salão do meu restaurante é ver um ator ou músico famoso sentado perto de tradicionais moradores do Harlem: senhoras religiosas de terninho em tons pastel com chapéus combinando e senhores de Kangol e panamá.

Sempre que me sinto inseguro em relação ao próximo passo a tomar no restaurante, penso no Rooster original, um lugar que prosperou quando havia tantos outros lugares aonde ir no Harlem. Tomava-se um drinque no Rooster, jantava-se no Jacques e depois ia-se a um cassino para jogar e dançar. Era lá que políticos faziam acordos. Gente comum podia entrar para conversar. As pessoas vinham arrumadas – para ver e serem vistas. Agora, no Rooster, oferecemos programação noturna especial para que os moradores do bairro saibam que existe um lugar onde podem se sentir em casa: às terças, é a noite latina, com direito a DJ tocando salsa e pista lotada; sexta é noite de soul clássico; sábados, ritmos raros; e, aos domingos, *brunch* ao som de gospel, e à noite, jazz ao vivo. O Rooster está longe de ser perfeito. No entanto, temos a sorte de ajudar a criar um Harlem que não seja um ponto isolado, do outro lado do Central Park, mas um bairro como outro qualquer, onde haja diversão e entretenimento. Demorou e custou uma fortuna, mas cumprimos o nosso propósito, que foi o de travar um novo diálogo gastronômico.

Só esta semana, o Rooster recebeu Bono, Martha Stewart, o presidente Clinton, Chris Rock, o primeiro-ministro da Suécia e Terry McMillan. Os nomes famosos que passaram pela porta são clientes que só ajudaram a criar a mistura de classes que almejávamos a cada noite. Lutei muito para descobrir como oferecer um serviço cinco estrelas com uma equipe linha de frente que não tinha experiência em alta gastronomia. Desde o início, eu e Andrew queríamos integrar não apenas os clientes, mas também a equipe. Em quase todos os restaurantes classe A de Manhattan é raro ver um garçom negro. Com gorjetas que variam em torno de 20 por cento e horário flexível, o emprego de garçom em Nova York é uma ótima forma de se ganhar um salário decente. Já conheci muita gente que faz carreira como garçom, ao mesmo tempo que persegue sua vocação artística, e consegue, no restaurante, ganhar até para comprar uma casa de campo para os finais de semana. Eu e Andrew queríamos oferecer a mesma oportunidade ao pessoal do Harlem, jovens negros – rapazes e moças – que talvez não conseguissem uma chance num restaurante de Midtown ou do Soho. Queríamos investir no sucesso de nossa equipe e ver as pessoas em nosso estabelecimento e em nossa comunidade serem bem-sucedidas.

Só que falar é fácil; difícil é fazer – principalmente para alguns negros. Nos primeiros tempos do Rooster, mulheres e gays negros prosperaram significativamente. Os negros heterossexuais nem disfarçavam e já chegavam com um comportamento agressivo, tão evidente quanto os dentes de ouro de Lil Wayne. Chegavam com a impaciência e a fúria de quem não sabe lidar com figuras de autoridade. Um dos rapazes, Dwayne, de 21 anos, tinha muito potencial, mas sua compreensão era limitada. Eu o adverti por não vir com o blusão passado, por chegar atrasado, por andar de tênis, em vez de sapatos. Resolvi então lhe dar aviso prévio. Quando ficou claro para mim que teria de demiti-lo, fiz mais uma tentativa:

– Qual é o seu problema, Dwayne? O que está faltando para as coisas darem certo aqui com você?

Dwayne encolheu os ombros.

– Cara, é muita coisa pra mim. Você pode me pedir para chegar na hora *ou* para eu me barbear todo dia *ou* para passar a camisa *ou* para não vir trabalhar de tênis. Mas não pode me pedir tudo isso todo santo dia.

O dia em que demiti Dwayne foi como um daqueles quadros cômicos do Bill Cosby, em que o pai, prestes a dar um tapa no filho, diz: "Vai doer mais em mim do que em você."

"Um ensina o outro" parece uma ótima ideia, mas o que fazer quando a pessoa a quem você está tentando ensinar não quer aprender? Naquele dia, antes de ir embora, Dwayne me disse:

– Você devia ter me conhecido quando eu tinha 14 anos. Agora, é tarde demais.

Não é só Dwayne; fazer com que ambos os lados do estabelecimento reflitam o Harlem oferece desafios com os quais os restaurantes do centro raramente se defrontaram: Lopez, um ajudante de garçom, foi agredido dentro do trem – não conseguiu ir trabalhar porque foi atacado por homofóbicos. John, outro ajudante de garçom, ficou alguns dias afastado. Chegou ao restaurante de muletas, cabisbaixo. Queria pedir para estender o período de licença.

– Fui agredido por um grupo de ex-colegas da escola. Os seis caras esperaram que eu sacasse meu pagamento e me atacaram. Fazem isso com todo mundo que trabalha.

Perguntei se ele tinha ido à polícia.

Ele revirou os olhos.

– A polícia não vai a conjunto residencial em casos como esse. Fazer o quê? Só estou tentando manter a cabeça erguida.

Prometi a ele que o emprego estava assegurado. Fiquei imaginando se chefs como Daniel Boulud e Alice Waters alguma vez tiveram de lidar com coisas dessa natureza. Cancelaram a última novela de TV, mas, todo dia, quando o turno começa, parece um episódio de *All My Children*. Tammy, minha cozinheira principal, pediu demissão.

– Eu me sinto desrespeitada por alguns caras aqui dentro.

Nem pude argumentar, pois sua queixa procedia. Só queria que ela tivesse ficado e me ajudado a combater aquilo. Salaam, o muçulmano, disse que não receberia ordens de mulher e dirigiu ofensas raciais ao nosso gerente-geral, que é branco. Como não podíamos orientá-lo, tivemos de despedi-lo. Lotamos toda noite e quem vê de fora acha que eu e Andrew estamos fazendo o que sonhávamos fazer, mas, às vezes, quando lido com todos esses detalhes inerentes à vida num restaurante, tenho a sensação de que o Harlem é o inferno.

* * *

Um grande restaurante é mais do que uma série de serviços. É uma coleção de pratos e de lembranças. Num sábado à tarde, conheci um homem no Rooster que tinha sido guarda-costas de Martin Luther King Jr., quando ele participou da histórica Marcha de Selma para Montgomery. O homem, hoje com uns 80 anos, nunca havia trabalhado como segurança. Trabalhara como "porteiro" de vagões na ferrovia tão somente por ser grande e valente. Contou que, ao chegar em segurança a Montgomery, retirou a sola dos sapatos. Possuía apenas dois pares de sapatos, mas nunca mais quis calçar aqueles. Ele havia jantado no Red Rooster original e quis ver o que tínhamos feito do local. Veio almoçar com a esposa. Trouxe as solas dos sapatos e a agenda de 1965 com o número do telefone de Martin Luther King, que escrevera:

"Ligue para Coretta. Ela vai convidá-lo para jantar."

Os clientes mais velhos são os meus favoritos, principalmente porque a maioria se lembra do restaurante original. Chega a ser uma troca injusta: sirvo-lhes a comida e eles me contam histórias que são preciosas. Fazem com que me sinta parte de algo.

Não posso homenagear a todos nominalmente, mas espero que os idosos possam sentir e provar o que oferecemos: amor, respeito, a história, a homenagem. E, ao serem tocados por nossa culinária, minha expectativa é de que os senhores afrouxem as gravatas, as senhoras retirem as luvas que usaram na igreja e se acomodem para apreciar o encantamento. Esses negros mais velhos trabalham muitos anos servindo. Quando vão ao Rooster, espero que curtam o momento em que são servidos. Pelo menos por uma noite, deixem de se doar e se sentem, relaxem e jantem.

* * *

O Harlem agora conta com uma feira livre. Fica no Mount Morris Park, esquina da rua 124 com a Quinta Avenida. Em nada se compara à que fica na Union Square. É bem pequena: apenas nove barracas vendendo os ingredientes mais frescos que o bairro já viu em décadas; e o mais inovador é que os feirantes aceitam vale-alimentação. A comida é um indicador eficiente da riqueza ou da pobreza. Tenho um irmão na Etiópia que é agricultor. Ele ara a terra com um boi magro de dar dó. O que ele cultiva é o que seria chamado aqui de "orgânico", mas, na África, orgânico é aquilo que se tem condições de consumir. Meu irmão não tem celular nem eletricidade, mas é ele que faz o próprio horário e sua família come o que vem literalmente direto da lavoura para a mesa. Gostaria de esclarecer as coisas para o pessoal: se compararmos o que agricultores africanos, como meu irmão, comem e o que a maioria dos negros em áreas urbanas come, veríamos logo de cara quem é o mais pobre.

Fiz amizade com o homem que vende pêssegos no Mount Morris Park. Aos sábados, acorda às duas da madrugada, bota a mercadoria no carro e vai até o Harlem. Embora não seja negro, compreende o significado da viagem. Os pêssegos dele são os melhores da cidade. Enquanto caminho para casa, comendo um pêssego de desjejum, sinto-me um cara de sorte por ter o Rooster como plataforma para dividir as delícias que encontro: torta de pêssegos já vai entrar no cardápio dessa noite. A feira livre do Harlem acontece uma vez por semana, de julho até o Dia de Ação de Graças. A da Union Square funciona o ano inteiro, três dias por semana, com várias barracas e 50 mil clientes por dia. Chegaremos lá. Espero que o Rooster um dia possa comprar todos os seus ingredientes na feira livre do Harlem. É como diz Leah Chase, nossa área também precisa de boa comida.

Quando penso no meu propósito como chef negro, a missão é clara: documentar, preservar, apresentar, captar, inspirar e aspirar. Estou documentando a história do Harlem no Rooster, preservando a história da culinária afro-americana enquanto a apresento por minha ótica singular sueco-etíope. Quero captar a imaginação das comunidades gastronômicas de Nova York, inspirar uma nova geração de chefs e aspirar sempre a preparar uma comida que faça diferença. Quando olho instituições do Harlem, como o Apollo, o Studio Museum, o Centro Schomburg de pesquisa da cultura negra, vejo que todos eles fizeram um grande trabalho de apresentar representantes negros na música, nas artes plásticas e na literatura. No campo da gastronomia não há equivalentes. Há muito poucos lugares aonde se possa ir e aprender sobre a história da culinária afro nos Estados Unidos, e muito do que achamos ser norte-americano está intimamente ligado à experiência afro-americana: churrasco, creole, culinária sulista e cajun. Estou aprendendo a ser um bom guardião da cultura com gente como Jonelle Procope, Thelma Golden, Leah Chase, Jessica Harris, Marvin Woods, Brian Duncan, Garrett Oliver e Edna Patrick.

"Comunidade" é mais do que uma palavra da moda no Harlem. O lugar e essa gente não teriam sobrevivido sem aqueles que acreditaram na possibilidade, necessidade e importância de se criar uma comunidade, mesmo nos tempos mais difíceis do bairro. Não sei todos os nomes daqueles que mantiveram abertas as bibliotecas e implantaram o café da manhã gratuito nas escolas, dos profissionais e assistentes que se recusaram a entregar o Harlem a traficantes e outros criminosos, das pessoas que, nos porões das igrejas, serviram comida aos necessitados, mas, quando caminho pelo bairro, eu os vejo – os idosos e os orgulhosos, os que nunca deixaram de usar cabelo *black power* e *dashiki*, as mulheres mais velhas, impecavelmente vestidas, que mais parecem primas ou irmãs de Lena Horne. Há uma tribo de senhores do Harlem, bem-vestidos, que parecem ter acesso a um esconderijo de roupas de músicos de jazz: alguns parecidos com Duke, outros com Davis; todos extraordinários. Quero fazer a minha parte para me tornar membro dessa comunidade.

Porém o fato de se ter uma comunidade especial no Harlem não quer dizer que todos concordem em tudo. Certo dia, estava indo para o trabalho quando um cara da minha idade me parou. Levava a filha – que não devia ter mais do que 6 anos – para a escola. O cabelo da garota estava penteado em dois gigantescos coques afros e imediatamente pensei em Zoe e no que eu daria para voltar no tempo, para tê-la conhecido com aquela idade e feito coisas simples como levá-la à escola.

– Você é aquele chef?

Fiz que sim com a cabeça. Ele me olhou com os olhos apertados.

– Foi por sua causa que meu aluguel subiu. Os brancos estão adorando o Harlem e agora meu aluguel está aumentando.

Então, ele me disse uma coisa que jamais vou esquecer:

– Sabe o que James Baldwin dizia? Revitalização urbana é igual à remoção dos negros.

Naquele mesmo dia, um jovem cozinheiro chamado Richard me parou, quando eu estava indo comprar flores para minha mulher.

– Moro na 118 desde que nasci. Nunca imaginei que um dia haveria um restaurante como o Rooster aqui. Não se esqueça de mim, chef. Vou aparecer para me candidatar a um emprego.

Assim como na época de Langston Hughes, o Harlem é uma mistura estonteante de alegria e dor: a tristeza do blues, o swing e o boogie, todos fundidos num só. Estamos gerando empregos, mas não posso deixar de ver que somos parte de um cenário em fase de mudanças no Harlem.

Não faz muito tempo, o presidente Obama fez o primeiro jantar do Partido Democrata para angariar fundos para sua campanha. Foi um jantar íntimo, para 50 pessoas, com entrada que chegava a custar 30 mil dólares por pessoa. Eu sabia que uma das razões que levaram a equipe dele a escolher o Rooster foi a quantidade de grupos multirraciais que atraímos. Foi empolgante. A primeira vez que cozinhei para ele e a Sra. Obama foi na Casa Branca. Agora, eram eles que vinham à minha casa. Fiquei pensando no que dizer a ele. "Sei que foi um ano difícil, mas vá em frente." Queria que ele soubesse que eu o apoiava.

Quando chegou a minha vez de cumprimentá-lo, nós nos abraçamos – do jeito como eu e meus amigos negros nos cumprimentamos na rua. O papo foi rápido. Sabia que ele estava ocupado e não queria atrasar sua programação. Disse: "Dê lembranças à primeira-dama, às meninas e ao meu amigo Sam Kass." Depois, preparamos a comida e servimos. Tínhamos exatamente duas horas: uma hora para a entrada e bate-papo e outra para o jantar. Não podia dar nada errado. Estávamos na primavera, então servimos gaspacho de tomate com melão. Depois, nossa broa de milho com manteiga de mel, seguida de salada de lagosta com aspargos, ervilhas e pãezinhos quentes. Havia três opções de prato principal: salmão defumado, pato assado e costelinha guisada. De sobremesa, pudim de pêssegos, com as frutas frescas que trouxemos da feira e um gelado de leitelho. Servimos também bolo de chocolate e roscas de batata-doce. Após o jantar, pensei em Helga. "É comida para grã-fino", teria dito ela.

* * *

Em 1939, quando o Harlem estava na moda, Billy Strayhorn compôs uma canção que se tornou a marca da orquestra de Duke Ellington. Ellington acabara de contratar o jovem músico e lhe deu todas as coordenadas para chegar à sua casa no Harlem. A primeira linha dessas instruções dizia "Você tem que pegar o trem A". Strayhorn compôs uma melodia simples, mas sofisticada, e o resto estamos carecas de saber.

Represento tanta coisa para tanta gente diferente. Na Etiópia, sou *ferengi*, ou "branco", porque sou americano e tenho dinheiro. Na Suécia, represento a "nova Suécia", que, para eles, significa uma Suécia integrada. Nos Estados Unidos, depende: ora sou negro, ora sou afro-americano ou imigrante. Para mim, os rótulos não são tão importantes quanto a jornada. Peguei o trem de Gotemburgo para a Suíça, da Suíça para a Áustria e depois voltei a Gotemburgo. Nesse trajeto, me tornei chef, pai, marido, mentor e amigo. Talvez você não possa pegar o trem A para Adis-Abeba, mas pode pegá-lo e ir até o Red Rooster. Lá, terei o maior prazer de lhe preparar um prato de *doro wat* e lhe servir a melhor seleção de chá e café etíopes.

Não moro em Sugar Hill, no Harlem, a lendária rua de mansões que um dia pertenceram à elite do bairro, gente como Adam Clayton Powell Jr, W.E.B. DuBois e, claro, o próprio Duke Ellington. Só que todo dia, no caminho para o trabalho, passo por Sugar Hill. O trajeto não poderia ser mais prazeroso. Talvez ainda não seja o topo da montanha de Martin Luther King, mas não conheço nada mais parecido.

Passei tanto tempo da minha vida excluído que cheguei a duvidar que um dia me sentisse parte de um povo, de um lugar, de uma tribo. O Harlem, porém, é grande o bastante, diverso o bastante, fragmentário o bastante, velho o bastante e novo o bastante para acolher tudo o que sou e que espero ser. Depois de todas essas viagens, finalmente estou em casa.

Agradecimentos

A elaboração deste livro teve início apenas quando a minha amiga Veronica Chambers aceitou me ajudar a contar a minha história. Primeiro, me apaixonei por seu texto, quando, anos antes, li suas memórias, o premiado *Mama's Girl*. Temos muito em comum, incluindo o fato de virmos de famílias separadas e de termos sido acolhidos por novas famílias; somos ambos novos americanos apaixonados pela cultura negra, bem como pela história e pela boa culinária do Harlem. Agora, também temos em comum a elaboração deste livro. Foi a minha profunda amizade por Veronica, além de seu talento para contar histórias, que me ajudou a revisitar e retomar pessoas, lugares e sentimentos, cuja recordação foi ora difícil, ora dolorosa. Por diversas vezes Veronica me fez perceber que escrever memórias omitindo informações desvaloriza minha experiência de vida. Era necessário explorar tudo. A história é minha, mas os toques finais no texto são todos dela.

Também sou grato a muitas outras pessoas, especialmente:
Minhas duas mães, Ahnu, que se sacrificou, e Anne Marie, que sempre apoiou minhas viagens gastronômicas.

Meu pai Lennart, que fez de mim o homem que sou hoje.

Minha esposa, Maya: obrigado por me ouvir, apoiar e tornar essa viagem adorável, inteira e linda.

Minha família etíope: meu pai, Ashou, Tiggi, Salam, Danny, Zebeney. *Mulugete worko. Ayailou.*

A Helga J. e Edwin J., que me alimentaram constantemente de amor, tradição e galinha assada.

Para as mulheres mais importantes da minha vida: Anna, Vanessa e Linda.

A RC e Andrew Chapman por acreditarem em mim e no Harlem. Adorei os toques e o apoio que me deram.

Quero agradecer à minha equipe do Rooster:
Eden Fesehaye, tão habilidosa quanto talentosa. Obrigado, Eden, você é o máximo.

Tracey, você é guerreiro e confio muito em você.

Não poderia fazer o que faço sem Erica, Nils e Mike. Obrigado a você, Andrea Bergquist: seu talento para a culinária tornou esta viagem bem mais saborosa. A Jeremie e Akashia, todo o esquadrão do Rooster. Uma salva de palmas para o Harlem, nossa atração!

Minha equipe literária:

Kim Witherspoon, não poderia contar com melhor apoio para os meus livros. Obrigado pelos toques e ideias.

Susan Kamil, o conceito de lar está presente em todo momento neste livro. Obrigado por construir um lar maravilhoso para a minha história de vida. Andy Ward me impulsionou ao máximo e revisou cada página com atenção e carinho raros entre os editores hoje em dia. Em sua equipe, Kaela Myers proporcionaou inestimável apoio 24 horas por dia. Obrigado.

E tem mais:

Food Republic, estamos a caminho.

Obrigado, Philip, Sarah e Lucinda.

Sou o produto de todos os profissionais com quem aprendi e trabalhei.

Gburg – conseguimos, sim.

À boa gente do Harlem: obrigado pelo carinho e pelo apoio. O renascimento ainda não está completo; ainda temos muito a fazer.

Tiro o chapéu para os cozinheiros do Aquavit, de 1995 a 2009. Nem preciso dizer quem são, pois vocês sabem muito bem.

Jimmy Lappalainen & Norda, uma salva de palmas para vocês.

Meus amigos nunca me disseram "Pois não, chef" e eu os adoro por isso: Mes, Mats, Teddy, Jonas, Andrew, Sven, William, Brian e a Blatte Crew.

Muitas bênçãos e muitos agradecimentos àqueles que abriram o caminho:

Maya Angelou, Harry Belafonte, Leah Chase, David Dinkins. Sou o que sou porque vocês fizeram este trajeto antes.

Thelma Golden é tanto uma querida amiga e uma inesgotável fonte de paixão, criatividade e inteligência. Você é a arquiteta da nova *Harlem Renaissance*. Estou feliz de estar em Uptown com você.

E, finalmente, minha mais profunda admiração por Michelle e Barack Obama. Obrigado pela inspiração e pela oportunidade de servir.

– Marcus Samuelsson, dezembro de 2011.

Impressão e Acabamento:
GRÁFICA STAMPPA LTDA.
Rua João Santana, 44 - Ramos - RJ